AF411142

RÉPUBLIQUE FRANÇAISE

GOUVERNEMENT GÉNÉRAL DE L'ALGÉRIE

PROJET D'UN NOUVEL EMPRUNT

POUR L'EXÉCUTION D'UN PROGRAMME

DE GRANDS TRAVAUX PUBLICS

1920

ALGER

IMPRIMERIE ADMINISTRATIVE VICTOR HEINTZ

41 Rue Mogador, 41

—

1920

1° Note préliminaire ;

2° Rapport établi par M. Galle, au nom de la Commission des voies et moyens, sur le Programme de travaux publics ;

3° Rapport établi par M. Aymes, au nom de la même Commission, sur les moyens financiers propres à la réalisation de l'emprunt projeté ;

4° Rapport présenté aux Délégations par M. Galle, au nom de la Commission interdélégataire chargée d'examiner le projet d'un nouvel emprunt.

NOTE PRÉLIMINAIRE

—

PROJET D'UN NOUVEL EMPRUNT

INTRODUCTION

Sur le désir exprimé par de nombreux délégués financiers, l'administration a porté à l'ordre du jour de la deuxième session extraordinaire de 1919, le programme de travaux publics exposé par M. Petit, au nom de la commission d'études d'un nouveau programme de grands travaux publics constituée par arrêté du 24 janvier 1919.

En saisissant les délégations financières de cette question, l'administration indiquait qu'elle ne verrait que des avantages, afin de pouvoir commencer la préparation des projets, à ce qu'une motion adoptant le principe du programme proposé fût voté, l'examen des voies et moyens financiers qui pourraient permettre de le réaliser étant renvoyé à la prochaine session.

La délégation des colons a décidé, en raison du peu de temps dont elle disposait, de renvoyer à la prochaine session la discussion de ce programme (1).

La délégation des non colons, sur la proposition de sa commission des travaux publics, a voté l'adoption, en principe, du programme, sous réserve des moyens financiers à apprécier par la commission des voies et moyens (2).

A la suite de ce vote, l'administration a procédé à un examen approfondi du programme de la com-

____

(1) Procès-verbaux des délégations financières; 2e session extraordinaire de 1919, colons, pages 41-43.

(2) Procès-verbaux des délégations financières, 2e session de 1919, non colons, pages 110-136.

mission d'études ainsi que de celui présenté, en même temps, par la commission des transports, en ce qui concerne les transports maritimes et par voie ferrée, et elle a saisi la commission des voies et moyens de propositions pour l'élaboration du programme définitif. Le programme adopté par cette commission, ainsi que les dispositions financières propres à le réaliser, ont fait l'objet de deux rapports établis, en son nom, par MM. Galle et Aymes.

Le programme exposé dans ces rapports ayant été arrêté, sur des propositions de l'administration et d'accord avec ses représentants, le gouvernement général s'y rallie entièrement.

Les projets de travaux compris dans ce programme ne sont d'ailleurs pas nouveaux. Ils figuraient, pour la plupart, dans le programme de travaux étudié par l'administration, dès 1913, dont le principe a été voté par les assemblées algériennes, en 1914, mais que la guerre a laissé en suspens.

Les délégations financières comprenant de nombreux membres nouveaux, il a paru utile, avant d'exposer les caractéristiques du programme de la commission des voies et moyens ainsi que les ressources financières proposées pour le réaliser, de rappeler, dans une étude d'ensemble, les conditions dans lesquelles les programme de travaux et les emprunts précédents ont été votés et réalisés. On pourra ainsi mieux se rendre compte de la façon dont le programme actuel se rattache aux programmes de 1902 et de 1907 et des phases par lesquelles son élaboration a passé, depuis l'époque, bien antérieure à la guerre, où son utilité a été reconnue.

La présente étude est en conséquence divisée en cinq parties :

I. — La première rappelle sommairement les conditions dans lesquelles le premier programme de travaux publics et d'emprunt de 1902, a été dressé, voté et réalisé.

II. — La seconde traite :

1° De l'établissement et du vote du programme

de 1907, doté principalement sur l'emprunt de 175 millions;

2° Du programme complémentaire de chemins de fer adopté, en 1909, par les assemblées financières algériennes.

III. — La troisième relate les phases par lesquelles est passée la réalisation du programme de 1907-1909, depuis les débuts, jusqu'à l'année 1912, au cours de laquelle la nécessité d'un troisième emprunt a été reconnue, par les délégations financières et le conseil supérieur, pour achever l'exécution du programme de chemins de fer et entreprendre de nouveaux travaux.

IV. — La quatrième concerne :

1° Le programme de grands travaux et le projet de troisième emprunt adopté, en principe, par les assemblées algériennes en 1914;

2° Les emprunts, de 55 millions chacun, votés, en 1914 et 1917, pour les chemins de fer algériens de l'Etat et la liquidation des dépenses du programme de l'emprunt de 1907.

V. — La cinquième résume les travaux préparatoires et l'économie générale du nouveau programme de travaux et de projet d'emprunt.

La présente étude ayant pour objet, comme on l'a fait observer ci-dessus, non seulement d'exposer les vues de l'administration sur le nouveau programme de travaux, mais aussi de rappeler les mesures d'ensemble, d'ordre financier, prises par les assemblées algériennes, depuis l'institution du budget spécial, pour compléter l'outillage économique de la colonie, on ne devra pas s'étonner d'y trouver des renseignements qui figurent également dans les rapports de MM. Galle et Aymes.

PREMIÈRE PARTIE

PROGRAMME ET EMPRUNT DE 1902

Le budget spécial dont l'Algérie a été dotée par la loi du 19 décembre 1900, a permis la réalisation de l'emprunt de 50 millions autorisé par la loi du 7 avril 1902.

L'institution du budget spécial avait d'ailleurs été, en grande partie, motivée, comme le déclarait le rapporteur de la loi de 1900 à la Chambre, M. Berthelot, par le désir de donner à l'Algérie les moyens de faire l'effort nécessaire pour compléter son outillage industriel et commercial.

La métropole s'était arrêtée, après avoir doté l'Algérie de l'ossature de son réseau de chemins de fer et avoir fait exécuter les autres grands travaux les plus indispensables à la vie économique du pays. Depuis 1892 aucune ligne nouvelle de chemin de fer n'avait été construite ou ouverte à l'exploitation.

L'accroissement de l'outillage d'un pays neuf comme l'Algérie, au fur et à mesure de ses besoins et de l'augmentation de sa population, étant une condition essentielle de son développement économique, il était de toute nécessité que la colonie fut mise à même d'entreprendre elle-même, avec ses propres ressources, les travaux dont la métropole n'entendait plus faire les frais.

Vote de l'emprunt de 50 millions. — Dès 1901, première année du fonctionnement du budget spécial, les assemblées financières algériennes furent saisies d'un programme de travaux à exécuter au moyen de fonds à provenir d'un emprunt.

La somme à emprunter, pour permettre l'exécution des grands travaux publics les plus utiles, avait été évaluée à 309 millions, en 1899, par le gouverneur général, M. Laferrière. Mais, comme il n'était pas encore possible de déterminer, avec exactitude, les résultats que pourrait donner le budget spécial, le montant de l'emprunt que les assemblées algériennes votèrent, en novembre 1901, fut limité à 50 millions.

Mode de réalisation. — Cet emprunt fut autorisé, par la loi du 7 avril 1902, à un taux n'excédant pas 3,50 %. Emis par obligations de 500 francs, il doit être remboursé dans un délai maximum de 60 ans. Ces obligations ont été négociées en trois fois, en 1902, 1905 et 1906, avec des établissements financiers chargés de l'émission.

Le capital nominal émis a été de 54,739,000 francs; il a produit 49,657,745 fr. 50. Le taux effectif ressort donc à 3,50 %. L'annuité d'intérêt et d'amortissement s'élève à environ deux millions. Elle prendra fin en 1962.

Emploi des fonds. — Les assemblées algériennes avaient indiqué, lors du vote de l'emprunt, que les 50 millions devaient recevoir l'affectation suivante:

Travaux publics

Travaux hydrauliques...	7.000.000
Routes et chemins......	12.000.000
Travaux maritimes......	12.000.000
Total...............	31.000.000

Colonisation

Amélioration des anciens centres...............	3.500.000
Création de centres dont les projets étaient déjà préparés............	3.000.000
Extension de la colonisation dans de nouvelles régions...............	6.400.000
Total...............	12.900.000

Forêts

Maisons forestières......	1.600.000
Ouverture de chemins ou sentiers forestiers.....	3.500.000
Reboisement, mise en valeur des forêts..........	1.000.000

Total............... 6.100.000

Total général............. 50.000.000

Cette répartition a subi deux modifications :

1° La réalisation de l'emprunt a entraîné des dépenses qui ont été réparties entre les divers services proportionnellement à leur dotation primitive ;

2° Par application du décret du 30 décembre 1903, réglementant le fonctionnement du budget des Territoires du sud organisés par la loi du 24 décembre 1902, le gouverneur général a autorisé le prélèvement, sur les fonds d'emprunt, de diverses sommes, s'élevant au total à 1,521,000 francs, pour le paiement des travaux, dont l'exécution avait été projetée, au titre de l'emprunt, dans les régions qui constituent aujourdhui la nouvelle colonie.

Par suite de cette double réduction, la dotation effective de chacun des services s'est trouvée ramenée aux chiffres ci-après :

Travaux publics

Travaux hydrauliques...	6.692.757
Routes et chemins.......	11.126.528
Travaux maritimes......	11.910.000

Total............... 29.729.285

Colonisation 12.320.465

Forêts 6.054.250

Total général............. 48.104.000

Insuffisance de l'emprunt. — Les dotations afférentes à chacun des services bénéficiaires des fonds de l'emprunt de 1902 se sont trouvées insuffisantes pour permettre l'exécution complète des travaux à exécuter, la mise au point des projets n'ayant pu être faite, avant le vote de l'emprunt, en raison du peu de temps qui avait été donné aux services pour faire leurs évaluations.

Ces insuffisances étaient évaluées, au 31 décembre 1906, à 43,000,000, en chiffres ronds.

Les deux tableaux, ci-après, indiquent :

Le premier, la répartition des insuffisances ;

Le second, les nouvelles évaluations des dépenses au 31 décembre 1906.

Évaluation revisée du programme d'emprunt de 1902

CATÉGORIE DES TRAVAUX	Évaluation de la dépense à la charge de la colonie prévue au programme	Dotation effective	Insuffisance	Proportion par rapport à la dotation
Travaux publics { Travaux hydrauliques ...	13.659.997	6.692.757	6.967.240	71 %
Routes et chemins	30.090.390	11.126.528	18.963.862 (1)	»
Travaux maritimes	19.767.374	11.910.000	7.857.374 (2)	62 %
Totaux	63.517.761	29.729.285	33.788.476 (3)	»
Colonisation	23.829.000	12.320.465	11.508.535 (4)	29 %
Forêts	11.500.000	6.054.250	5.445.750	17 %
Totaux généraux	98.846.761	48.104.000	50.742.761 (5)	»

(1) Il y a lieu toutefois de déduire de cette insuffisance les dotations exceptionnelles accordées, pour l'exécution du programme des routes, au titre du budget ordinaire de 1907 (1.760.000 francs) et au titre des excédents budgétaires dont la colonie est autorisée à disposer (3.900.000 francs), dotations qui atteignent 5.600.000 francs. Les insuffisances se sont ainsi réduites pour les routes à 13.363.862 francs. D'autre part, le service des travaux publics a disposé de la somme de 5.600.000 francs pour le paiement des travaux de construction de routes à poursuivre ou à entreprendre en 1907.

(2) Une dépense de 775.774 fr. a pu être imputée sur les crédits du budget ordinaire. L'insuffisance est ainsi réduite à 7.081.600 fr.

(3) Pour les raisons indiquées aux deux notas qui précèdent l'insuffisance de la dotation des travaux publics se réduit à 27.412.702 fr.

(4) L'administration ayant abandonné des projets s'élevant à 771.000 francs et une dépense de 251.000 francs ayant pu être imputée sur les crédits du budget ordinaire, l'insuffisance des crédits de la colonisation a été réduite à 10.484.825 francs.

(5) Pour les motifs qui précèdent, l'insuffisance des fonds d'emprunt s'est trouvée réduite à 41.343.277 francs.

*Évaluations, par département, des dépenses à la charge de la colonie prévues,
au 31 décembre 1906, pour l'exécution du programme de l'emprunt de 1902*

CATÉGORIE DES TRAVAUX	Oran	Alger	Constantine	Évaluation de la dépense à la charge de la colonie prévue au programme
Travaux publics — Travaux hydrauliques	5.817.010	2.214 620	5.628.367	13.659.997
Travaux publics — Routes et chemins	8.794.200	13.750.080	7.546.110	30.090.390
Travaux publics — Travaux maritimes	7.689.395	6.071.500	6.006.479	19.767.374
Totaux	22.300.605	22.036.200	19.180.956	63.517.761
Colonisation	8.959 000	8.206.000	6.664.000	23.829.000(1)
Forêts	2.200 000	2.400 000	6.900.000	11.500.000
Totaux généraux	33.459.605	32.642.200	32.744.956	98.846.761

(1) De cette évaluation de 23.829.000

    Il y a lieu de déduire :

1° Le montant des projets abandonnés .... 771.810 ⟩

2° Le montant des projets dotés sur les fonds du budget ordinaire. 251.900 ⟩   1.023.710

              Reste 22.805.290

Les insuffisances constatées de l'emprunt de 1902 ne pouvaient, en raison de leur importance, être imputées que sur les fonds à provenir d'un nouvel emprunt dont la nécessité avait d'ailleurs été reconnue, depuis longtemps, pour l'exécution d'un nouveau programme de grands travaux.

DEUXIÈME PARTIE

PROGRAMME DE TRAVAUX DE 1907-1909. — EMPRUNT DE 175 MILLIONS

Trois services seulement, les travaux publics, la colonisation et les forêts avaient bénéficié de l'emprunt de 1902. Les chemins de fer avaient été laissés momentanément de côté, en raison de la somme importante à engager pour la construction de lignes nouvelles. L'assistance publique et les postes, les télégraphes et les téléphones avaient également besoin de recevoir une dotation extraordinaire pour pouvoir remplir leur mission.

S'inspirant de ces besoins, les assemblées financières algériennes votèrent, en 1906, le principe d'un nouvel emprunt qui devait avoir pour but principal la construction de lignes de chemins de fer dans la colonie et l'achèvement du programme des travaux dotés sur l'emprunt de 1902.

Projet de l'administration. — Les études entreprises par l'administration en vue de l'établissement du second programme de grands travaux publics, l'amenèrent à constater qu'un nouvel emprunt de 250 millions serait nécessaire. La situation financière de la colonie, dont la prospérité était allée en croissant, depuis l'institution du budget spécial, aurait permis, comme on peut s'en rendre compte aujourd'hui en présence des résultats acquis, de faire face, sans difficulté, à l'annuité qu'aurait nécessité un emprunt de cette somme. Mais, l'administration ne voulant pas se départir de l'extrême prudence qu'elle avait montrée, depuis 1901, pour l'engagement de dépenses nouvelles, limita ses propositions à un programme de 150 millions.

Pour rester dans cette limite, elle écarta du programme les projets qui lui parurent les moins urgents. En ce qui concerne les chemins de fer, elle ne retint que les lignes susceptibles de donner des produits nets ou tout au moins de couvrir annuellement leurs frais d'exploitation, afin de ne pas imposer, dans l'avenir, une charge au budget de la colonie.

Mais, dans sa pensée, les projets écartés devaient être considérés, seulement, comme momentanément ajournés. Ils devaient être repris dès que les circonstances budgétaires permettraient d'envisager de nouvelles dépenses; ils constituaient comme la base d'un troisième programme d'extension de l'outillage économique algérien (1).

La répartition des fonds de l'emprunt de 150 millions proposé, était la suivante :

---

(1) Voir page 15 de la note intitulée : « Projet d'un nouvel emprunt », distribuée à la session des assemblées financières de 1907.

Répartition des fonds du projet d'emprunt proposé par l'Administration (1907)

NATURE DES TRAVAUX	Département d'Oran	Département d'Alger	Département de Constantine	Total
Chemins de fer :				
Travaux complémentaires...............	»	5.450.000	18.740.000	24.190.000
Constructions de lignes — Berrouaghia à Boghari.......	»	7.000.000	»	
Boghari à Guelt-ès-Stel......	»	5.220.000	»	
Guelt-ès-Stel à Djelfa.........	»	3.164.200	»	
Relizane à Prévost-Paradol ..	6.770.000	»	»	47.254.000
Mascara à Uzès-le-Duc..	3.426.000	•	»	
Sidi-bel-Abbès à Tizi	4.674.000	»	»	
Constantine à Djidjelli	»	»	17.000.000	
Travaux publics...............	17.202.240	17.840.600	17.157.860	52.200.700
Colonisation..................	4.904.400	5 045.000	5.051.145	15.000.545
Forêts.......................	1.449.863	3.059.507	3.490 630	8 000 000
Assistance publique.	679.000	1.159.241	642.000	2.480.241
Postes et Télégraphes............	120.000	786.400	1.013.600	1.920.000
Totaux généraux.................	39.225.503	47.724.948	63.095.235	150.045.686

Projet voté par les assemblées algériennes. — Saisis de ce programme, dans leur session de 1907, les délégations financières et le conseil supérieur l'augmentèrent, principalement en ce qui concerne les chemins de fer et adoptèrent, en outre, un programme dit additionnel.

La somme nécessaire à l'exécution des travaux à entreprendre se trouva par suite portée, de 150,000,000 à 206,772,686 francs, y compris les dépenses à engager pour l'achèvement des travaux du programme de 1902.

Pour faire face à cette charge, les assemblées financières votèrent un emprunt de 175 millions destiné à l'exécution du programme de l'administration, amplifié, et décidèrent que les dépenses du programme additionnel, évaluées à 31,772,686 francs, seraient imputées sur les excédents du fonds de réserve, à mesure des disponibilités.

La répartition qui fut adoptée, pour les travaux à exécuter, sur les fonds d'emprunt et sur le fonds de réserve, est indiquée dans le tableau ci-après :

I. — Travaux a exécuter sur les fonds de l'emprunt

1° *Chemins de fer — A. Lignes nouvelles*

DÉSIGNATION DES LIGNES	Longueur des lignes en kilomètres	Longueur totale	Prix d'établissement
Département d'Oran			
Relizane à Prévost-Paradol	85		6.770.000
Mascara à Uzès-le-Duc	55		3.426.000
Sidi-bel-Abbès à Tizi	82		4.674.000
Tlemcen à Beni-Saf	67		8.504.000
Total pour le département d'Oran		289	23.374.000
Département d'Alger			
Berrouaghia à Djelfa	198		14.384.200
Ténès à Orléansville	58		6.500.000
Bouïra à Aumale	48		3.500.000
Total pour le département d'Alger		304	24.384.200
Département de Constantine			
Constantine à Djidjelli (1)	200		17.000.000
Aïn-Beïda à Tébessa avec embranchement sur Morsott	138		7.800.000
Total pour le département de Constantine		338	24.800.000
Total général		931	72.558.200

(1) Cette ligne prévue au programme de 1907 par Oued-Athménia, Mila, El-Milia, a été déclaré d'utilité publique, par la loi du 18 mars 1912, en deux sections : 1° Oued-Athménia-Constantine ; 2° Bizot sur le chemin de fer de Constantine à Philippeville-Djidjelli.

Travaux a exécuter sur les fonds de l'emprunt
(Chemins de Fer)

B. — *Travaux complémentaires*

1° Augmentation du matériel roulant de l'Est Algérien..............   6.190.000

2° Renforcement de la voie ferrée entre Maison-Carrée et Constantine..   11.000.000

3° Transformation de la ligne de Bône à Tébessa....................   7.000.000

Total........   24.190.000
Report des lignes nouvelles.........   72.558.200

Total des chemins de fer......   96.748.200

2° *Travaux publics*

	Département d'Oran	Département d'Alger	Département de Constantine	Totaux
Routes et chemins...	11.622.000	9.827.000	10.820 860	32.269.860
Travaux maritimes...	5.860.600	5 254.000	4.967.000	16.081.600
Travaux hydraulipues...	»	»	»	2.254.554 (1)
Total général.....				50 606.014

(1) Somme devant servir, concurremment avec une autre de 8.972.686, à prélever sur les excédents du fonds de réserve, à l'exécution de travaux hydrauliques dans les trois départements.

3° *Colonisation*

	Département d'Oran	Département d'Alger	Département de Constantine	Totaux
Création de centres...	3.211.000	3.100.200	2.238.843	8.550.045
Agrandissement de centres...	»	»	306.000	306.000
Groupes de fermes...	»	210.000	500.000	710.000
Travaux topographiques...	124.400	80.000	157.300	362.000
Routes nouvelles...	569.000	854 000	649.000	2.072.000
Amélioration des anciens centres...	1.000.000	800.000	1 200.000	3.000.000
Totaux...	4.904.400	5.045.000	5.051.145	15.000 545

4° Forêts

	Oran	Alger	Constantine	Totaux
Maisons forestières	79.000	495.500	445.500	1.019.500
Chemins	810.744	1.745.000	2.169.682	4.725.426
Tranchées	100.119	416.220	373.633	889.972
Reboisements	469.000	400.000	270.400	1.139.400
Mise en valeur	»	3.287	231 415	234 702
	1.449.863	3.059.507	3.490.630	8.000 000

5° Assistance publique

	Oran	Alger	Constantine	Totaux
Amélioration des établissements hospitaliers...	924.000	1.159.241	642.000	2.725.241

6° Postes, Télégraphes et Téléphones

	Oran	Alger	Constantine	Totaux
Services postal, télégraphique et téléphonique..	120.000	786.400	1.013.600	1.920.000

Récapitulation générale des travaux prévus sur les fonds de l'emprunt de 175 millions

NATURE DES TRAVAUX		Oran	Alger	Constantine	Totaux
Chemins de fer	Lignes nouvelles	23 374.000	24.384.200	24.800.000	72.558.200
	Travaux complémentaires	»	»	»	24.190.000
Travaux publics	Routes et chemins	17 482.600	15.081.000	15.787.860	48.351.460
	Travaux hydrauliques	»	»	»	2.254.554
Colonisation		4.904.400	5.045.000	5.051.145	15.000.545
Forêts		1.449.863	3.059.507	3.490.630	8.000.000
Ass stance publique		924.000	1.159.241	642.000	2.725.241
Postes, Télégraphes et Téléphones		120.000	786.400	1.013.600	1.920.000
Totaux		48 254.863	49.515.348	50.785.235	175.000.000

II. — TRAVAUX A EXÉCUTER SUR LES EXCÉDENTS DU FONDS DE RÉSERVE

Chemins de fer :

Ligne de Blida à Alger en prolongement de la ligne Blida-Djelfa....	5.000.000
Ligne Philippeville-Gastu-Guelma	8.800.000

Travaux publics :

Routes et chemins.................	1.000.000
Travaux hydrauliques.............	8.972.686
Colonisation	6.000.000
Eaux et forêts....................	2.000.000
Total........	31.772.686
Report du montant des travaux à exécuter sur l'emprunt.............	175.000.000
Total général du programme de 1907	206.772.686

Le délai d'exécution du programme avait été fixé à dix années.

Réalisation de l'emprunt. — L'Algérie a été autorisée à contracter l'emprunt de 175 millions, voté par les assemblées financières algériennes, par une loi du 28 février 1908. Le taux maximum d'intérêt était fixé à 3,50 % et le délai de remboursement à 60 ans, comme pour l'emprunt de 1902. L'emprunt réalisable par tranches, à mesure de l'exécution des travaux, devait être gagé sur les majorations de recettes du budget spécial évaluées, d'une année à l'autre, à 2 millions au minimum.

La situation du marché des valeurs n'ayant pas permis de trouver un établissement financier acceptant de se charger de l'émission dans ces conditions, la loi du 17 juillet 1908 autorisa le ministre des finances à consentir à l'Algérie des avances au taux de 3,50 %, au maximum, en attendant le moment propice.

Les avances ne pouvaient pas dépasser 25 millions et devaient être remboursées dans un délai de 18 mois. L'Algérie a pu, grâce à ces avances, commencer aussitôt l'exécution du nouveau programme de travaux.

L'emprunt a pu être contracté en 1910 auprès de la caisse des dépôts et consignations, au taux de 3.576 %. Une loi du 6 avril 1910 a permis au gouvernement de sanctionner l'accord intervenu avec cet établissement public, en autorisant le relèvement du taux maximum de l'emprunt de 3,50 à 3,576 %.

En vertu du traité passé avec la caisse des dépôts et consignations, le gouvernement général a émis, au prix de 444 francs, 394.144 obligations de 500 francs, remboursables en 60 ans, dont s'est rendue preneur la caisse des retraites pour la vieillesse.

Les différentes tranches de l'emprunt ont été appelées de 1911 à 1916. L'annuité inscrite au budget, depuis cette date, et qui restera sensiblement la même jusqu'en 1970, époque à laquelle l'emprunt sera complètement amorti, est de 7,192,000 francs en chiffres ronds.

La charge totale qui incombe à la colonie du fait de l'emprunt de 175,000,000 s'élève aux chiffres ci-après :

Amortissement (394.144 obligations au prix nominal de 500 francs)	197.072.000
Intérêts	220.150.695
Ensemble........	417.222.695

PROGRAMME COMPLEMENTAIRE DE CHEMINS DE FER DE 1909

Dans leur session de 1909 et à l'occasion de l'examen des projets de déclaration d'utilité publique des lignes de chemins de fer à construire sur les fonds de l'emprunt de 175 millions, les assemblées financières algériennes ont adopté un programme complémentaire de chemins de fer.

Elles ont voté (1) :

1° La construction de deux lignes nouvelles :

a). D'Affreville à Amourah, 37 kilomètres 4.000.000

b). D'Orléansville à Trumelet par Vialar, 180 kilomètres.............. 18.000.000

2° La rectification du tracé de la ligne de Mostaganem à Relizane dans la partie comprise entre Aïn-Tédélès et Bel Hacel........................... 4.000.000

Total.......... 26.000.000

Elles ont d'autre part décidé (1) que les dépenses d'exécution de ce programme seraient imputées :

1° Pour les lignes d'Affreville à Amourah et d'Orléansville à Trumelet, sur les disponibilités de deux tiers des excédents du fonds de réserve ;

2° Pour la rectification de la ligne de Mostaganem à Relizane, par un prélèvement annuel de 500,000 francs sur les crédits du budget ordinaire.

---

(1) Procès-verbaux de l'assemblée plénière des délégations financières, session de 1909, pages 353 et 548 à 552. Programme de la session de 1912, pages 177 à 179.

TROISIÈME PARTIE

EXECUTION DU PROGRAMME DE 1907-1909

I. — CHEMINS DE FER

Les lignes de chemins de fer comprises dans le programme des travaux à exécuter sur les fonds de l'emprunt de 175 millions (programme primitif de 1907) ont été déclarées d'utilité publique, au cours des années 1908 à 1912, aux dates indiquées ci-après. Leur construction a commencé à partir de 1910, sauf pour la ligne d'Oued-Athménia-Constantine-Bizot-Djidjelli, qui n'a pu être dotée de crédits qu'à partir de 1915, les fonds de l'emprunt de 175 millions, sur lesquels elle était prévue se trouvant totalement engagés au moment où elle a été déclarée d'utilité publique (18 mars 1912).

Ligne de Beni-Saf à Tlemcen : 16 juillet 1908.

Ligne de Berrouaghia à Djelfa : 26 février 1910.

Ligne de Tizi à Uzès-le-Duc : 8 mars 1910.

Ligne de Sidi-bel-Abbès à Tizi : 8 mars 1910.

Ligne de Relizane à Prévost-Paradol par Montgolfier : 28 mars 1910.

Ligne d'Aïn-Beïda à Tébessa et à Morsott : 1er avril 1910.

Ligne de Ténès à Orléansville : 1er avril 1910.

Ligne de Bouïra à Aumale : 1er avril 1910.

Ligne de Constantine à Oued-Athménia : 18 mars 1912.

Ligne de Bizot à Djidjelli : 18 mars 1912.

La déclaration d'utilité publique des lignes dotées sur les excédents du fonds de réserve est restée jusqu'ici en suspens, les ressources nécessaires à leur exécution n'ayant pas encore été dégagées.

A. — *Première majoration des évaluations* (1909)

1° *Lignes dotées sur l'emprunt.*— L'établissement des avant-projets dressés en vue de la déclaration d'utilité publique des lignes dotées sur l'emprunt a permis de constater que les dépenses seraient supérieures aux prévisions sur lesquelles les assemblées algériennes s'étaient basées, en 1907, pour arrêter le programme des lignes à construire.

Les causes de ces majorations devaient, à cette époque, être recherchées, selon les explications fournies par les services techniques, dans la hâte avec laquelle les évaluations primitives avaient été faites. Les services n'avaient eu ni le temps, ni les moyens, dans le court délai qui leur avait été imparti en 1906 pour donner des évaluations, de faire des études complètes. Ils avaient dû établir le coût de revient des lignes nouvelles à l'aide des avant-projets de tramways ou de chemins de fer d'intérêt local dont ces lignes avaient pu faire l'objet antérieurement et sur le prix de premier établissement des dernières lignes ouvertes à l'exploitation (Aïn-Sefra à Beni-Ounif et Colomb-Béchar).

La majoration des dépenses atteignait, au total, 26 millions en chiffres ronds, soit plus du tiers de l'évaluation primitive de 72,558,200 francs prévue pour les lignes à construire au moyen des fonds d'emprunt (1).

Pour faire face à ce dépassement, les assemblées algériennes décidèrent, dans leur session de 1909, (2) d'affecter à la construction des lignes nouvelles, comprises dans le programme d'emprunt de 1907 :

a). Les fonds d'emprunt jusqu'à con-

---

(1) Programme de la session des assemblées algériennes de 1909, page 97.

(2) Procès-verbaux de l'assemblée plénière des délégations financières, session de 1909, pages 354 et 550. — Programme de la session de 1912, page 178.

currence d'une somme égale à celle
prévue, soit 72.558.200

b). Le tiers des excédents du fonds
de réserve attribué à la métropole antérieurement à la loi du 23 juillet 1901.

c). La somme provenant de l'abandon des travaux du barrage de l'Oued
Athménia 2.020.000

d). La somme inscrite au programme de l'emprunt pour la construction
de la route de Sidi-Mérouane à El-Milia et devenue disponible par suite de
l'abandon de ce projet (1)........... 1.210.000

2° *Lignes dotées sur les excédents du fonds de
réserve.* — Comme pour les lignes comprises dans
le programme de l'emprunt, de nouvelles évaluations du coût des lignes du programme additionnel de 1907 présentèrent une augmentation par rapport aux estimations primitives (16,800,000 francs
au lieu de 13,800,000 francs). Pour la couvrir, les
assemblées algériennes décidèrent, dans leur session de 1909, (2) d'imputer la dépense d'établissement de ces lignes (Blida à Alger et Philippeville à
Guelma) « sur les disponibilités des deux tiers restant du fonds de réserve ».

Cette même ressource était déjà également affectée, comme on l'a vu ci-dessus, à l'exécution des
lignes nouvelles du programme de 1909.

------

(1) L'affectation primitive de ce crédit a été rétablie par
les assemblées algériennes en 1912 (P. V. de l'assemblée
plénière des délégations financières, 1912, page 58.

(2) Procès-verbaux de l'assemblée plénière des délégations financières, session de 1909, page 551.

B. — *Nouvelle majoration des évaluations 1910-1912 (1)*

Les évaluations des lignes du programme primitif de 1907, déjà augmentées de plus d'un tiers, lors de l'établissement des avant-projets, subirent une nouvelle majoration à la suite de révisions auxquelles elles furent soumises, en 1911, en vue de l'exécution des projets.

Les tableaux suivants indiquent, par département, les différences existant entre les évaluations revisées et celles des avant-projets.

---

(1) Voir programme de la session de 1912 pages 181 et suivantes.

1° Construction des lignes du programme de 1907

DÉSIGNATION DES LIGNES	ÉVALUATIONS	
	d'après les avants-projets	Revisées 1911-1912
Département d'Oran		
Relizane à Prévost-Paradol....	9.160.000	10.000.000
Sidi-bel-Abbès à Tizi	8.000.000	9.350.000
Tizi à Uzès-le-Duc...............	4.957.000	5.780.000
Beni-Saf à Tlemcen	10.400.000	10.900.000
Totaux.................	32.517.000	36.030.000
Département d'Alger		
Berrouaghia à Djelfa..........	17.610.000	20.400.000
Ténès à Orléansville..........	9.500.000	11.000.000
Bouira à Aumale............ ...	4.320.000	5.100.000
Totaux.................	31.530.000	36.500.000
Département de Constantine		
Aïn-Beïda à Tébessa et à Morsot.	8.535.000	10.400.000
Constantine à Oued-Athménia..	34.694.000	6.690.000
Djidjelli à Bizot		31.550.000
Totaux.................	43.229.000	48.640.000
Totaux des trois départements.	107.276.000	121.170.000

L'établissement des avant-projets des lignes ou rectification de lignes du programme additionnel de 1907 et de 1909 donna lieu également à de nouvelles majorations d'évaluations comme l'indiquent les tableaux ci-après :

2° *Construction des lignes du programme additionnel de 1907*

DÉSIGNATION DES LIGNES	Évaluation primitive	Évaluation revisée
Alger à Blida....	5.000.000	9.600.000
Philippeville à Guelma et à Gastu	8.800.000	19.000.000
Total.............	13.800.000	28.600.000

3° *Construction des lignes du programme complémentaire de 1909*

DÉSIGNATION DES LIGNES	Évaluation primitive	Évaluation revisée
Affreville à Amourah	4.000.000	4.200.000
Orléansville à Trumelet........	18.000.000	20.000.000
Total........	22.000.000	24.200.000

4° *Rectification de lignes*

DÉSIGNATION DES LIGNES	Évaluation primitive	Évaluation revisée
Ligne de Mostaganem à Relizane entre Aïn-Tédélès et Bel-Hacel..................	4.000.000	5.580.000

État récapitulatif des engagements pris par les assemblées financières algériennes en 1907-1909 en tenant compte des nouvelles évaluations

Numéro d'ordre	DÉSIGNATION DES TRAVAUX.	Longueur des lignes nouvelles	Dépense totale	RÉPARTITION DE LA DÉPENSE				
				Fonds d'emprunt	Fonds de réserve			Budget ordinaire
					1er tiers	2 tiers restants	Total	
		kil.						
1	Travaux complémentaires d'établissement (1907)	»	24.190 000	24.190.000	»	»	»	»
2	Construction des lignes inscrites au programme de 1907......................	923	121.170.000	72 558.200 (1) 1.210.000 73.768.200	42.585.974 70	(2) 2.020.000	44.605.974 70	(3) 2.795.825 30
3	Construction des lignes du programme additionnel de 1907...............	155	28.600.000	»	»	28.600.000	28.600.000 »	»
4	Construction des lignes du programme de 1909..	178	24.200 000	»	»	24.200.000	24.200.000 »	»
5	Rectification de lignes.................	»	5.580.000	»	»	»	»	5.580.000 »
6	Rachat de lignes d'intérêt local décidé en 1908.........	»	1.550.000	»	»	»	»	1.550.000 »
	Totaux.....................	1.256	205.290.000	97.958.200	»	»	97.405.974 70	9.925.825 30

(1) Provenant de l'abandon des travaux de la route de Sidi-Mérouane à El-Milia, Crédit réaffecté en 1912 à l'exécution de ce projet.
(2) Provenant de l'abandon des travaux du barrage de l'oued Athménia.
(3) Prélèvement effectué sur le budget ordinaire de 1905 à 1909.

Mesures proposées par l'administration pour faire face aux majorations d'évaluation. — Les dépenses à prévoir pour la réalisation du programme des lignes nouvelles de 1907-1909 devaient, conformément aux indications des tableaux qui précèdent, être évalués, non plus à 115,458,200 francs, comme primitivement, mais à la somme de 205,290,000 francs se répartissant comme suit :

Fonds d'emprunt................ 97.958.200 »
Excédent du fonds de réserve.. 97.405.974 70
Budget ordinaire.............. 9.925.825 30

L'administration, en soumettant ces constatations aux délégations financières et au conseil supérieur, dans leur session de 1912, (1) faisait toutes réserves au sujet du coût de premier établissement des lignes des programmes additionnels de 1907-1909 qui ne pourrait être fixé, d'une façon précise, qu'après l'achèvement et la vérification des avant-projets. Elle ajoutait qu'il y aurait, d'autre part, lieu d'envisager, dès le rachat du réseau algérien de la compagnie Bône-Guelma, en cours à ce moment-là, l'inscription de crédits complémentaires ,en plus du crédit de 7 millions prévu au programme de 1907, pour mettre ce réseau en état de suffire aux besoins du trafic de la région qu'il dessert.

Elle faisait en outre ressortir que :

1° Des crédits importants devraient être maintenus, pendant de nombreuses années, au budget ordinaire, pour l'amélioration des lignes du réseau oranais des chemins de fer de l'Etat et du réseau de l'Est-Algérien racheté en 1907 ;

2° Que la subvention de la métropole pour participation aux garanties d'intérêt des chemins de fer du réseau algérien, après avoir décru de 300,000 francs jusqu'en 1912, décroîtrait de 400,000

---

(1) Programme de la session de 1912, pages 185 et suivantes.

francs jusqu'à 1917 et de 500,000 francs à partir de 1918, conformément à la loi du 23 juillet 1904.

On ne pouvait pas, dans ces conditions, penser à suppléer, le cas échéant, au moyen des ressources ordinaires affectées au service des chemins de fer, à l'insuffisance du budget extraordinaire pour les travaux prévus sur les fonds d'emprunt ou les excédents du fonds de réserve.

Il ne semblait pas, par ailleurs, possible de pouvoir envisager le prélèvement sur les excédents du fonds de réserve, dans le délai de 10 ans au maximum, prévu pour l'exécution des travaux, des 97,405,975 francs qui devaient y être imputés.

Les excédents du fonds de réserve n'avaient fourni au budget du service du chemin de fer, pour la période de 1909 à 1913, qu'une moyenne annuelle d'un peu moins de 2 millions (1,931,000 francs). Il aurait fallu que cette moyenne pût être portée à, près de dix millions, pendant les années suivantes, pour permettre la réalisation du programme d'après les dernières évaluations.

Bien que le budget de l'Algérie se fut toujours soldé par un excédent croissant de recettes, depuis sa création, il n'était pas possible d'envisager que les excédents pussent atteindre un chiffre assez élevé pour permettre l'affectation aux lignes nouvelles de chemins de fer d'un crédit annuel aussi important.

Nécessité d'un 3ᵉ emprunt. — En présence de cette situation, l'administration concluait à l'exécution, pour le moment, d'une partie seulement du programme de travaux et à l'émission d'un 3ᵉ emprunt à l'exemple de la Tunisie, autorisée, par une loi du 28 mars 1912, à contracter un nouvel emprunt pour l'achèvement d'un programme de chemin de fer établi en 1907.

Les commissions des travaux publics des quatre délégations proposèrent en commun à l'assemblée plénière (séance du 8 juin 1912), après examen des conclusions de l'administration, les résolutions suivantes :

« A. — Elles (vos commissions des travaux publics) vous demandent de décider, d'ores et déjà, qu'il y a lieu de contracter un emprunt pour permettre l'exécution des chemins de fer inscrits :

« Au programme primitif de 1907 ;

« Au programme complémentaire de 1907 ;

« Au programme additionnel de 1909.

« Ces lignes sont :

« Oued-Athménia-Constantine-Djidjelli ;

« Alger-Blida ;

« Guelma-Philippeville ;

« Affreville-Amourah ;

« Orléansville-Trumelet ;

« Mostaganem-Relizane (rectification).

« B. — L'Algérie devant contracter un emprunt pour les raisons sus-indiquées et de nombreux et nouveaux travaux de chemins de fer, routes, ports, hydraulique agricole, colonisation, postes, télégraphes et téléphones, etc., étant réclamés d'un bout à l'autre de la colonie.

« Elles vous proposent de décider que l'administration devra, à la session de 1913, présenter aux délégations financières un programme d'emprunt permettant de donner satisfaction à ces diverses demandes, le programme du dit emprunt devant être arrêté définitivement au cours de la dite session de 1913.

« C. — Elles vous proposent de décider, en outre, que cet emprunt devra être autorisé en bloc, mais réalisé par tranches, au fur et à mesure de la présentation et de l'approbation des projets définitifs des divers travaux. C'est dans ce sens que l'autorisation d'emprunt sera demandée au parlement.

« D. — Elles vous proposent de décider que les
« nouveaux impôts qu'il pourra être nécessaire
« d'établir devront servir spécialement à la garan-
« tie de cet emprunt (1).

. . . .

L'assemblée plénière délibéra, non seulement
sur le rapport des commissions des quatre délégations, mais encore sur un rapport de M. Petit, dont
les conclusions étaient les suivantes :

« Vos commissions des travaux publics des qua-
« tre délégations réunies, après en avoir délibéré,
« mais voté séparément, estiment, en conséquence,
« d'accord avec les auteurs des vœux déposés,
« qu'il y a lieu d'inviter l'administration à faire
« établir sans retard les avant-projets des travaux
« et lignes ci-après en vue de leur incorporation
« au nouveau programme, savoir :

« Pour le département d'Oran :

« a). Construction de la gare définitive de l'Etat-
« Algérien à Oran ;
« b). Etablissement à la voie d'accès de ladite gare
« au port d'Oran;
« c). Ligne de Tiaret à Trumelet ;
« d). Ligne de Bel-Abbès à Saint-Maur ;
« e). Ligne de Mostaganem à l'Hillil ;
« f). Ligne de Mostaganem au Dahra ;
« g). Ligne de Dombasle à Frenda ;
« h). Ligne de Sidi-bel-Abbès à Saïda.

« Pour le département d'Alger :

« a). Ligne de Trumelet à Boghari ;
« b). Ligne d'Amourah à Berrouaghia et Aumale.

---

(1) Procès-verbaux des séances de l'assemblée plénière
des délégations financières, année 1912, p. 134-135.

« Pour le département de Constantine ;

« *a*). Ligne de Sétif à Bougie.

Après discussion, l'assemblée adopta à l'unanimité la motion suivante, proposée par M. Lisbonne :

« Les délégations prennent en considération les
« conclusions des deux rapports Morinaud (au nom
« des quatre commissions des travaux publics) et
« Petit et décident que les voies et moyens pour
« parvenir à l'exécution des travaux qu'ils indi-
« quent seront tranchés définitivement à la pro-
« chaine session des délégations, lorsqu'il sera pos-
« sible de déterminer, d'une façon précise, par des
« études définitives, les conséquences des projets
« à exécuter et l'importance d'un troisième em-
« prunt (1).

Le conseil supérieur, de son côté, adopta, dans sa séance du 28 juin 1912 (matin), les conclusions d'un rapport de sa commission des travaux publics identiques aux résolutions A. B. C. votées par les délégations financières (2).

Le conseil supérieur demanda, d'autre part, à l'administration, dans la même séance du 28 juin 1912, de faire procéder à une étude sommaire des travaux et des lignes comprises dans le nouveau programme (rapport Petit) pris en considération par les délégations financières (3).

La suite donnée à ces résolutions des assemblées algériennes est exposée dans la 4° partie de la présente étude (projet de troisième emprunt de 1914).

------

(1) Procès-verbaux des séances de l'assemblée plénière des délégations financières, session de 1912, page 174.

(2) Procès-verbaux des séances du conseil supérieur du gouvernement, session de 1912, pages 300-302.

(3) Procès-verbaux des séances du conseil supérieur de gouvernement, session de 1912, pages 303-305.

II. — Travaux autres que ceux de chemins de fer

Les majorations successives d'évaluations qui ont apparu, au cours de l'élaboration des projets des lignes de chemins de fer, n'ont pas atteint, lorsqu'elles se sont produites, les mêmes proportions, pour les autres travaux compris dans le programme de 1907. Il y a été fait face au moyen de remaniements du programme primitif.

A. — *Travaux publics*

Le service des travaux publics avait été doté, sur les fonds de l'emprunt de 175 millions, d'un crédit de 50,606,014 francs, se décomposant de la façon suivante :

Routes et chemins............	32.269.860
Travaux hydrauliques (1)....	2.251.551
Travaux maritimes..........	16.081.600

Il avait en outre été prévu, au programme additionnel de 1907, sur les excédents de fonds de réserve :

Pour les routes et chemins...	1.000.000
Pour les travaux hydrauliques	8.972.686

Ces dotations ont été reconnues, dès 1909, insuffisantes pour faire face au programme envisagé, en raison des estimations nouvelles, plus élevées, établies par les ingénieurs et de dépassements sur certaines entreprises.

D'autre part, en ce qui concerne spécialement les travaux hydrauliques, dotés surtout sur les excé-

(1) Ce chiffre s'est trouvé porté en 1913 à 3,054,554 fr. par l'affectation, à l'exécution de travaux hydrauliques, d'une somme de 700,000 francs comprise dans la dotation du service des forêts. (Voir procès-verbaux de l'assemblée plénière des délégations financières p. 987 et du conseil supérieur, page 322, session ordinaire de 1913.

dents du fonds de réserve, il n'a pas été possible d'opérer les prélèvements prévus au moment de l'établissement du programme de l'emprunt.

L'administration s'est trouvée conduite, dans ces conditions, à proposer aux assemblées financières algériennes, l'ajournement de certains travaux et des modifications au programme, pour d'autres, de façon à maintenir les dépenses à engager dans la limite des ressources disponibles. Les propositions formulées à ce sujet en 1910, 1911, 1912 ont été adoptées, en entier ou avec des modifications, par les délégations financières et le conseil supérieur dans leurs sessions de 1910, 1911 et 1912.

Il en a été de mêmes des autres remaniements du programme soumis à ces assemblées postérieurement à 1912.

B. — *Colonisation*

et

C. — *Forêts*

Le service de la colonisation avait été doté, en 1907, de 15,000,545 francs (1) sur l'emprunt de 175 millions et de 6,000,000 sur les excédents du fonds de réserve.

Le service des forêts devait recevoir 8,000,000 (2) sur les fonds d'emprunt et 2,000,000 sur les excédents du fonds de réserve.

Le programme de 1907 comprenait, pour ces deux services, un sous-détail très étendu. Il n'était pas possible de déterminer, dès le début, l'emplacement exact des ouvrages et le degré d'urgence de leur réalisation. Des travaux qui avaient paru devoir

------

(1) Cette dotation a été réduite de 1,300.000 francs, en 1913, au profit des postes et télégraphes (voir page 43, postes et télégraphes).

(2) Cette dotation a été réduite de 700,000 francs, en 1913, au profit des travaux hydrauliques. (Voir note de la page 41).

être écartés, tout d'abord, du programme, se sont présentés par la suite avec un caractère de réelle urgence, alors que d'autres, que l'on avait cru facilement réalisables, ont dû être ajournés.

De nombreuses modifications ont dû, en conséquence, être apportées, à diverses reprises, au programme primitif, surtout pour les travaux forestiers. Toutes ces modifications n'ont été exécutées qu'après approbation par les assemblées financières. Elles ont été réalisées, sans augmentation de dépenses, par voie de changement d'affectation et dans la limite des ressources disponibles.

D. — *Assistance publique*

et

E. — *Postes, Télégraphes et Téléphones*

Les dotations de 2,725,241 francs et de 1,920,000 francs prévues au programme de 1907, sur les fonds d'emprunt, ont été employées, d'une façon générale, conformément aux prévisions. Les modifications ou changements d'affectation, peu importants, qui y ont été apportés, ont été réalisés avec l'assentiment des délégations financières et du conseil supérieur.

Il convient de signaler, ici, que la dotation de 1.920,000 francs du service des postes et télégraphes s'est trouvée augmentée de 1,300,000 francs, les assemblées ayant décidé, dans leur session de 1913, sur la proposition de l'administration, d'affecter un crédit de cette somme, à prélever sur la dotation du service de la colonisation, à la pose d'un deuxième câble sous-marin entre Marseille et Oran. Au moment où ce prélèvement a été effectué, le service de la colonisation disposait, au titre de l'emprunt, de crédits suffisants pour faire face à toutes les dépenses jusqu'en 1915. On prévoyait que le 3e emprunt, projeté à ce moment-là, pourrait être voté en 1915 et que l'avance faite par le service de la colonisation à celui des postes et télégraphes lui serait, par suite, restituée en temps utile. Cette prévision ne s'est pas réalisée, la guerre ayant fait ajourner la solution de la question du 3ᵉ emprunt.

QUATRIÈME PARTIE

PROJET DE 3ᵉ EMPRUNT DE 1914. — EMPRUNTS DE 55 MILLIONS POUR LES CHEMINS DE FER ALGERIENS DE L'ETAT ET POUR L'ACHEVEMENT DU PROGRAMME DE 1907.

I. — PROJET DE 3ᵉ EMPRUNT DE 1914

Comme l'administration l'avait exposé dans le programme de la session de 1912 des assemblées financières, les majorations d'évaluations des lignes de chemins de fer, comprises dans le programme de 1907-1909, ne pouvaient être couvertes qu'au moyen de ressources à demander à un nouvel emprunt. D'autre part, la nécessité d'accroître et de perfectionner l'outillage de la colonie, par l'exécution notamment de travaux ajournés lors de l'établissement du programme de 1907, devenait de plus en plus impérieuse avec l'accroissement, d'année en année, de son développement économique.

En les retardant encore, on risquait de ralentir ce développement qui ne pouvait suivre sa marche ascendante qu'à la condition que l'Algérie fut dotée de nouveaux chemins de fer et de routes, d'ouvrages hydrauliques, que ses ports fussent encore étendus ou améliorés, etc...

C'est à cette double préoccupation — achèvement du programme de 1907-1909 et exécution de nouveaux travaux — que les assemblées financières avaient obéi en demandant à l'administration, dans leur session de 1912, de leur présenter, à leur session de 1913, les éléments nécessaires pour l'établissement d'un nouveau programme et la détermination du montant d'un nouvel emprunt.

Compte-rendu de l'administration (1913). — En exécution de ces décisions, l'administration présenla aux délégations financières et au conseil supérieur, au cours de leur session ordinaire de 191?, sous la forme d'une brochure intitulée : « Chemins de fer. — Projet d'un troisième emprunt » une note ayant pour objet :

1° D'exposer les insuffisances que présentaient les fonds du second emprunt pour faire face à l'exécution des lignes de chemins de fer du programme primitif de 1907 doté sur l'emprunt de 175 millions;

2° De soumettre aux assemblées algériennes les avant-projets des lignes des programmes additionnels de 1907 et de 1909;

3° De déterminer le montant des sommes à demander à un troisième emprunt pour la réalisation du programme primitif de 1907 et des programmes additionnels de 1907 et de 1909;

4° De soumettre les avant-projets ou des estimations sommaires :

a). Pour chacune des lignes qui avaient fait l'objet de la résolution de l'assemblée plénière des délégations financières du 8 juin 1912;

b). Pour la ligne de Djelfa-Laghouat, au sujet de laquelle le conseil supérieur avait renouvelé, dans sa séance du 24 juin 1912, ses vœux antérieurs tendant à ce que cette ligne fût comprise dans le programme d'un futur emprunt;

c). Pour la construction des nouvelles gares d'Alger;

d). Pour le prolongement vers Fedj-M'Zala de l'embranchement de Mila, sur la ligne de Bizot à Djidjelli.

L'administration présenta, en même temps aux assemblées algériennes, un résumé des propositions, établies par les divers services du gouvernement général, en vue d'un troisième emprunt (1). La dé-

---

(1) Programme de la session de 1913, pages 363 et suivantes.

pense totale des travaux proposés (y compris ceux de chemins de fer) était évaluée à 456 millions.

Les assemblées financières ne prirent pas de décision, au cours de leur sesion ordinaire de mai-juin 1913, leur réunion en session extraordinaire ayant été envisagée pour l'examen de la question. Elles demandèrent simplement qu'une étude complète fût faite des différentes propositions et que les conseils généraux fussent consultées.

La réunion des assemblées, en session extraordinaire, n'ayant pu avoir lieu, l'affaire se trouva renvoyée à une session ultérieure.

Programme de travaux et de 3e emprunt de la commission interdélégataire

La question d'un nouveau programme de travaux et d'un 3e emprunt ne figurait pas à l'ordre du jour de la session des assemblées algériennes de 1914. Les délégations financières s'en saisirent en désignant, dans la séance d'ouverture de cette session, sur la proposition d'un de leurs membres, M. Morinaud, une commission interdélégataire de 26 membres qui devait avoir une double mission :

1° Établissement d'un programme de travaux à exécuter soit sur un 3e emprunt, soit à l'aide des excédents du fonds de réserve ou du budget ordinaire ;

2° Examen et rapport à établir sur toutes les questions de chemins de fer figurant au programme (1).

Élaboration du programme. — Cette commission eut à examiner les diverses propositions antérieures, ainsi que celles présentées par les conseils généraux qui avaient été appelés, conformément à la demande formulée par l'assemblée plénière en 1913, à fournir leur avis.

—————

(1) Procès-verbaux de l'assemblée plénière des délégations financières, session de 1914, pages 24-33.

Ces assemblées avaient été invitées à faire connaître, au cours de leur session d'octobre 1913, les projets de travaux leur paraissant les plus urgents, dans la limite d'un total de 133 millions par département. Les propositions qu'elles établirent, pour les travaux les plus urgents, atteignaient :

Pour le département d'Oran..... 155 millions
Pour le département d'Alger..... 130 millions
Pour le département de Constantine .... 151 millions

Total............ 436 millions

Après étude des divers projets soumis à son examen, la commission interdélégataire décida de fixer le montant total de la dépense à engager à 450 millions à répartir par tiers entre les trois départements.

Les propositions pour les départements d'Oran et de Constantine furent en conséquence réduites à ces chiffres et, pour le département d'Alger, on reprit une partie des projets qui avaient été écartés par le conseil général afin de rester dans la limite de 133 millions qui avait été primitivement fixée. Comme le déclarait le rapporteur général (1), la commission s'était attachée, pour l'établissement du programme, à ne retenir que les projets lui paraissant les plus urgents dans toutes les branches de l'outillage de la colonie, en limitant ses propositions à un maximum de dépense correspondant à la capacité financière de l'Algérie pendant un temps déterminé. Elle avait été ainsi amenée à laisser de côté plus de 100 millions de travaux. La somme totale de 450,000,000, prévue pour le nouveau programme, devait être imputée, pour les deux tiers, soit 300,000,000, sur le produit d'un

____

(1) Rapport général de M. Lisbonne au nom de la commission des chemins de fer et des travaux du 3e emprunt (1914).

emprunt et, pour le surplus, sur les excédents du fonds de réserve et le budget ordinaire, à concurrence de 60 et de 90 millions respectivement. Le délai d'exécution des travaux étant fixé à 15 ans, le prélèvement annuel à faire, sur le budget ordinaire ou les excédents du fonds de réserve, ressortissait donc à dix millions.

Le programme de travaux dressé par la commission ne comprenait, en dehors des projets nouveaux, que l'exécution des programmes additionnels de chemins de fer de 1907 et de 1909. En ce qui concerne les lignes de chemins de fer du programme primitif de 1907, aucune dotation n'était prévue, des mesures ayant été prises par les assemblées algériennes, dans leur session 1914, (1) pour imputer, sur les excédents du fonds de réserve de 1913 et des années suivantes, les sommes nécessaires à leur achèvement.

Composition du programme. — Le tableau ci-après donne l'énumération, avec la répartition de la dépense entre les fonds d'emprunt et les excédents du fonds de réserve et les fonds du budget ordinaire, du programme des travaux arrêté par la commission.

____

(1) Procès-verbaux des séances de l'assemblée plénière des délégations financières, session de 1914, pages 89-100. Procès-verbaux des séances du conseil supérieur, session de 1914, page 113.

4 N. P.

RÉCAPITULATION GÉNÉRALE ET VENTILATION

NATURE DES TRAVAUX	ORAN		ALGER		CONSTANTINE		Totaux par nature des travaux
	Sur l'emprunt	Fonds de réserve et budget ordinaire	Sur l'emprunt	Fonds de réserve et budget ordinaire	Sur l'emprunt	Fonds de réserve et budget ordinaire	
Chemins de fer	33.900.000	19.770.000	44.000.000	19.000.000	84.500.000	4.775.000	225.945.0 0
Colonisation :							
(a) Créations et agrandissements	2.000.000	1.800.000	1.000.000	500.000	1.500.000	3.200.000	10.000.000
(b) Améliorations des anciens centres	2.000.000	2.000.000	2.500.000	»	»	5.000.000	11.500.000
Forêts	»	2.110.000	»	2.210.000	»	2.746.000	7.066.000
Postes, Télégraphes et Téléphones	»	6.000.000	»	6.000.000	»	6.000.000	18.000.000
Travaux publics :							
(a) Pavages	2.000.000	650.000	2.500.0 0	1.430.000	»	962.000	7.242.000
(b) Travaux divers des routes nationales	3.575.000	1.374.000	5.000.000	4.920.000	»	2.580.000	17.449.000
(c) Chemins vicinaux	14.000.000	4.401.000	18.000.000	8.140.000	5.000.000	14.365.000	63.906.000
(d) Travaux maritimes	16.000.000	9.690.000	22.000.000	3.200.000	7.000.000	4.600.000	62.190.000
(e) Travaux hydrauliques	4.525.000	2.205.000	3.000.000	4.900.000	»	5.772.000	20.402.000
Enseignement indigène	2.000.000	»	2.000.000	»	2.000.000	»	6.000.000
Totaux partiels	100.000.000	50.000.000	100.000.000	50.000.000	100.000.000	50.000.000	
Ensemble	150.000.000		150.000.000		150.000.000		430.000.000

La construction des lignes nouvelles de chemins de fer devait absorber, à elle seule, la moitié du montant total de la dépense envisagée. Ces lignes étaient les suivantes :

DÉSIGNATION DES LIGNES	Dépenses de premier établissement
Département d'Oran	
1. — Saïda-Bel-Abbès	14.600.000
2. — Sidi-bel-Abbès à Oran par St-Maur.	8.500.000
3. — Nemours-Marnia	9.000.000
4. — Dombasle-Frenda	10.500.000
5. — Mostaganem-L'Hillil	4.500.000
6. — Mostaganem-Dahra	6.800.000
7. — Trumelet-Tiaret	1.770.000
8. — Saïda-Frenda	13.000.000
9. — Frenda-Tiaret	5.000.000
	73.670.000
Département de Constantine	
1. — Philippeville-Guelma	19.000.000
2. — Bougie-Sétif	45.000.000
3. — Oued-Athménia-Saint-Arnaud	5.500.000
4. — Khenchela-Batna	10.000.000
5. — Mila-Fedj-M'zala	9.775.000
	89.275.000
Département d'Alger	
1. — Affreville-Amourah	5.000.000
2. — Berrouaghia-Aïn-Bessem	17.000.000
3. — Trumelet-Boghari	14.000.000
4. — Djelfa-Laghouat	8.000.000
5. — Orléansville-Vialar	19.000.000
	63.000.000
Totaux	225.945.000

En ce qui concerne l'imputation des dépenses de construction des lignes de chemins de fer, la répartition de ces lignes, par rapport aux ressources envisagées (emprunt, excédents du fonds de réserve, crédits du budget ordinaire), avait été arrêtée de la façon suivante, conformément aux avis émis par les chambres de commerce et les conseils généraux spécialement consultés à ce sujet :

I. — EMPRUNT

Département d'Oran

Saïda-Bel-Abbès ;
Bel-Abbès-St-Maur-Oran ;
Nemours-Marnia ;
Dombasle-Frenda ;
Mostaganem-l'Hillil ;
Mostaganem-Dahra.

Département de Constantine

Philippeville-Guelma, par Gastu ;
Bougie-Sétif ;
Oued-Athménia-Saint-Donat
Khenchela-Batna ;
Mila-Fedj-M'Zala (pour 5,000,000 de francs).

Département d'Alger

Affreville-Amourah ;
Berrouaghia-Aïn-Bessem ;
Trumelet-Boghari ;
Djelfa-Laghouat.

II. — Budget Ordinaire et Fonds de Réserve

Département d'Oran

Tiaret-Trumelet;
Frenda-Tiaret;
Saïda-Frenda.

Département d'Alger

Orléansville-Vialar.

Département de Constantine

Mila-Fedj-M'Zala (pour 4,775,000 francs).

L'enseignement des indigènes figurait pour 6 millions dans le programme arrêté par la commission des chemins de fer et des travaux du 3ᵉ emprunt.

En ce qui concerne l'enseignement des européens, aucune dotation n'avait été prévue dans le programme d'emploi des 450 millions. Les dépenses à engager, pour ce service, évaluées à 23,200,000 francs, étant considérées comme normales et permanentes, devaient être prélevées, pendant toute la durée de l'exécution du programme, sur des crédits à inscrire, chaque année, au budget ordinaire (1).

Voies et moyens. — Comme on l'a vu ci-dessus, les ressources auxquelles la commission proposait de faire appel, pour l'exécution du programme, étaient les suivantes :

Emprunt	300,000,000
Budget ordinaire	90,000,000
Fonds de réserve	60,000,000
Total	450,000,000

---

(1) Rapport de M. Deyron, délégué financier, page 248 de la brochure intitulée: « Rapport de la commission des chemins de fer et des travaux du 3ᵉ emprunt ».

a). Emprunt. — L'emprunt de 300 millions, à réaliser par tranches annuelles de 20 millions, devait nécessiter une annuité d'un million au maximum par tranche. La commission proposait de faire face à cette annuité au moyen de l'inscription, au budget, chaque année et pendant toute la durée de réalisation de l'emprunt, d'un crédit nouveau de 1 million. Cette combinaison, basée sur la progression des recettes, d'année en année, du budget de l'Algérie, était celle qui avait été adoptée pour l'emprunt de 175 millions. L'inscription annuelle d'un million affectée à ce dernier emprunt, devait cesser en 1916, année au cours de laquelle devait être versé le solde dudit emprunt (2,499,720 francs) représentant une annuité de 89,000 francs. Il suffisait donc de maintenir ce crédit pendant 15 années encore, à partir de 1916, et de l'affecter au service du nouvel emprunt, en le majorant simplement, en 1916, des 89,000 francs correspondant à l'annuité afférente au solde de l'emprunt de 175 millions à recevoir au cours de ladite année.

b). Budget ordinaire. — La somme annuelle de 6 millions à affecter annuellement, pendant 15 ans, à la réalisation du nouveau programme, était égale aux crédits prévus chaque année au budget ordinaire pour les postes et télégraphes, les ports, l'hydraulique agricole, la colonisation et les forêts. Il suffisait donc de maintenir ces crédits au budget pendant toute la période d'exécution du programme.

c). Excédents du fonds de réserve. — Les excédents du fonds de réserve ayant fourni, en moyenne, depuis 1901, 8,900,000 francs par an, il n'avait pas paru exagéré à la commission de prévoir, sur ces excédents, la somme de 60 millions correspondant à un prélèvement de quatre millions en moyenne par année.

Décisions des assemblées algériennes. — Les conclusions du rapporteur général de la commission des travaux publics et des travaux du 3e emprunt, tendant à l'approbation du programme de travaux et du projet d'emprunt dressé par elle, fit l'objet, le 22 juin 1914, devant l'assemblée plénière des délégations financières, d'une longue discussion (1), à la suite de laquelle la motion suivante de la commission des finances fut adoptée par 44 voix contre 2 :

« Le programme de 450 millions dont 150 sont
« à prévoir sur les ressources éventuelles du bud-
« get ordinaire ou du fonds de réserve, est accepté
« par la commission comme limitatif au po'nt de
« vue financier; elle accepte l'emprunt de 300 mil-
« lions nécessaire pour terminer le programme
« adopté en 1907-1909, complété par celui de 1914;
« elle ne croit pas avoir à se prononcer actuelle-
« ment sur les détails de ce programme qui devra
« revenir devant vous, en 1915, avec les études et
« avant-projets établis par l'administration et suf-
« fisants pour obtenir l'approbation de l'emprunt
« par le parlement; il y aura lieu, toutefois, de pré-
« voir les dépenses nécessaires pour l'enseigne-
« ment professionnel et l'assistance publique dans
« la limite acceptée de 450 millions.

« Elle est d'avis que les impôts à provenir :

« 1° Des successions;

« 2° De la propriété non bâtie;

« 3° Des impôts éventuels sur le revenu; soient
« affectés au gage de cet emprunt et que les autres
« sources de recettes soient réservées, pour le mo-
« ment, en vue des besoins éventuels que pour-
« raient manifester les dépenses ordinaires.

« Elle invite l'administration à présenter à vos
« délibérations, en 1915, un projet d'emprunt de
« 300 millions, à réaliser par tranches successives,
« en inscrivant au budget en 1915, pour 1916, pour

---

(1) Procès-verbaux des séances de l'assemblée plénière des délégations financières, session de 1914, pages 215-236, 240-315 et 320-339.

« garantie de la première partie, l'impôt sur les
« successions. L'impôt sur la propriété non bâtie
« sera affecté de la même manière en 1917. Les
« exercices suivants donneront lieu, s'il en est be-
« soin, aux inscriptions complémentaires. »

L'assemblée plénière donna également, dans la
même séance, son approbation de principe au programme présenté en adoptant la motion suivante
sur la proposition de M. Morinaud :

« L'assemblée plénière adopte, en principe, le
« programme de la commission des chemins de fer
« sous les réserves indiquées dans la motion qui
« vient d'être votée et sous celles de l'administra-
« tion. »

Le conseil supérieur, dans sa séance du 27 juin
1914 (1), ratifia ces deux motions avec les réserves
suivantes formulées par sa commission des finances :

« Elle (la commission des finances) insiste parti-
« culièrement sur la nécessité de laisser à l'admi-
« nistration le soin de préparer le programme des
« travaux à entreprendre, en s'inspirant des indi-
« cations données par les rapports de la commis-
« sion interdélégataire des chemins de fer et de
« l'emprunt, et en les complétant pour les bran-
« ches de l'activité sociale qui n'auraient pas été
« visées dans ces rapports.

« Elle estime que, dans la composition de ce pro-
« gramme, l'administration doit surtout se préoc-
« cuper de l'intérêt général de la colonie et du
« degré d'urgence des travaux sans trop s'attacher
« à réaliser une égale répartition du montant de
« l'emprunt entre les trois départements.

« En ce qui concerne les 150 millions de dépen-
« ses complémentaires, elle fait toutes réserves au
« sujet des ressources à attendre des excédents du

____

(1) Procès-verbaux du conseil supérieur de gouvernement, session de 1914, pages 169-176.

« fonds de réserve et de l'immobilisation à longue
« échéance des crédits du budget ordinaire. »

La guerre, survenue peu après le vote par les
assemblées financières du principe de l'emprunt de
150 millions et d'un nouveau programme de travaux, a fait laisser la question en suspens jusqu'en
1919, année au cours de laquelle elle a été reprise.
(Voir 5e partie de la présente étude).

II. — EMPRUNT DE 55 MILLIONS DES CHEMINS DE FER DE L'ETAT

L'établissement et le vote du programme de travaux et du projet de 3e emprunt envisagé, depuis
1912, devant nécessiter d'assez longs délais, l'administration avait soumis aux assemblées financières,
à leur session de 1914, un projet d'emprunt de 50
millions à contracter par les chemins de fer de
l'Etat pour permettre d'entreprendre, à bref délai,
des travaux urgents.

Les dépenses à engager intéressaient : 1°
le chemin de fer de Bône à Tébessa, à transformer en ligne à voie normale entre Souk-Ahras et
Tébessa, en vue de permettre l'écoulement, en plus
grande quantité, des produits miniers du sud constantinois et notamment d'un million de tonnes
de l'Ouenza, conformément aux engagements pris
par le gouvernement général envers la société
amodiataire de ce gisement; 2° des travaux complémentaires à réaliser sur l'ensemble des réseaux
exploités par les chemins de fer algériens de l'Etat.

Cet emprunt fut porté à 55 millions par les
assemblées algériennes. Il devait être contracté
directement par les chemins ed fer algériens de
l'Etat à un taux ne dépassant pas 4,30 % et être
remboursé en 35 ans. Son gage était constitué par
le produit net des chemins de fer algériens de
l'Etat qui atteignait, alors, 4 millions et demi par
an, soit un million et demi de plus que l'anuité

d'amortissement et d'intérêt évaluée à 3 millions au maximum.

Les travaux qui devaient être effectués au moyen des fonds à provenir de cet emprunt étaient les suivants :

Réseaux

Bône-Guelma (aménagement de la ligne Bône-Guelma)..............	15.000.000
Travaux complémentaires des autres lignes.......................	5.000.000
Est-Algérien	24.000.000
Réseau oranais....................	11.000.000
Total..............	55.000.000

Voté par les délégations financières le 19 juin 1914 (1) et par le conseil supérieur le 27 juin suivant (2), l'emprunt des chemins de fer algériens de l'Etat a été autorisé, à concurrence de 20 millions seulement, par une loi du 30 novembre 1916. L'autorisation d'emprunter la somme restante de 35 millions a été inscrite dans l'article 2 du projet d'emprunt de 250 millions à contracter par l'Algérie pour liquider les découverts budgétaires et faire face aux charges exceptionnelles résultant de l'état de guerre. Ce dernier emprunt, adopté par les délégations financières en 1919, a fait l'objet d'un projet de loi déposé par le gouvernement, en avril 1920, à la chambre des députés.

L'emprunt de 20 millions autorisé par la loi du 30 novembre 1916 n'a pas encore été réalisé. Les dépenses qu'il était destiné à couvrir ont pu néanmoins être engagées, au titre des avances à régula-

---

(1) Procès-verbaux des séances de l'assemblée plénière des délégations financières, session de 1914, pages 106 à 120.

(2) Procès-verbaux des séances du conseil supérieur, session de 1914, pages 142 à 152.

riser, avec l'autorisation du ministre des finances. Afin de ne pas émietter le crédit de l'Algérie, en émettant des emprunts successifs à des époques rapprochées, le projet de loi portant autorisation de l'emprunt de liquidation dispose que l'emprunt de 55 millions (20 + 35) des chemins de fer de l'Etat, ainsi que l'emprunt de 55 millions dont il est question ci-après, pourront être incorporés au dit emprunt.

III. — EMPRUNT DE 55 MILLIONS POUR L'ACHÈVEMENT DU PROGRAMME PRIMITIF DE 1907

Les délégations financières et le conseil supérieur avaient décidé, dans leur session de 1914 (1), d'imputer, sur les excédents du fonds de réserve des années 1913 et suivantes, les sommes nécessaires à l'achèvement du programme primitif de chemins de fer de 1907.

Cette solution très rationnelle et dont l'application ne paraissait devoir soulever aucune difficulté, n'a pas pu, en fait, être appliquée. Le fléchissement des recettes budgétaires, causé par la guerre, ayant mis le budget de 1914 en déficit, la totalité de l'excédent de recettes de l'exercice 1913 a été employé à couvrir l'insuffisance constatée.

Comme il était à prévoir que le budget de 1915 et peut être les suivants seraient également en déficit, l'administration fut amenée à proposer aux assemblées financières, dans leur session de 1915, un emprunt de liquidation spécial à la construction de lignes de chemins de fer du programme primitif de 1907.

Il ressortait des renseignements fournis à ce sujet, par l'administration, dans la brochure intitulée « programme de la session de 1915 (pages 315 et suivantes), que les évaluations des lignes du programme primitif de 1907, après avoir été arrêtées à

____

(1) Voir à la page 49 de la présente note.

72,558,200 francs (chiffre du programme de l'emprunt), à 119,070,000 francs (évaluation basée sur les avant-projets), puis à 122,010,000 francs (31 décembre 1912) et enfin à 144,440,000 francs (31 décembre 1913), avaient été fixées, au cours de 1914, à 142,840,000 francs (1).

____

(1) Le tableau ci-après donne le détail des évaluations faites aux diverses époques.

DÉSIGNATION DES LIGNES	Evaluation figurant au programme de l'emprunt de 175.000.000 (Loi du 28 février 1908)	Evaluation d'après les avants-projets réalisés	Revision des dépenses effectuées au 31 décembre 1912	2ᵉ Revision des dépenses effectuées au 31 décembre 1913	3ᵉ Revision faite en 1914
Département d'Oran					
Relizane à Prévost-Paradol...	6.770.000	10.000.000	10.000.000	13.000.000	13.000.000
Sidi-bel-Abbès à Tizi	4.674.000	9.350.000	9.350.000	10.850.000	10.850.000
Tizi (Mascara) à Uzès-le-Duc..........	3.426.000	5.780.000	5.780.000	8.670.000	8.670.000
Beni-Saf à Tlemcen................,....	8.504.000	10.900.000	10.900.000	12.400.000	12.400.000
	23.374.000	36.030.000	36 030.000	44.920.000	44.920.000
Département d'Alger					
Berrouaghia à Boghari............	14.384.200	18.300.000	8.370.000	8.320.000	8.320.000
Boghari à Djelfa			12.870.000	17.400.000	16.600.000
Ténès à Orléansville..................	6.500.000	11.600.000	11.000.000	11.800.000	11.800.000
Bouïra à Aumale....................	3.500.000	5.100.000	5.100.000	6.600.000	6.600.000
	24.384.200	34.400.000	37.340 000	44.120.000	43.320.000
Département de Constantine					
Aïn-Beïda à Tébessa............	7.800.000	10.400.000	10.400.000	8.700.000	8.700.000
Embranch. la Meskiana à Morsott....				2.700.000	2.700.000
Constantine à Oued-Athménia.........	17.000.000	38.240.000	6.690.000	9.000.000	7.800.000
Bizot à Djidjelli			31.550.000	35.000.000	35.400.000
	24.800.000	48.640.000	48.640.000	55.400.000	54.600.000
Totaux généraux.............	72.558 200	119.070.000	122.010.000	144.440.000	142.840.000

Pour faire face à cette dépense, l'administration ne disposait que d'une somme de 97,904,109 fr. 40 se décomposant comme il suit :

Dotation sur le produit du 2ᵉ emprunt..	72.558.200	
moins la quote part dans les frais d'émission	55.282	
Reste......	72.502.918	72.502.918 »
Prélèvements sur le budget ordinaire de 1906 à 1909........		2.795.791 40
Prélèvements sur les excédents du fonds de réserve en 1910, 1911 et 1912		22.605.400 »
		97.904.109 40

Les évaluations dernières s'élevant à 142,840,000 francs, il ressortait un excédent de dépenses sur les ressources de 44,935,890 fr. 60 ou 45 millions en chiffres ronds.

L'administration proposait de fixer le montant de l'emprunt à contracter à 55 millions, soit dix millions de plus que l'insuffisance des ressources, en raison des modifications profondes apportées par la guerre dans les conditions d'exécution des travaux et des relèvements de prix à accorder aux entrepreneurs. L'acquittement régulier des dépenses étant assuré jusqu'en 1917 par les disponibilités en caisse, l'administration ne demandait, pour le moment, aux assemblées algériennes que d'admettre le principe de l'emprunt proposé dont les modalités devaient leur être soumises à leur prochaine session.

Un vote fut émis, dans ce sens, par les délégations financières et le conseil supérieur, dans leur session ordinaire de 1915, sous la réserve que l'emprunt ne serait réalisé que par tranches suivant les besoins constatés et dans la mesure de ces besoins.

L'administration a soumis, en 1917, aux assemblées algériennes, le projet de loi ayant pour objet d'autoriser l'emprunt admis en principe en 1915. Adopté, sans observations, par l'assemblée plénière des délégations financières dans sa séance du 3 avril 1917 et par le conseil supérieur le 25 avril suivant, l'emprunt a été autorisé par une loi du 15 juin 1918, mais n'a pas encore été réalisé.

Cet emprunt pourra être émis, en même temps que l'emprunt de liquidation du passif de guerre de 250 millions, voté par les assemblées financières en 1919, l'article 2 de ce projet renfermant, comme pour l'emprunt de 55 millions des chemins de fer de l'Etat, une disposition permettant d'en incorporer le montant dans l'emprunt de liquidation.

CINQUIÈME PARTIE

LE NOUVEAU PROGRAMME DE TRAVAUX ET DE PROJET D'EMPRUNT

I. — TRAVAUX PRÉLIMINAIRES

Pour se conformer aux résolutions votées par les délégations financières et le conseil supérieur dans leurs séances des 22 et 27 juin 1914 (1), le gouvernement général aurait dû présenter à ces assemblées, lors de leur session de 1915, un programme de travaux de 450 millions et un projet de troisième emprunt de 300 millions.

La guerre n'a pas permis à l'administration de déférer à cette invitation. Les agents des services techniques ayant été mobilisés en grand nombre, dès le début des hostilités, il ne fut pas possible de faire établir les avant-projets nécessaires à la détermination du montant exact des dépenses. D'ailleurs, à supposer que toutes les études eussent pu être terminées et les formalités légales remplies dès 1915, il aurait été impossible de faire exécuter les travaux, durant la guerre, en raison de la pénurie de main-d'œuvre et de certains matériaux.

Dès la fin de la guerre, l'administration s'est préoccupée de reprendre la question.

De son côté, la délégation des non colons, désireuse de voir solutionner, au plus tôt, le projet de 1914, renvoyait à l'administration avec avis favorable, dans sa séance du 16 décembre 1918, une motion présentée par MM. Galle et Morinaud et tendant :

« 1° A ce que, dès la session de 1919, les assem-
« blées algériennes fussent saisies de la combinai-

---

(1) Voir pages 55 et 56 de la présente note.

« son financière susceptible de permettre la réali-
« sation, sans délai, du programme adopté en 1914;

« 2° A ce qu'à ce programme fut ajoutée la part
« nécessaire de l'Algérie dans les dépenses à envi-
« sager pour la création d'une flotte franco-algé-
« rienne. » (1)

Nécessité de reviser le programme de 1914. —
Avant de poursuivre l'étude définitive du programme de 1914, il convenait, conformément aux résolutions votées par les délégations financières et le
conseil supérieur, au sujet de ce programme, de le
compléter par les travaux intéressant des branches
de l'activité de la colonie qui n'y figuraient pas.

D'un autre côté, des faits nouveaux, survenus
depuis 1914, établissaient que le programme dressé à cette époque devait être revisé. Il ne comportait, en effet, aucune dotation pour l'enseignement
professionnel et l'assistance publique. D'autre part,
les prévisions pour l'instruction publique se trouvaient devenues insuffisantes, les assemblées algériennes ayant adopté, dans leur session de 1917,
sans voter les ressources correspondantes, un nouveau programme de constructions scolaires évalué,
à cette époque, à 56 millions et qui devait être réalisé, aux frais exclusifs de la colonie, au moyen de
fonds d'emprunt (2). Enfin, l'augmentation considérable du coût de la main-d'œuvre et des matériaux, devait entraîner des majorations d'évaluations de nature à bouleverser complètement la combinaison financière primitivement envisagée pour
la réalisation du projet..

____

(1) Procès-verbaux des séances des délégations financières (non colons). Session extraordinaire de 1918, page
38.

(2) Procès-verbaux des séances de l'assemblée plénière
des délégations financières, session ordinaire de 1917, pages 50 à 78. Procès-verbaux des séances du conseil supérieur de gouvernement, session ordinaire de 1917, pages
161 à 164.

Il était donc indispensable, avant de procéder à l'établissement des avant-projets des travaux compris dans le programme de 1914 et de présenter un projet d'emprunt aux délégations financières et au conseil supérieur, de soumettre ce programme à une revision sur laquelle les assemblées algériennes seraient ensuite appelées à se prononcer.

Cette question, ainsi que tous les problèmes que soulevaient la reprise des affaires avec la cessation des hostilités et les difficultés d'ordre budgétaire, nécessitaient des études longues et complexes qui ne pouvaient être utilement poursuivies que par des commissions mixtes composées de membres des assemblées algériennes et des chefs des principaux services.

S'inspirant de ces considérations, M. le gouverneur général Jonnart prit, le 24 janvier 1919, un arrêté constituant les cinq commissions suivantes:

1° *Commission des voies et moyens* chargée de l'étude de la réorganisation des services administratifs non compris dans les attributions des quatre autres commissions et des questions d'ordre financier (1).

____

(1) Président: M. Giraud, président des délégations financières; vice-président: M. Leclerc, directeur des services financiers; membres: MM. Aymes, Barbedette, Bérard, Joly, Lisbonne, Lefebvre (2), Morinaud (2), Galle, Bonnefoy, Sabatier, Benchenane, délégués financiers; Billard, président de la chambre de commerce d'Alger; Pérès, membre de la chambre de commerce d'Oran; de Saligny, inspecteur général honoraire des finances; Schneider, directeur des contributions directes; Lavergne, chargé de cours à la faculté de droit d'Alger.

(2) MM. Lefebvre et Morinaud ayant été élus députés ont été remplacés par MM. Brunel, vice-président de la commission des transports, et Vieillard-Baron, vice-président de la commission d'études d'un nouveau programme de travaux publics.

2° *Commission d'études d'un nouveau programme de travaux publics (1).*

3° *Commission d'études des transports maritimes et de l'amélioration des voies ferrées d'intérêt général actuellement existantes (2).*

4° *Commission de l'organisation économique* (agriculture, commerce, industrie, colonisation, tourisme, enseignement technique et professionnel).

5° *Commission des institutions de prévoyance,* d'assistance et d'hygiène publiques, d'application des lois sociales et de l'enseignement.

L'établissement du nouveau programme de travaux publics incombait à la seconde commission.

La troisième devait avoir pour mission principale de dresser le programme des améliorations à réaliser sur les voies ferrées en exploitation.

Enfin, à la commisison des voies et moyens devait incomber le soin d'élaborer la combinaison financière propre à la réalisation de ces programmes.

----

(1) Président: M. Morinaud, délégué financier; vice-président: M. Vieillard-Baron, directeur des chemins de fer et des mines; membres: MM. Barbedette, Bories, Passerieu, Petit, J. Robert, Vérola, Aït Salem ben Amar, délégués financiers; Tarting, président du syndicat commercial algérien; Martin, président de la chambre de commerce de Constantine; MM. Brunel et Fine, directeurs au gouvernement général.

(2) Président: M. Lefebvre, délégué financier ; vice-président: M. Brunel, directeur de l'agriculture, du commerce et de la colonisation ; membres : MM. Galle, Passerieu, Thesmar, délégués financiers ; Vinson, membre du syndicat commercial algérien, Journet, président de la chambre de commerce de Bône; Vieillard-Baron, directeur des chemins de fer au gouvernement général; Guérin, directeur des chemins de fer algériens de l'État.

A. — *Programme particulier de la commission d'études d'un nouveau programme de travaux publics.*

Les travaux auxquels s'est livrée cette commission ont été résumés dans le rapport (1) établi, en son nom, par M. Petit, rapporteur.

La commission a procédé à un inventaire des besoins de la colonie et n'a retenu, dans le programme qu'elle a dressé, que les travaux reconnus les plus urgents.

D'une façon générale, elle a maintenu tous les projets compris dans le programme de 1914 et elle y a ajouté les travaux dont la nécessité s'était révélée depuis.

Enfin, dans l'établissement de son programme, elle ne s'est pas laissée limiter par les dépenses que l'exécution des travaux pouvait entraîner, le caractère financier du projet étant réservé à la commission des voies et moyens.

Le délai d'exécution des travaux compris dans le programme de la commission d'études a été fixé, par elle, à 20 ans. Les travaux ont été répartis en deux groupes: travaux de la première et travaux de la seconde étape, selon leur urgence. Le programme embrasse toutes les branches d'activité et d'outillage de la colonie, y compris l'assistance publique et l'enseignement technique et professionnel qui ne figuraient pas dans le programme de 1914.

Le montant total de la dépense nécessaire à l'exécution de ce programme a été évalué à 1,640,333,000 francs, dont 1,153,283,000 francs pour les travaux de première urgence.

Ces chiffres ont été obtenus en prenant les évaluations de 1914 et en les majorant de 100 % pour tenir compte de l'augmentation générale des prix.

---

(1) Ce rapport figure dans le volume n° 1 des documents, procès-verbaux des séances et rapports de la session ordinaire des délégations financières de 1919.

Les principales additions au programme de 1914 portent, en chiffres ronds, à concurrence de :

sur les chemins de fer............	934.000.000
sur les travaux maritimes......	104.000.000
sur les travaux hydrauliques.....	100.000.000
sur l'instruction publique........	75.000.000
sur l'enseignement professionnel.	30.000.000
sur la colonisation.............	16.000.000
sur l'assistance publique........	15.000.000
	734.000.000

Le tableau ci-après donne le résumé du programme et de l'évaluation des dépenses :

DÉSIGNATION DES TRAVAUX	Dépenses prévues pour l'exécution des travaux		
	Première étape	Deuxième étape	Totales
Chemins de fer	675.800.000	162.350.000	838.150.000
Routes et chemins	182.492.000	»	182.492.000
Travaux maritimes	105.991.000	122.500.000	228.491.000
Travaux hydrauliques	41.000.000	100.000.000	141.000.000
Instruction publique	65.500.000	21.500.000	87.000.000
Enseignement technique et professionnel	15.000.000	15.000.000	30.000.000
Colonisation	30.000.000	28.700.000	58.700.000
Postes, télégraphes et téléphones	20.000.000	20.000.000	40.000.000
Forêts	7.500.000	7.000.000	14.500.000
Assistance publique	10.000.000	10.000.000	20.000.000
Ensemble	1.153.283.000	487.050.000	1.640.333.000

Plus de la moitié des dépenses envisagées dans le programme concerne les chemins de fer.

Les 838,150,000 francs affectés à cet objet ont été répartis de la façon suivante :

A. — Achèvement du programme primitif de 1907 : somme à prévoir en sus de l'emprunt de 55 millions autorisé par la loi du 15 juin 1918 et non encore réalisé (1)..   90.000.000

B. — Améliorations aux lignes des réseaux rachetés, exploités par les chemins de fer algériens de l'Etat : travaux non prévus en 1914.......   154.000.000

C. — Lignes à construire, comprenant :

a): Lignes du programme additionnel de 1907 - 1909, non construites faute de ressources 102.000.000

b). Lignes du programme de 1914 révisé   342.150.000

c). Lignes minières du sud constantinois non prévues en 1914.   150.000.000

   591.150.000

Total............   838.150.000

Le tableau ci-après donne l'indication de ces trois derniers groupes de lignes :

(1) Voir page 59 de la présente note ce qui concerne cet emprunt.

Lignes nouvelles projetées

DÉSIGNATION DES LIGNES	Programme	Dépenses de 1er établissement	
		Première étape	Deuxième étape
Département d'Oran			
Saïda-Bel-Abbès	1914	29.200.000	
Nemours-Marnia	1914	18.000.000	
Dombasle-Frenda	1914	21.000.000	
Mostaganem-Dahra	1914	13.600.000	
Bel-Abbès-Oran par St-Maur	1914		17.000.000
Mostaganem-L'Hillil	1914		9.000.000
Frenda-Tiaret	1914		10.000.000
Saïda-Martimprey (1)	1914-19		20.000.000
Trumelet-Tiaret	1914		1.800.000
Total		81.800.000	57.800.000
Département d'Alger			
Trumelet-Boghari	1914	28.000.000	
Berrouaghia-Aïn-Bessem	1914	34.000.000	
Affreville-Amourah	1909	10.000.000	
Djelfa-Laghouat	1914		16.000.000
Orléansville-Vialar	1909		38.000.000
Blida-Alger (2)	1907		
Total		72.000.000	54.000.000
Département de Constantine			
Chemins de fer miniers du sud-constantinois envisagés dès 1913 par l'Administration	1919	150.000.000	
Bougie-Sétif	1914	90.000.000	
Philippeville-Guelat-Guelma	1907	38.000.000	
Oued-Athménia-St-Donat (3)	1914-19		11.000.000
Khenchela-Batna	1914		20.000.000
Mila-Fedj-M'Zala	1914		19.550.000
Total		278.000.000	50.550.000
RÉCAPITULATION :			
Département d'Oran		81.800.000	57.800.000
— d'Alger		72.000.000	54.000.000
— de Constantine		278.000.000	50.550.000
Total général		431.800.000	162.350.000
		594.150.000	

(1) Le point d'aboutissement (Frenda) de la ligne Saïda-Frenda, prévue au programme de 1914, est remplacé par celui de Martimprey, situé 30 kilomètres plus près.

(2) Les Assemblées algériennes ont décidé, en 1913, d'extraire la ligne Blida-Alger des lignes classées d'intérêt général en vue d'en permettre la construction par le département d'Alger au titre d'intérêt local (Procès-verbaux de l'Assemblée plénière des Délégations Financières, session 1913, page 219) — (Procès-verbaux du Conseil supérieur, session de 1913, page 180).

(3) Le point d'aboutissement (Saint-Arnaud) de la ligne d'Oued-Athménia à Saint-Arnaud, prévue au programme de 1914, est remplacé par celui, plus rapproché, de Saint-Donat.

Les moyens financiers pour faire face au programme de 1914, revisé et complété par la commission d'études, ne rentrant pas dans ses attributions, cette dernière s'est bornée à demander que ce programme fût approuvé et qu'il fût soumis d'urgence, aux délégations financières ainsi qu'à la commission des voies et moyens, afin que les études et les avant-projets permettant le vote de l'emprunt pussent être présentés aux assemblées algériennes, si possible, dans leur session de 1920.

Suite donnée au programme de la commission d'études. — Le programme de la commission d'études n'a pu être soumis à l'examen des assemblées algériennes à leur session de 1919.

Conformément au désir exprimé par de nombreux délégués financiers, le gouvernement général en a saisi les délégations financières, dans leur deuxième session extraordinaire de 1919, comme on l'a rappelé au début de la présente note, en leur demandant, au cas où ce programme leur paraîtrait pouvoir être approuvé en principe, de voter une motion dans ce sens, afin de faire procéder à l'établissement des avant-projets.

La délégation des non colons a voté une motion d'approbation de principe, sous réserve des moyens financiers à examiner par la commission des voies et moyens et elle a demandé à l'administration que « l'étude minutieuse des avant-projets, « permettant le vote de l'emprunt à intervenir, fût « présenté sans retard aux assemblées algérien-« nes ». La délégation des colons a renvoyé la question à une session ultérieure, le temps lui faisant défaut pour étudier le programme à fond.

B. — *Programme particulier de la commission des transports maritimes et des améliorations à réaliser sur les voies ferrées d'intérêt général en exploitation.*

La commission des transports maritimes et des

améliorations à réaliser sur les voies ferrées en exploitation a eu à examiner :

1° Les conditions dans lesquelles il convient d'organiser l'exploitation des services maritimes entre l'Algérie et la métropole;

2° Les améliorations urgentes à apporter aux réseaux des voies ferrées en exploitation, pour les mettre en état de répondre aux exigences d'un trafic en accroissement constant.

1° *Transports maritimes.* — En ce qui concerne la première question, le rapport de la commission établi par M. Galle (1) rappelle que les assemblées algériennes ont adopté, en 1916, un projet du gouvernement qui devait permettre d'assurer, sous le contrôle direct de l'Etat et avec le concours des principaux intéressés, la liaison maritime des réseaux ferrés de la France et de l'Afrique du Nord.

Ce projet n'ayant pas encore abouti, la commission s'est bornée, dans l'ignorance où elle se trouvait des intentions exactes du gouvernement, à émettre l'avis, pour le cas où une flotte d'Etat serait constituée avec la participation de l'Algérie, que la contribution de cette dernière pourrait être fixée au quart de la dépense présumée, soit 50 millions.

2° *Améliorations sur les voies ferrées en exploitation.* — L'accroissement continu du trafic nécessitait, dès avant la guerre, des augmentations de matériel et des travaux d'améliorations sur les lignes de chemins de fer de l'Algérie et particulièrement sur les réseaux rachetés, exploités par les chemins de fer algériens de l'Etat.

Chemins de fer algériens de l'Etat. — Les assemblées algériennes avaient voté, dans ce but, en 1914,

----

(1) Ce rapport figure dans le volume n° 1 des documents, procès-verbaux des séances et rapports relatifs à la session ordinaire des délégations financières de 1919.

un emprunt de 55 millions (1) autorisé, à concurrence de 20 millions seulement, par la loi du 30 novembre 1916.

Le trafic a encore augmenté depuis la guerre et doit encore s'accroître avec le développement graduel et continu de la prospérité de l'Algérie. D'un autre côté, le matériel, déjà insuffisant, soumis à un emploi intensif pendant quatre années de guerre, était, au commencement de 1919, usé, dans une forte proportion, ou rendu inutilisable par des avaries que le manque de personnel ne permettait pas de réparer.

Placée en présence de cette situation, la commission des transports maritimes et de l'amélioration des voies ferrées d'intérêt général en exploitation a établi un programme de travaux complémentaires d'améliorations et d'achat de matériel s'élevant à la somme totale de 291,550,000 francs, se répartissant de la façon suivante entre les divers réseaux rachetés :

Réseau Est-Algérien	145.000.000
Réseau Bône-Guelma	86.550.000
Réseau oranais.	63.000.000
Total......	291.550.000

Les achats de matériel entrent dans ce total pour 100 millions.

La commission a proposé la réalisation de son programme en 15 années, les 295 millions, en chiffres ronds, nécessaires à sa réalisation, étant prélevés, à concurrence de 105 millions, sur le budget ordinaire à raison de 7 millions par an. Les 190 millions restants devaient être demandés :

1° A l'emprunt complémentaire de 35 millions destiné à parfaire l'emprunt de 55 millions voté par les assemblées algériennes, en 1914, pour les chemins de fer de l'État;

____

(1) Voir page 57 ce qui concerne cet emprunt.

2° A un nouvel emprunt de 155 millions. Cette dernière somme a été prévue, à concurrence de 151 millions, dans la somme de 838,150,000 francs affectée, dans le programme de la commission d'études, aux travaux de chemins de fer.

Chemins de fer P. L. M. et Ouest-Algérien. — La commission a constaté que des travaux complémentaires importants et des augmentations de matériel roulant s'imposaient sur ces deux réseaux pour la même raison que pour les chemins de fer de l'État.

Les compagnies se refusant, en raison de l'importance des dépenses à engager, à entreprendre de nouvelles améliorations, la commission a conclu au rachat de l'Ouest-Algérien dont la situation est assez critique. En ce qui concerne le P. L. M. elle a émis l'avis que des négociations pourraient être engagées avec cette compagnie en vue du rachat de la ligne de Philippeville à Constantine, ainsi que pour l'exploitation des lignes de l'Ouest-Algérien si ce réseau était racheté.

C. — *Programme primitif de l'administration*

A la suite de la motion votée par la délégation des non colons, dans la 2e session extraordinaire de 1919, invitant le gouvernement général à présenter, sans retard, aux assemblées algériennes, l'étude détaillée des projets compris dans le programme de travaux élaboré par la commission d'études, l'administration s'est livrée à un examen approfondi de la question.

Les sommes à demander à un nouvel emprunt pour l'exécution du programme établi, en 1919, par la commission des travaux publics et celle des transports, devaient s'élever, selon les évaluations contenues dans les rapports de ces commissions, à 1.610 millions en chiffres ronds.

Ces évaluations, faites dans les premiers mois de 1919, en majorant de 100 % les prix de 1914, ne correspondaient plus, au début de 1920, à la réalité. Il résultait d'estimations faites, à ce moment-là, que, pour tenir compte des nouvelles conditions de prix de la main-d'œuvre et des matériaux, les évaluations de 1919 devaient, pour la plupart des travaux prévus et notamment ceux de chemins de fer, être majorées de 50 % environ.

L'emprunt à contracter, pour l'exécution du programme complet de 1914 revisé en 1919, devait, dans ces conditions, atteindre plus de 2 milliards. D'autre part, et conformément aux prévisions formulées par M. Petit, dans le rapport fait au nom de la commission des travaux publics, ce programme n'aurait pu être réalisé qu'en vingt ans au moins. Il paraissait peu prudent d'engager l'avenir pour une aussi longue durée, de nouveaux besoins, peut être plus impérieux que ceux auxquels le programme était destiné à satisfaire, pouvant apparaître dans l'intervalle. En outre, l'incertitude où l'on se trouvait encore sur la fixation des prix, en variation constante depuis la guerre, commandait de ne pas tabler, pour une période trop longue, sur l'état de choses existant au début de 1920. Il semblait également plus sage de ne pas engager la colonie, pour de nombreuses années, tant que la situation budgétaire, modifiée par la guerre et ses conséquences, ne serait pas redevenue normale.

En présence de cet ensemble de faits, l'administration avait pensé, tout d'abord, à limiter les travaux à entreprendre à ceux compris dans les rapports de MM. Petit et Galle et présentant un caractère d'urgence tel qu'il n'était pas possible d'en différer plus longtemps l'exécution.

Elle avait établi, sur ces bases, un programme ayant pour objet :

1° L'achèvement du programme de 1907 ;

2° La mise en état de l'outillage économique existant dans la colonie et particulièrement des chemins de fer d'intérêt général en exploitation ;

3° Les travaux les plus urgents et notamment

ceux des chemins de fer destinés à faciliter la mise
en valeur des régions de la colonie déjà ouvertes à
la colonisation ou à l'exploitation minière par l'initiative privée, seule ou avec le concours de l'administration. La plupart des lignes minières du sud
constantinois proposées par la commission des travaux publics, en 1919, figuraient dans ce groupe.

La durée de ce programme avait été fixée à 5
années. A l'expiration de cette période, la situation financière et les conditions économiques étant
sans doute redevenues normales, des dispositions
auraient été prises pour la construction, sans arrêt,
des voies ferrées et pour l'exécution de tout ou
partie des autres travaux compris dans le programme de la commission des travaux et de celle des
transports.

Le programme établi, dans ces conditions, devait
nécessiter une dépense de 661 millions se répartissant de la façon suivante :

Chemins de fer :

Achèvement du programme primitif de 1907	74.000.000
Construction de lignes du programme de 1914-1919	70.000.000
Améliorations à réaliser sur les chemins de fer algériens de l'Etat	195.000.000
	339.000.000
Travaux publics...............	181.000.000
Instruction publique............	43.000.000
Colonisation	23.200.000
Enseignement technique et professionnel	15.000.000
Postes, télégraphes et téléphones	22.885.900
Forêts	7.731.000

Assistance publique............ 16.462.260

Construction de nouveaux bureaux pour le gouvernement général 10.000.000

Total pour cinq années..... 661.282.160

Les grands travaux qui figuraient à ce programme, avaient fait l'objet, depuis plusieurs années, de
demandes des corps délibérants de la colonie ou
des services intéressés.

En ce qui concerne spécialement les chemins de
fer, le programme comprenait toutes les lignes
déjà comprises dans les programmes antérieurs de
1907-1909 ou de 1914, adoptés par les assemblées
algériennes, à l'exception des lignes minières du sud
constantinois dont l'urgence ne s'est révélée d'une
façon impérieuse que postérieurement. Ces dernières lignes avaient cependant déjà fait l'objet, en
1912-1913, d'études, dont les délégations financières
et le conseil supérieur avaient été saisis dans leurs
sessions de 1913 (1).

Pour les travaux publics (routes et chemins notamment), le programme limité auquel l'administration s'était arrêtée avait été préparé et étudié,
en grande partie, dès 1911, lorsque un nouvel emprunt avait été reconnu nécesaire pour permettre
l'achèvement du programme de 1907-1909.

Les travaux compris dans ce programme auraient
dû être entrepris, en 1915 ou 1916, si la guerre
n'avait pas éclatée ; il ne paraissait pas possible
d'en différer plus longtemps l'exécution.

On ne pouvait pas, en effet, laisser inachevés les
chemins de fer dont la construction était déjà
commencée depuis plusieurs années. Il était non
moins indispensable d'entreprendre la construc-

____

(1) Programme de la session extraordinaire de janvier
1913, pages 1 à 342, et programme de la session ordinaire
de 1913, page 283.

tion des autres voies ferrées et des grands travaux, déjà prévus en 1907-1909, ainsi que ceux dont l'utilité avait été reconnue depuis. En en retardant encore l'exécution, on risquait de ralentir ou même de rendre stationnaire le développement du pays lié à l'amélioration et à l'augmentation de son outillage au fur et à mesure de l'accroissement de son commerce et de ses productions.

Le programme de l'administration ne prévoyait, pour les chemins de fer, que les dépenses à effectuer pendant cinq années comme pour les autres travaux. Quant à l'exécution même du programme, elle embrassait une période de douze années et une dépense évaluée à 1.102 millions, soit 339 millions pour les cinq premières années et 763 pour les sept dernières. Il n'avait pas, en effet, été possible de prévoir l'achèvement, en cinq années, des lignes en cours de construction ou de celles à entreprendre. Mais il était dans les intentions bien arrêtées de l'administration de solliciter, le moment venu, des délégations financières et du conseil supérieur, les ressources nécessaires pour continuer, sans arrêt, la construction des nouvelles voies ferrées entreprises.

L'administration a soumis ce programme à la commission des voies et moyens en mars dernier. Il n'a pas paru possible à la commission de limiter sa durée à cinq années du moment que l'exécution intégrale des travaux de chemins de fer devait s'étendre sur douze années. Il lui a paru préférable d'envisager l'élaboration d'un programme d'ensemble dont la réalisation pourrait embrasser une période de dix à douze années. Elle a, en conséquence, demandé, dans ce but, aux chefs de services du gouvernement général, de lui fournir de nouvelles propositions pour l'établissement d'un programme de cette durée.

Ces propositions ont été établies, comme les précédentes, en prenant pour base les rapports des commission des travaux et des transports. La commission des voies et moyens les a adoptées dans leur ensemble.

L'économie générale du programme et du projet d'emprunt qu'elle a arrêtés, après discussion en présence des chefs de services intéressés, est exposée ci-après.

II. — Economie générale du Nouveau Programme de Travaux et de Projet d'Emprunt

Les résultats des travaux de la commission des voies et moyens sont exposés dans les deux rapports établis en son nom :

1° Par M. Galle, sur le programme en lui-même;

2° Par M. Aymes, sur la situation financière.

A. — Programme de Travaux

Sauf quelques modifications ou additions, justifiées par de nouveaux besoins, le programme établi par la commission ne renferme que des travaux compris dans le programme exposé, en 1919, par M. Petit, au nom de la commission spéciale. En raison de la réduction de vingt à douze ans du délai d'exécution des travaux, le programme ne contient, d'une façon générale, notamment, pour les lignes nouvelles de chemins de fer, que des travaux classés en première urgence.

Les principales additions au programme de la commission des travaux publics concernent les chemins de fer. La commission a, en effet, compris dans son programme la ligne de Blida-Alger qui ne figurait plus, depuis 1914, parmi les lignes à construire par la colonie, par suite de son classement, dans le réseau d'intérêt local décidé par les assemblées algériennes en 1913.

Elle a, d'autre part, ajouté aux sommes prévues pour les améliorations à apporter aux lignes des chemins de fer algériens de l'Etat, celles qui lui ont parues nécessaires pour la mise en état des réseaux P. L. M. et Ouest-Algérien.

En ce qui concerne les autres travaux, le programme arrêté par la commission ne diffère pas, en principe, des propositions de l'administration.

Ce programme ayant été dressé sur les propositions des chefs des divers services intéressés, l'administration se rallie aux conclusions de la commission tendant à son adoption.

Les deux tableaux suivants donnent :

Le premier, le résumé du programme et l'évaluation des dépenses ;

Le second, le montant des dépenses à engager, par année, pour son exécution, pendant toute sa durée.

I. — *Évaluation des dépenses*

Chemins de fer..............	1.132.000.000
P. L. M. et O. A.............	180.000.000
Travaux publics.............	287.339.000
Instruction publique..........	133.000.000
Colonisation et enseignement technique et profesionnel........	100.000.000
Postes, télégraphes et téléphones	71.688.000
Forêts	9.731.000
Assistance publique..........	20.000.000
Construction de nouveaux bureaux pour le gouvernement général	10.000.000
Total...............	1.943.761.000

II. — *Tableau indiquant l'ordre de grandeur annuel de la dépense*

Années	Chemins de fer	Travaux publics	Instruction publique	Colonisation	Enseignement technique et professionnel	Postes, télégraphes téléphones	Forêts	Assistance publique européenne	Assistance aux indigènes	Construction des bureaux du G¹ G¹	Totaux
1921	87.250.000	10.000.000	11.000.000	6.500.000	3.200.000	11.169.000	1.200.000	1.500 000	»	2.500.000	136.319.000
1922	106.750.000	27.500.000	9.000.000	7.500.000	6.200.000	6.458.000	1.600.000	3.500.000	900.000	4.500.000	173.908.000
1923	87.000.000	27.500.000	9.000.000	8.000.000	6.200.000	5.259.000	1.600.000	4.446.000	900.000	3.000.000	152.905.000
1924	89.000.000	27.500.000	10.000.000	8.000.000	6.200.000	11.481.000	1.600.000	4.600.000	600.000	»	138.981.000
1925	106.000.000	27.500.000	8.000.000	8.000.000	6.200.000	6.505.000	1.537.000	550.000	600.000	»	164.892.000
1926	143.000.000	27.500.000	12.000.000	7.000.000	»	6.090.000	450.000	325.000	600 000	»	196.965.000
1927	149.000.000	27.500.000	12.000.000	6.500.000	»	6.014.000	450.000	398.000	»	»	201.862.000
1928	158.000.000	27.500.000	14.000.000	6.500.000	»	6.649.000	450.000	481.000	»	»	213.580.000
1929	158.000.000	27.000.000	16.000.000	6.000.000	»	5.643.000	450.000	285.000	»	»	213.378.000
1930	138.000.000	27.000.000	16.000.000	6.000.000	»	6.420.000	397.000	315.000	»	»	194.132.000
1931	60.000.000	22.810.000	16.000.000	»	»	»	»	»	»	»	98.810.000
1932	30.000.000	3.000.000	»	»	»	»	»	»	»	»	37.000.000
1933	»	5.029.000	»	»	»	»	»	»	»	»	5.029.000
(¹) 1.312.000.000	287.339.000	133.000.000	70.600.000	30.000.000	71.688.000	9.734.000	16.400.000	3.600.000	10.000 000	1.913.761 000

(1) Y compris les 180.000.000 afférents aux améliorations à apporter aux réseaux P.L.M. et O.A.

Les projets de travaux qui figurent au programme sont, en grand nombre, prêts à être entrepris.

En ce qui concerne les chemins de fer, les lignes prévues au programme primitif de 1907 sont en cours de construction et leur achèvement n'est subordonné qu'au vote des ressources complémentaires nécessaires. Quant aux lignes nouvelles, les avant-projets qui doivent servir de base à la déclaration d'utilité publique par le parlement, sont dressés. Les projets définitifs ne pourront être établis qu'après la déclaration d'utilité publique qui ne pourra, elle-même, être prononcée qu'après l'approbation du programme et le vote des ressources destinées à en permettre l'exécution.

Parmi les travaux compris dans le programme, sous la rubrique « travaux publics », des avant-projets de travaux de ports sont complètement étudiés et prêts à être mis en adjudication. Certains travaux ont déjà été déclarés d'utilité publique depuis plusieurs années comme ceux intéressant les ports de Mostaganem, Ténès, Bougie et Collo. Pour les travaux de routes et chemins, plusieurs projets qui figurent au programme sont complètement étudiés, notamment les pavages, et prêts à être exécutés. Il en est de même pour les travaux hydrauliques, ainsi que pour les projets intéressant les services de la colonisation, des forêts, de l'instruction publique, des postes et télégraphes et de l'assistance publique.

L'exécution du programme de travaux pourra donc être commencée, pour tous les services, aussitôt que les ressources nécessaires auront été mises à la disposition de l'administration. La mise au point complète des projets qui ne sont pas en état d'être immédiatement entrepris, sera achevée pendant que se poursuivra l'exécution des autres projets.

B. — Voies et Moyens

Les voies et moyens envisagés par la commission pour permettre la réalisation du programme présenté, sont exposés dans le rapport de M. Aymes.

Il paraît superflu de donner ici une analyse de ce rapport. On en retiendra seulement les déclarations de son auteur concernant l'assurance que l'on peut avoir que l'Algérie pourra faire face aux charges résultant de l'exécution du programme de travaux.

La situation économique de la colonie, en amélioration continue depuis trente ans, vient corroborer cette affirmation.

Les recettes budgétaires suivant toujours les fluctuations de la situation économique, dont elles constituent en quelque sorte le reflet, on peut être certain que les ressources auxquelles il sera fait appel pour le paiement de l'annuité de l'emprunt à contracter et l'entretien des travaux projetés, donneront tout le produit nécessaire.

Le développement économique de l'Algérie a, en effet, toujours suivi un mouvement de progression permanente, constaté également dans les produits budgétaires (1).

Ce mouvement a bien subi, au début des hostilités, un temps d'arrêt, occasionné par la perturbation profonde apportée par la guerre dans toutes les branches de l'activité du pays. Mais cet arrêt n'a pas été de longue durée comme on peut s'en rendre compte par l'examen des statistiques du mouvement du commerce extérieur et de la navigation, ainsi que par les recettes des chemins de fer et des postes, des télégraphes et des téléphones, principaux indices de la prospérité d'un pays.

---

(1) Voir à la suite de la présente note, page 100 un tableau indiquant la progression des recettes du budget de l'Algérie de 1907 à 1919.

Commerce de l'Algérie — Commerce spécial

Valeurs en francs

Périodes	Importa-tions	Exportations	Total	Propor-tion des exporta-tions
1891-1895 moyenne annuelle .	251 007.000	229.429.000	480.436.000	91 %
1896-1900 Id	289.508.000	264.125.000	553.633.000	91 %
1901-1905 Id	348.238.000	269.955.000	618.193.000	77 %
1906-1910 Id	453.171.000	356.094.000	809.265.000	78 %
1911..................	571.481.000	509.603.000	1.081.084.000	89,1 %
1912..................	669.638.000	546.099.000	1.215.737.000	81,5 %
1913..................	667.305.000	501.169.000	1.168.474.000	75,1 %
1914..................	524.109.000	374.624.000	898.733.000	71,5 %
1915..................	472.211.000	537 107.000	1.009.318.000	113,7 %
1916..................	692.905.000	631.694.000	1.324.599.000	87,1 %
1917..................	679.659.000	856.269.000	1.535.928.000	125,9 %
1918..................	734.981.000	794.074.000	1.529.055.000	108,0%
1919.................. (1)	943.055.000 (1)	1.344.860.000 (1)	2.287.915.000 (1)	142,6 %

(1) Valeurs provisoires calculées sur les prix fixés, pour 1918. par la commission des valeurs en douane.

Le commerce extérieur de la colonie, en progression constante et ininterrompue depuis trente ans, a marqué un temps d'arrêt en 1914-1915. Il s'est élevé, à partir de 1916, à des chiffres qui n'avaient encore jamais été atteints et, depuis 1917, les exportations dépassent les importations dans une forte proportion. Mais il convient de remarquer que l'accroissement du commerce extérieur, dans ces dernières anées, n'existe qu'en valeur seulement par suite de l'augmentation des prix de toutes les denrées et marchandises. Les quantités de marchandises importées et surtout de celles exportées d'Algérie sont, en effet, dans l'ensemble, en diminution sensible, depuis la guerre, par suite, principalement, de la difficulté des transports sur mer et de la main-d'œuvre ainsi que de l'interdiction de sortie de certains produits.

Les tableaux qui figurent en annexe de la présente note, des principaux produits exportés d'Algérie depuis 1891, permettent de se rendre compte de cette situation qui s'améliore d'ailleurs, dans l'ensemble, depuis la fin des hostilités.

Mouvement de la navigation

Comme pour le commerce spécial, le mouvement de la navigation, progressivement réduit depuis 1914, du fait de la guerre sous-marine, a repris, dès la fin des hostilités, une activité qui va en croissant.

PÉRIODES	Nombre de navires entrés et sortis	Tonnage
1891-1895, moyenne annuelle	7.160	4.275.510
1896-1900 id	7.206	4.969.970
1901-1905 id	8.274	6.497.779
1906-1910 id	9.473	9.788.951
1911........	10.474	12.513.125
1912..	10.647	12.083.559
1913..................	11.084	14.387.750
1914................	9.964	11.851.702
1915.................	7.859	7.156.094
1916.................	6.847	6.381.461
1917..................	5.013	5.379.173
1918..............	3.608	4.099.919
1919..............	5.138	5.557.016

Recettes des chemins de fer d'intérêt général

L'Algérie ne possédant pas de voies fluviales, c'est par les voies ferrées que s'effectuent la plupart des transports. Les variations de recettes des chemins de fer constituent donc un des indices les plus sûrs de la vitalité économique de la colonie.

Le tableau ci-après permet de se rendre compte que la circulation sur les réseaux algériens n'a cessé d'accuser un trafic en progression constante, à peine ralenti pendant les deux premières années de guerre. Les recettes ont plus que doublé de 1905 à 1919 bien que, durant cette période, la longueur des lignes algériennes en exploitation ait peu varié, les chemins de fer prévus au programme primitif de 1907 n'étant pas encore complètement achevés.

Cet accroissement de recettes est dû surtout, à partir de 1917, à l'augmentation du nombre des voyageurs et des transports en grande vitesse, les réseaux ne pouvant suffire à tous les besoins, faute de matériel. Les améliorations ou achats de matériel prévus au programme de travaux, en permettant de mettre fin à cette situation, ne pourront manquer de donner lieu à une accentuation, plus marquée, d'année en année, des augmentations de recettes.

Recettes des chemins de fer

ANNÉES	MONTANT	OBSERVATIONS
1891-1895 moyenne annuelle	23.696.860	(1) Les chiffres des années 1917, 1918 et 1919 se trouvent ramenés respectivement à
1896-1900 id	25.927.259	65.425.468 pour 1917
1901-1905 id	32.818.278	67.811.711 pour 1918
1906-1910 id	42.737.686	78.780.469 pour 1919
1911.	52.497.664	si l'on ne tient pas compte des majorations de tarif mises en vigueur durant ces trois années.
1912.	55.246.726	
1913.	58.684.711	
1914.	50.436.571	
1915.	49.662.830	
1916.	59.763.031	
1917.	69.085.763 (1)	
1918.	79.398.853 (1)	
1919.	111.865.995 (1)	

Recettes postales, télégraphiques et téléphoniques

Années	Postes	Télégraphes	Téléphones	Totaux
1890	2.617.832	1.267.481	35.647	3.920.960
1900	3.494.420	1.563.031	148.247	5.205.608
1905	4.626.339	1.794.184	307.692	6.728.215
1910	5.200.526	1.978.390	906.750	8.085.666
1911	5.241.756	2.104.186	1.168.078	8.514.020
1912	5.563.977	2.261.147	1.383.655	9.208.779
1913	6.083.462	2.310.088	1.649.449	10.042.999
1914	6.643.593	2.284.317	1.426.115	10.354.025
1915	4.720.410	2.124.952	1.375.228	8.220.590(1)
1916	5.048.004	2.168.572	1.470.184	8.686.760
1917	5.522.860	2.726.782	1.580.446	9.830.008(2)
1918	7.184.902	3.698.344	2.177.452	13.060.698(3)
1919	7.692.926	4.599.723	3.116.202	15.408.851

(1) Diminution provenant principalement de la franchise postale accordée aux mobilisés (décret du 3 août 1914).

(2) Augmentation motivée par l'application de surtaxes postales et télégraphiques entre la France et l'Algérie (loi du 30 décembre 1916).

(3) Augmentation due principalement à l'application, dans le service intérieur algérien, de surtaxes postales, télégraphiques et téléphoniques, à partir du 1er janvier 1918. (Décret du 19 septembre 1917).

Les recettes postales, télégraphiques et téléphoniques témoignent aussi de la prospérité de la colonie. Comme celles des chemins de fer, elles ont subi un fléchissement marqué du fait de la guerre, mais elles ont de nouveau repris, depuis 1918, la progression qu'elles accusaient avant la guerre.

Tous les indices de prospérité et de reprise des affaires, depuis la guerre, que fournissent les tableaux ci-dessus ne peuvent avoir qu'une répercussion avantageuse sur les produits budgétaires.

Ils permettent d'espérer que le mouvement ascensionnel continu, constaté, avant et depuis la guerre, dans le développement économique de la colonie, et la progression des recettes budgétaires qui en est la conséquence, ne sont pas en voie de s'arrêter ni de se ralentir. On peut donc, sans optimisme exagéré, compter que les nouveaux impôts qui devront être votés pour assurer le paiement de l'annuité de l'emprunt proposé, ainsi que des dépenses de personnel ou d'entretien des travaux qu'entraînera l'exécution du programme, ne donneront pas, dans l'ensemble, des produits inférieurs aux prévisions.

Aussi c'est avec toute la foi que l'on peut avoir dans l'avenir et les destinées de l'Algérie, que l'administration propose l'adoption du programme de travaux arrêté par la commission des voies et moyens ainsi que la combinaison financière envisagée pour le réaliser.

ANNEXES

Commerce Extérieur (spécial) de l'Algérie

Tableau I. — Céréales.

Tableau II. — Vins et alcools.

Tableau III. — Produits agricoles.

Tableau IV. — Bétail.

Tableau V. — Minerais.

Tableau VI. — Commerce spécial (valeurs).

Recettes de l'Algérie

Tableau VII. — Progression des recettes depuis 1907.

TABLEAU I. — *Céréales (grains et farines)*

PÉRIODES	Importations	Exportations
	Quintaux	Quintaux
1891-1895, moyenne annuelle...	361.626	2.056.013
1896-1900 id..........	437.847	1.847.656
1901-1905 id..........	223.329	2.661.738
1906-1910 id..........	240.050	2.943.442
1911......................	179.075	4.367.041
1912......................	354.318	3.322.669
1913......................	561.130	2.807.615
1914......................	155.114	3.196.055
1915......................	297.699	2.297.315
1916......................	4.368	3.877.011
1917......................	15.302	1.779.823
1918......................	3.229	2.539.797
1919......................	24.197	6.756.824

TABLEAU II. — *Vins et alcools*

PÉRIODES	Importations en vins ordinaires	Exportations en vins ordinaires	Exportations en alcools et eaux-de-vie
	hect.	hectolitres	hectolitres
1891-1895. moyenne annuelle.	34.059	2.306.594	»
1896-1900 id.......	49.713	3.635.522	»
1901-1905 . id.......	6.343	4.406.459	»
1906-1910 id.......	3.166	6.227.674	»
1911....................	1.612	7.350.072	29.856
1912..	21.945	7.521.446	29.669
1913....................	9.859	4.758.562	25.016
1914....................	4.042	5.154.992	15.825
1915.	5.238	8.304.899	60.030
1916....................	767	5.052.820	28.078
1917....................	372	5.837.681	150.592(2)
1918....................	168	2.942.779(1)	161.088(2)
1919....................	4.374	4.352.606(1)	310.739(2)

(1) Diminution par rapport aux années qui ont précédé la guerre, due principalement à l'accroissement des quantités de vins livrées à la distillation.
(2) Augmentation provenant de la distillation des vins.

TABLEAU III. — *Produits agricoles*

Laines en masse, huile d'olive, crin végétal, alfa. liège, figues sèches, primeurs. — Exportations

PÉRIODES	Laines en masse (Quintaux)	Huile d'olives (Quintaux)	Crin végétal (Quintaux)	Alfa (Quintaux)	Liège (Tonnes)	Figues sèches de table (Quintaux)	Pommes de terre (Quintaux)	Légumes frais (Quintaux)	Raisins de table (Quintaux)
1891-1895 moyenne annuelle.....	70.012	17.646	232.040	734.276	106.381	43.579	26.653	47 876	17.773
1896-1900 id.............	55.629	27.800	271 306	901.785	109.658	79.569	83.469	80.864	24.346
1901-1905 id...	70.127	47.172	337.878	766.900	193.202	106.572	133.122	92.376	43.646
1906-1910 id..............	107.571	66.133	465.897	940.672	280.265	98.001	139.844	174.654	83.923
1911.............................	68.206	26.437	471.814	1.007.878	318.250	163.631	242.716	234 809	98.450
1912.............................	43.471	73.405	570.250	1.176 321	367.750	96.669	302.025	230.611	117.276
1913.............................	97.116	15.713	594.605	1.136.479	419.140	88.724	213.637	252.672	107.167
1914.............................	74.538	16.139	368.338	893.554	316.060	40.167	163.218	218.554	93.534
1915.............................	112.648	54.822	230.338	897 721	122.270	109.474	99.201	181.074	92.320
1916.............................	65.112	82.009	249.051	811.907	12.227	126.050	144.048	150.545	51.702
1917.............................	21.611	33.730	186.932	373.420	10.509	204.744	102.283	107.401	31.078
1918.............................	46.579	(1) 4.959	84.740	118.189	10.876	179.352	119.139	49.263	5.889
1919.............................	76.622	(1) 3.645	183.862	58.886	16.731	189.995	78.709	61.957	37.859

(1) Huiles destinées à la savonnerie. L'exportation des huiles d'olives comestibles est interdite depuis le 1er mai 1917

Tableau IV. — *Bétail*
Exportation (race ovine, race bovine)

PÉRIODES	Race ovine (nombre)	Race bovine (nombre)
1890-1895, moyenne annuelle ...	1.056.623	53.400
1896-1900 id	1.009.199	25.614
1901-1905 id	1.261.140	23.965
1906-1910 id	1.192.271	28.459
1911....................	957.589	21.212
1912....................	788.660	24.878
1913....................	1.190.348	44.711
1914....................	692.810	20.941
1915....................	1.093.334	58.821
1916....................	807.579	22.842
1917....................	645.423	8.913
1918....................	269.396	1.104
1919....................	(1) 183.919	3.526

(1) Diminution corrélative à une augmentation des exportations des viandes fraiches (39.535 quintaux en 1919 contre 962 en 1918 et 1.226 en 1917).

7 N. P.

TABLEAU V. — *Minerais* (Exportations)

PÉRIODES	Fer (tonnes)	Zinc (tonnes)	Plomb (tonnes)	Cuivre (tonnes)	Phosphates (tonnes)
1891-1895, moyenne annuelle.........	347.065	21.078	7.866	517	32.320
1896-1900 id..................	507 055	28.275	3 322	1.063	226.820
1901-1905 id..................	537.265	46.360	5.973	1.715	304.332
1906-1910 id............	884.522	73.204	18.627	5.063	336.850
1911................................	1.162.143	69.895	18.108	4.969	325.059
1912................................	1.232.979	84 495	24 546	316	377.601
1913...................	1.363 400	82 077	30.510	2.299	438.601
1914...	1.115.021	45.320	15.676	1.099	355 140
1915............................ ..	818.702	16.796	14.647	»	225.868
1916............... ...	938.684	28.974	22.731	1.098	322.533
1917................ ...	1.065.512	36.397	25.316	870	234 825
1918..	759.217	29.288	4.928	»	198.539
1919...............	782.885	4.261	8.318	1.000	242.186

TABLEAU VI. — *Commerce de l'Algérie. Commerce spécial. Valeurs en milliers de francs*

PÉRIODES	Importations	Exportations	Total	Proportion des exportations par rapport aux importations
1891-1895, moyenne annuelle	251.007.000	229 429.000	480.436.000	91 %
1896-1900 id	279.508 000	264.125.000	553.633.000	91 %
1901-1905 id	348.238.000	269.955.000	618.193.000	77 %
1906-1910 id	453.171.000	356 094.000	809.265.000	78 %
1911................	571.481.000	509.603.000	1.081.084.000	89.1 %
1912................	669.638.000	546.099.000	1.215.737.000	81.5 %
1913................	667.305.000	501.169.000	1.168.474.000	75.1 %
1914................	524.109.000	374 624.000	898.733.600	71.4 %
1915................	472.211.000	537.107.000	1.009.318.000	113.7 %
1916................	692.905.000	631.694.000	1.324.599.000	87.1 %
1917................	679.659.000	856.269.000	1.535.928.000	125.9 %
1918................	734.981.000	794.074.000	1.529.055.000	108.0 %
1919 (1)................	943.055.000	1.344.860.000	2.287.915.000	142.6 %

(1) Valeurs provisoires calculées sur les prix fixés pour 1918 par la commission des valeurs en douane.

TABLEAU VII. — *Progression des recettes de l'Algérie depuis 1907*

NATURE DES RECETTES	1907	1910	1913	1914	1915	1916	1917	1918	1919 (1)
Impôts et revenus.	50.112.174	55.456.307	72.763.663	56.422.801	54.106.309	61.741.100	64.732.636	87.850.092	165.016.638
Produits des monopoles e exploitations industriel-les de l'Etat	7.256.569	8.586.734	10.042.999	10.354.026	8.220.591	8.686.760	9.829.088	13.060.039	15.404.564
Produits et revenus du do-maine de l'Etat........ ..	7.011.987	6.575.874	9.477.449	5.408.211	4.144.830	4.588.378	7.527.558	8.363.266	11.569.328
Produits divers du budget.	1.767.983	2.273.663	3.583.025	1.983.461	2.143.944	5.425.697	5.224.377	2.342.849	2.583.230
Ressources exceptionnel-les................... .	695.436	873.939	1.545.584	1.596.899	1.561.837	1.226.297	1.223.816	1.222.396	1.220.328
Recettes d'ordre........ ..	28.089.976	31.260.529	34.735.541	28.000.388	25.996.180	26.025.363	22.216.175	29.268.466	26.366.963
Total	94.833.625	104.527.246	132.148.261	103.767.786	96.173.691	107.693.585	109.574.650	140.047.378	222.361.041

(1) Dans ce chiffre figure une somme de 22.982.116 francs provenant de la contribution extraordinaire sur les bénéfices de guerre.

TABLE DES MATIÈRES

ANNEXES

RÉPUBLIQUE FRANÇAISE

GOUVERNEMENT GÉNÉRAL DE L'ALGÉRIE

PROJET D'UN NOUVEL EMPRUNT

1920

COMMISSION DES VOIES ET MOYENS

PROGRAMME DE TRAVAUX PUBLICS

RAPPORT

présenté par M. GALLE

DÉLÉGUÉ FINANCIER

ALGER

IMPRIMERIE ADMINISTRATIVE VICTOR HEINTZ
41, Rue Mogador, 41

1920

RAPPORT

PRÉSENTÉ

au nom de la Commission des voies et moyens chargée de l'étude de la réorganisation des services administratifs et des questions d'ordre financier sur un programme de travaux publics à exécuter à l'aide d'un emprunt (1)

PAR M. GALLE

CONSIDERATIONS GENERALES

La guerre européenne s'est déclarée au moment où l'Algérie, faisant la constatation de ses besoins, s'apprêtait à contracter un emprunt en grande partie destiné à développer son outillage économique.

La paix la replace devant les mêmes nécessités accrues et la question qui se posait devant elle en 1914 se dresse à nouveau plus impérieuse que jamais et réclamant d'urgentes et décisives résolutions.

Il semble toutefois que la solution du problème,

---

(1) La commission des voies et moyens instituée par arrêté de M. le Gouverneur général du 24 janvier 1919 était originairement composée de M. Giraud, président des Délégations financières, président ; M. Leclerc, vice-président ; MM. Aymes, Barbedette, Bérard, Joly, Lisbonne, Benchenane, de Saligny, Schneider, Lefebvre, Morinaud, Galle, Bonnefoy, Sabatier. MM. Lefebvre et Morinaud, élus députés, ont été remplacés par MM. Brunel et Vieillard-Baron, vice-présidents, le premier de la commission des transports maritimes, le second de la commission d'études du nouveau programme de travaux publics. Dans la suite, de nouveaux membres ont été adjoints à la commission. Ce sont : MM. Billiard, Pérez, Tarting et Bernard Lavergne.

au lieu d'avoir été rendue plus difficile par la crise que tous les peuples viennent de traverser, se présente, au contraire, plus aisée pour l'Algérie, de ce fait que les événements de la guerre conduisant la métropole à lui demander pour son ravitaillement une participation plus grande qu'autrefois, ont mis en lumière ses facultés de production et les avantages que la mère-patrie pourrait retirer du développement intensif de cette production.

Il est avéré que depuis l'armistice, l'écart entre les exportations et les importations de la France n'a fait que progresser. Les dernières statistiques révèlent une différence de plus de vingt milliards.

Les conséquences de cette situation sont particulièrement graves.

C'est l'équilibre de nos transactions commerciales fâcheusement rompu et le change subissant chaque jour un mouvement ascensionnel des plus inquiétants.

Pour rétablir la situation, il faut donc que la France reprenne sa place sur les marchés extérieurs et puise moins abondamment dans les productions étrangères.

Ce résultat n'est possible que si elle utilise les richesses de ses colonies.

Une politique économique prévoyante et hardie aurait pu faire sortir du grenier de l'Afrique du Nord des millions de quintaux de céréales que la France a été obligée d'acheter si cher à l'Amérique et des millions de tonnes de minerais qu'elle aurait pu vendre à ses alliés. L'Afrique du Nord produit, en effet, en abondance blé, vins, bétail, huiles, minerais, engrais. On peut augmenter considérablement les rendements actuels en développant le machinisme et sur les terres impropres à la culture des céréales, on peut planter en grand nombre les arbres fruitiers qui y viennent le mieux, oliviers, figuiers, caroubiers, amandiers, etc.

Des possibilités d'énormes richesses nouvelles existent et il suffit d'en permettre l'éclosion et l'épanouissement par l'exécution d'un plan de tra-

vaux méthodiques et coordonnés en même temps
que rapides.

Les résultats déjà obtenus pendant la guerre
permettent à ce point de vue les plus larges espé-
rances. Un coup d'œil, jeté sur les statistiques
récemment publiées par la direction générale des
douanes sur le mouvement de notre commerce
extérieur révèle, en effet, que dans les onze premiers moi de 1919, la France a acheté pour 25
milliards 100 millions de marchandises à l'étranger, tandis que les exportations se sont élevées à
6 milliards 900 millions, établissant une balance
à notre désavantage de 19 milliards.

Sur ces 25 milliards de marchandises, 24 milliards ont été payées avec des pertes formidables
sur le change à l'Amérique, l'Angleterre, l'Espagne, etc. Sur tous les marchés nous avons ainsi subi
des pertes considérables du fait du change. Il n'est
pas jusqu'à la Suisse qui ne nous ait demandé
2 fr. 30 par franc.

Les seuls achats faits au pair ont été ceux faits
à l'Algérie qui, dans ce mouvement commercial,
figure pour 916 millions, soit près d'un milliard,
chiffre significatif, car s'il est très inférieur à celui
qui représente les importations venues d'Amérique
et d'Angleterre, il est supérieur à celui de la Belgi-
que (663 millions) et à celui de la Suisse (357 millions), de l'Italie (736 millions), du Brésil (726 millions) et atteint presque celui de l'Espagne (1.014
millions.

Pour l'année 1919 entière, la France a reçu de
l'Algérie pour 1 milliard 100 millions de produits.

On peut ainsi juger du nombre considérable de
milliards que la France a perdus en négligeant
l'utilisation des richesses connues et latentes de
ses colonies, en s'obligeant à acheter à l'étranger
à un prix parfois triple, ce qu'elle aurait pu acheter au pair.

Les denrées qu'elle a achetées à l'Espagne jusqu'à 2 fr. 50 la peseta sont des minerais, vins,

oranges, anchois, primeurs, légumes frais ou secs, c'est-à-dire des denrées que produit l'Algérie.

La France a importé en 1918 pour 105 millions et en 1919 pour 107 millions de tabacs américains, alors qu'elle pourrait trouver sur le littoral algérien, tunisien et marocain, mieux aménagé, tout le tabac dont elle peut avoir besoin.

En 1918, elle a importé 186 millions et en 1919 580 millions de viandes et conserves américaines, alors que le développement et l'utilisation de nos immenses troupeaux de Madagascar et du centre africain pourraient nous permettre de nous passer de cette importation.

Il en est de même pour les peaux, dont l'importation a atteint en 1919, 190 millions.

Même constatation pour les cafés, les sucres, les céréales, dont l'importation a atteint en 1919 un milliard, pour ces seules denrées qui peuvent être fournies par nos colonies et par la France elle-même, mieux exploitée. Quant aux blés, qu'elle a achetés plus de 100 francs à l'Amérique, ils constituent le produit qu'elle aurait pu obtenir presque sans limitation de l'Algérie.

La France a, en effet, chez elle, à ses portes, de l'autre côté de la Méditerranée, cette Afrique du Nord que Salluste définissait :

« ager frugum fertilis bonus pécori ».

cette terre fertile en céréales et en troupeaux, qui fut le grenier de Rome et qui aurait pu rapidement devenir le grenier de la France si on s'était décidé à consacrer à l'amélioration de son outillage économique seulement le quart des sommes que depuis 1915 on a employées chaque année pour acheter du blé à l'étranger.

Avant la guerre, la France produisait de 80 à 90 millions de quintaux de céréales et achetait à l'étranger 4 à 5 millions de quintaux.

Depuis 1915, elle ne produit plus, en moyenne, que 40 millions de quintaux et a dû faire venir à peu près exclusivement de l'Amérique les 40 millions de quintaux déficitaires qui, tous frais compris, lui sont revenus au moins à 120 et 130 francs le quintal.

De ce fait, la France a, depuis 1915, perdu chaque année plus de 3 milliards et vu grossir de près de 7 milliards par an sa dette à l'étranger.

L'Algérie, dont la production n'a pas sensiblement varié, offre un rendement de céréales panifiables d'environ 20 millions de quintaux, dont 12 produits par les indigènes et 8 par les colons.

Sur 3 millions d'hectares actuellement cultivés en céréales, 2.200.000 appartiennent aux indigènes et 800.000 aux colons; le rendement moyen des terres de ces derniers est évalué à 10 quintaux à l'hectare et celui des terres des indigènes à 5 quintaux, soit une moyenne de 7 quintaux par hectare, chiffre très inférieur à celui des pays d'Europe qui va de 13,30 en France jusqu'à 25 en Hollande.

Ce résultat tient à ce que les méthodes scientifiques modernes n'ont pas encore suffisamment pénétré en Algérie et sont inconnues des cultivateurs indigènes, dont beaucoup se contentent de gratter le sol avec des charrues primitives.

Si les 3 millions d'hectares cultivés en céréales donnaient réellement le rendement des terres de la métropole, l'Algérie pourrait doubler sa production et combler en partie le déficit de la métropole.

Que serait-ce si les cinq millions d'hectares qui, d'après les indications des spécialistes, sont susceptibles d'être cultivés, étaient mis en valeur?

On peut donc dire que les facultés de production en céréales de l'Algérie sont en quelque sorte illimitées. On peut en dire autant des vins, des moutons, des huiles, des minerais, des bois si bien qu'à l'exception du charbon et du coton, il semble que l'Algérie seule pourrait fournir à la métropole la presque totalité des matières premières et surtout alimentaires qui lui font défaut. Pour cela il suffirait que cette énorme capacité de rendement ne soit plus paralysée par les multiples causes qui arrêtent à chaque instant les énergies et les bonnes volontés qui ne demandent qu'à se manifester, c'est-à-dire par des méthodes administratives surannées, par la désorganisation des moyens de transport par terre et par mer, par la pénurie de la main-m'œuvre. Il faudrait, en un mot, qu'elle soit aidée dans sa volonté de produire et mise à même d'exporter ce qu'elle peut produire bien au-delà de ses besoins.

Il semble qu'aujourd'hui les yeux de nos gouvernants soient désillés et qu'ils aient enfin découvert leur domaine colonial.

Ils comprennent que la France ne peut continuer à gaspiller sa fortune au dehors en achetant à l'étranger des produits qu'elle peut trouver dans ses colonies et notamment en Algérie.

La France est donc conduite, par la force même des choses, à demander à son empire colonial un effort considérable de production, mais elle ne l'obtiendra, et il ne sera pleinement profitable à la métropole, que si elle sait le faire précéder d'un effort d'organisation et de coordination, si, en même temps que sur ses immenses territoires restés incultes pénétreront le rail, la route, les moyens perfectionnés de culture, elle peut assurer, de son côté, les moyens de transport de notre rive algérienne aux points de consommation des produits intensifiés.

Une exploitation rationnelle assurera à la France des ressources inépuisables, la libérera à bref délai de coûteuses importations et la dispensera d'acheter à des prix ruineux des blés et des denrées de première nécessité que ses colonies peuvent produire et surproduire. Son salut est dans cette politique qui seule lui permettra de ne plus être tributaire de l'étranger. L'Algérie ne demande qu'à apporter son contingent de ressources et d'énergie à l'œuvre nécessaire et à mettre sur pied un programme d'ensemble de travaux qui, par l'amélioration de ses transports par terre et par mer, par leur intensification, par le développement de son outillage économique, aura pour résultat de mettre en valeur toutes ses richesses et de donner à la métropole un grand nombre des produits qui lui sont nécessaires.

L'ALGÉRIE DU TRAVAIL

Plus que jamais elle est prête à cet effort.

L'activité économique de l'Algérie est, en effet, en plein épanouissement, et se manifeste dans toutes les branches de la production, avec un degré d'intensité inconnu jusqu'à ce jour. Son mouvement d'affaires s'est traduit, au cours de l'année 1919, par le chiffre de 2 milliards 300 millions applicable à notre commerce extérieur, accusant un trafic supérieur à celui de 1913.

Cet effort magnifique, témoignage admirable de la volonté et du labeur de ses producteurs et de tous ceux dont l'activité se développe autour d'eux, s'est effectué, malgré les obstacles incessants nés du désarroi créé par la crise au milieu de laquelle elle s'est débattue depuis 5 ans et dont les plus tangibles ont été la désorganisation et l'insuffisance de nos transports terrestres, la réduction et l'incohérence de notre régime de transports maritimes, le manque d'engrais, de matériel agricole, la diminution de la main-d'œuvre.

Malgré tout cela, la fourniture de denrées agricoles faite par l'Algérie à la France a dépassé, en 1919, le milliard et ces mêmes fournitures achetées à l'étranger, en tenant compte du change et des frets, auraient coûté plus du triple. De ce chef l'Algérie peut dire hautement qu'elle a fait réaliser à la métropole une économie de plus de 2 milliards. Voilà certes une contribution aux charges de la mère-patrie autrement intéressante que les quelques millions que certains parlementaires demandent avec une insistance regrettable de mettre à la charge de notre budget, paraissant ignorer que l'intérêt de la métropole est au contraire de laisser à l'Algérie toutes ses disponibilités et de l'encourager à produire chaque jour davantage, puisque seule cette production apportera le remède nécessaire au mal chaque jour grandissant de la vie chère.

La France l'a compris et il n'est pas douteux que l'apport en ressources de toutes natures, que l'Algérie a fournies à la métropole pendant la guerre, a été pour nous la meilleure des réclames. Aussi constatons-nous à l'heure actuelle que les capitaux tant français qu'étrangers s'offrent à nous avec une abondance que nous n'avons pas jusqu'ici connue.

Le moment paraît donc opportun de dresser devant le parlement et la France dont nous pouvons activer et assurer le relèvement financier, l'inventaire des travaux dont elle sera la première à bénéficier et de réaliser, dans un intérêt commun, l'œuvre préparée par tant de laborieuses études.

LA PRÉPARATION DU PROGRAMME

Dès l'année 1911, l'administration se rendant compte de la nécessité d'exécuter de nouveaux travaux avait envisagé l'établissement d'un programme à réaliser par un 3ᵉ emprunt.

Elle procéda à une consultation des conseils généraux et le résultat de ces consultations, soumis avec les études de l'administration aux délégations financières, fut le point de départ de l'initiative que prirent en 1911 ces assemblées de dresser la liste des travaux à effectuer. Une grande commission interdélégataire, sous la présidence de M. Morinaud, fut constituée et chaque partie du programme, chemins de fer, routes, ports, colonisation, instruction publique, assistance publique, etc., fit l'objet de rapports particuliers qui furent condensés dans un rapport général établi par M. Lisbonne.

Ce rapport général, soumis aux délégations, eut pour sanction la résolution prise à la séance plénière du 22 juin 1914, aux termes de laquelle furent adoptés en principe les programmes particuliers de travaux présentés par chaque rapporteur et le projet d'emprunt nécessité par l'exécution de ce programme qui s'élevait à 450 millions. Les délégations avaient limité l'emprunt à 300 millions et fixé le montant des dépenses à prévoir tant sur le budget ordinaire que sur les excédents des fonds de réserve, pendant une période d'environ 15 années à concurrence de 60 millions sur les fonds de réserve par prélèvements annuels de 4 millions à dater de l'achèvement du programme de 1907, et de 90 millions sur le budget ordinaire à raison de 6 millions par an.

Les délégations invitaient l'administration à leur soumettre dès 1915 les études et avant-projets indispensables pour l'approbation de l'emprunt et les déclarations d'utilité publique.

Il était entendu que le projet d'emprunt serait présenté par l'administration aux assemblées algérienne dès 1915 et qu'il serait aussitôt après demandé au parlement de l'approuver en bloc avec faculté de le réaliser par tranches successives correspondant à l'annuité à inscrire à chaque budget annuel.

Le programme adopté par les délégations se répartissait ainsi :

Récapitulation générale du programme de 1914

NATURE DES TRAVAUX	ORAN		ALGER		CONSTANTINE		TOTAUX par nature des travaux
	sur l'emprunt	fonds de réserve	sur l'emprunt	fonds de réserve	sur l'emprunt	fonds de réserve	
Chemins de fer.........	53.900.000	19.770.000	44.000.000	19.000.000	84.500.000	4.775.000	225.945.000
Colonisation :							
a). Créations et agrandissements......	2.000.000	1.800.000	1.000.000	500.000	1.500.000	3.200.000	10.000.000
b). Amélioration des anciens centres.....	2.000.000	2.000.000	2.500.000	»	»	5.000.000	11.500.000
Forêts.............	»	2.110.000	»	2.210.000	»	2.746.000	7.066.000
P. T. T............	»	6.000.000	»	6.000.000	»	6.000.000	18.090.000
Travaux publics :							
a). Pavages...........	2.000.000	650.000	2.500.000	1.130.000	»	962.000	7.242.000
b). Travaux divers des routes nationales.	3.575.000	1.374.000	5.000.000	4.920.000	»	2.580.000	17.449.000
c). Chemins vicinaux ..	14.000.000	4.401.000	18.000.000	8.140.000	5.000.000	14.365.000	[illegible].906.000
d). Travaux maritimes.	16.000.000	9.690.000	22.000.000	3.200.000	7.000.000	4.600.000	62.490.000
e). Trav: hydrauliques .	4.525.000	2.205.000	3.000.000	4.990.000	»	5.772.000	20.402.000
Enseignement indigène.	2.000.000	»	2.000.000	»	2.000.000	»	6.000.000
Totaux partiels...	100.000.000	50.000.000	100.000.000	50.000.000	100.000.000	50.000.000	450.000.000
Ensemble.......	150.000.000		150.000.000		150.000.000		450.000.000

Les événements de la guerre suspendirent complètement la mise au point de ces projets.

La mobilisation d'une grande partie du personnel technique et des hommes de toutes catégories, en même temps qu'elle arrêtait les travaux en cours, mettait l'administration dans l'impossibilité d'établir les avant-projets nécessaires, et d'ailleurs eussent-ils été établis et accompagnés des formalités légales indispensables, que les difficultés financières et le manque de main-d'œuvre n'auraient pas permis d'en entreprendre la réalisation.

La période de 1914-1917 fut donc obligatoirement une période d'attente, mais dès le lendemain de la victoire, par un arrêté du 24 janvier 1919, M. le gouverneur général Jonnart, désireux de hâter la réalisation d'un programme de travaux dont la nécessité s'accusait chaque jour davantage, constituait cinq grandes commissions qui eurent pour mission d'apporter, chacune dans la sphère de ses attributions respectives, un programme définitif de travaux et d'amélioration des services.

Les travaux des cinq grandes commissions, composées à la fois d'élus, de chefs de service et d'industriels, auxquelles était confiée la détermination des besoins les plus immédiats en toute matière : travaux publics, transports, colonisation, instruction publique, assistance, etc., devaient ensuite être soumis à une dernière commission, la commission des voies et moyens, chargée d'établir les possibilités et les moyens financiers de réalisation de l'ensemble du programme.

Sur les cinq commissions, deux seulement, celle des travaux publics, sous la présidence de M. Morinaud, avec M. Petit comme rapporteur, et celle des transports maritimes et des améliorations des voies ferrées en exploitation, sous la présidence de M. Lefebvre, avec M. Galle comme rapporteur, ont élaboré un programme et établi des rapports, mais la commission présidée par M. Morinaud ayant évoqué les programmes des autres commissions, la commission des voies et moyens s'est trouvée en fait saisie de l'ensemble du programme par la communication des rapports Petit et Galle.

Le programme établi par le rapport Petit, dans son ensemble, se présentait ainsi :

DÉSIGNATION DES TRAVAUX	DÉPENSES PRÉVUES POUR L'EXÉCUTION DES TRAVAUX		
	1re Étape	2e Étape	Totales
Chemins de fer	675.800.000	162.350.000	838.150.000
Routes et chemins	182.492.000	»	182.492.000
Travaux maritimes	105.991.000	122.500.000	228.491.000
Travaux hydrauliques	41.000.000	100.000.000	141.000.000
Instruction publique	65.500.000	21.500.000	87.000.000
Enseignement technique et professionnel	15.000.000	15.000.000	30.000.000
Colonisation	30 000.000	28.700.000	58.700.000
Postes, Télégraphes, Téléphones	20.000.000	20.000.000	40.000.000
Forêts	7 500.000	7.000.000	14.500.000
Assistance publique	10.000.000	10.000.000	20.000.000
Ensemble	1.153.283.000	487.050.000	1.640.333.000

Il s'élevait donc en chiffres ronds à 1,610 millions.

L'ensemble des travaux dont il comprenait l'énumération était, à peu de choses près, le même qu'en 1914, sauf en ce qui concerne l'instruction publique, l'enseignement technique et professionnel et l'assistance publique y figurant pour 137 millions.

Il comprenait, d'autre part, dans son programme de chemins de fer qui ne comportait aucune ligne nouvelle autre que celles prévues au programme de 1914, les lignes minières du département de Constantine qui, primitivement, devaient être construites par les chemins de fer de l'Etat au moyen d'un emprunt spécial à réaliser sur les produits nets des transports des minerais et phosphates et une partie (151 millions) du programme d'amélioration des voies ferrées en exploitation, dont le coût total était fixé par le rapport Galle à 291 millions.

L'élévation de son chiffre provenait notamment de ce que les évaluations de dépenses avaient été doublées pour ne pas s'exposer aux imprévisions dont les programmes antérieurs avaient donné de si fâcheux exemples.

La durée d'exécution du programme entier était fixée à 20 ans, pour tenir compte des difficultés de recrutement du personnel technique et de ravitaillement en matériaux que ne manquerait pas de créer à la colonie la légitime satisfaction à donner aux besoins si impérieux de la restauration des territoires envahis et dévastés.

Au cours de l'année 1919, plusieurs membres des délégations, notamment MM. Morinaud, Galle, Bories et Passerieu, tentèrent de faire venir en discussion devant les assemblées algériennes le rapport Petit et de le faire sanctionner, mais la majorité des délégations, d'accord avec l'administration, estima que ce rapport ne pouvait être soumis à son contrôle et à son approbation que lorsqu'il aurait passé par le crible de la commission des voies et moyens et serait accompagné de l'indication des moyens financiers présentés pour sa réalisation.

Les délégations marquèrent toutefois, au cours de leur session extraordinaire de 1919, leur désir d'être saisies de cette question à la session ordinaire de 1920. C'est pour assurer la réalisation de ce vœu et en même temps pour hâter la mise au point définitive d'un programme dont l'exécution est devenue plus que jamais urgente, aussi bien pour la métropole que pour la colonie, que M. le gouverneur général a saisi la commission des voies et moyens de propositions qui, opérant dans le rapport Petit une sélection inspirée par le désir d'aboutir rapidement pour la partie considérée comme la plus urgente, limitaient l'effort demandé à l'Algérie à 651 millions 282,160 francs et le répartissaient sur une période de 5 années à compter de 1921.

LES PREMIÈRES PROPOSITIONS DE L'ADMINISTRATION

D'après les propositions soumises à la commission, le programme des travaux les plus urgents à effectuer dans une période de cinq années se décomposait comme suit:

Chemins de fer................	339.000.000
Travaux publics................	184.000.000
Instruction publique............	43.000.000
Colonisation	23.200.000
Enseignement technique et professionnel	15.000.000
P. T. T.......................	22.885.900
Forêts	7.734.000
Assistance publique............	16.462.260
Total pour 5 années......	651.282.160

La part de la dépense afférente à l'année 1921 était spécialement évaluée à 132 millions et le surplus paraissait devoir se répartir à peu près également entre les 4 autres exercices à raison de 110 millions par an.

Ce programme n'était pas acccompagné d'indications permettant de préciser, notamment en ce qui concerne les lignes nouvelles du programme de 1914, la part faite aux chemins de fer, mais comme il était certain que l'exécution de ce programme comporterait tout d'abord l'achèvement des lignes du programme de 1907, pour lesquelles un crédit supplémentaire de 130 millions était demandé par les services, et tout au moins les travaux de première urgence du programme établi par le rapport Galle, en ce qui concerne la mise en état du réseau en exploitation, dont la dépense atteignait plus de 200 millions. il en résultait que le programme soumis à la commission des voies et moyens ne comportait aucune ligne nouvelle ou seulement des amorces peu importantes des lignes nouvelles, sans indication de leur choix.

LE PROGRAMME ADOPTÉ PAR LA COMMISSION

Un débat s'est immédiatement organisé sur la teneur de ce programme restreint et il a été reconnu à l'unanimité que le programme minimum qui pouvait être soumis aux assemblées algériennes devait comporter, en même temps que l'achèvement des lignes du programme de 1907 et la complète mise en état du réseau en exploitation, la construction des lignes classées de première urgence dans le rapport Petit ainsi que les travaux indiqués par chaque service comme répondant à des nécessités de première urgence incontestables.

L'opinion unanime de la commission s'est manifestée dans ce sens que, s'il était indispensable de faire porter le premier effort sur l'achèvement des lignes déjà commencées, et d'en presser la mise en exploitation que les services techniques devraient pouvoir assurer de ce jour à l'année 1925, s'il convenait également de consacrer de plus larges disponibilités à la mise en état du réseau en

2 R. G.

exploitation, il était non moins indispensable d'entreprendre la construction des lignes destinées à desservir les régions nouvelles mises en valeur par l'initiative privée et d'assurer l'écoulement vers des ports mieux outillés des richesses agricoles et minières dont la métropole a plus que jamais besoin de se pourvoir dans ses colonies.

Cet objectif a conduit la commission à envisager l'accomplissement d'un premier effort portant sur un programme plus étendu et plus homogène et réparti sur une période plus longue fixée à dix années. Cette période s'étend en réalité à douze années si l'on admet, ce qui est rationnel, que les déclarations d'utilité publique et la préparation des projets d'exécution demanderont aux services administratifs et techniques un délai qui différera jusqu'à 1923 le comencement des travaux de lignes de première urgence du programme de 1914.

Plusieurs membres de la commission ont, d'autre part, fait observer qu'il était indispensable de présenter au parlement un programme rationnel. cosntituant un tout homogène, et comprenant, en ce qui concerne les lignes nouvelles de première urgence, l'intégralité de ces lignes avec l'indication des moyens financiers nécessaires pour leur exécution.

L'adoption d'une méthode consistant à ne présenter que des amorces de lignes avec des amorces de prévisions financières aurait risqué de nous mettre devant le parlement dans une situation défavorable et de faire rejeter du programme toutes les lignes dont la demande de déclaration d'utilité publique n'aurait pas été accompagnée de la justification des ressources nécessaires pour leur exécution intégrale.

Il a été reconnu, d'autre part, qu'il était indispensable de placer devant le parlement l'inventaire complet des besoins de l'Algérie et l'indication des charges fiscales qui allaient être imposées au contribuable algérien pour l'accomplissement d'un programme dont aucune partie n'était rejetée et dont les propositions actuelles, à répartir sur une période de dix ans, ne constituaient que la première étape.

A la suite de cette discussion, chaque service a été invité à présenter à la commission un programme de première urgence portant sur une période de dix années. Les propositions de chaque service vont faire l'objet d'un examen particulier, précisant à la fois le chiffre de la dépense prévue et, si possible, sa répartition sur chaque année jusqu'à la fin de la période fixée pour la complète exécution des travaux envisagés.

NOS MOYENS DE TRANSPORT

En tête de son programme, la Commission a placé la réorganisation et le développement des moyens de transport.

Personne ne conteste, en effet, aujourd'hui que la fortune économique d'un pays ne soit sous la dépendance de ses moyens de transport et, ce principe admis, il ne nous est pas difficile de contater que notre réseau de voies ferrées est manifestement insuffisant et notre organisation maritime inexistante.

Nous sommes loin d'avoir suivi l'exemple donné par nos alliés et notamment par les Etats-Unis, qui, les célèbres lettres de Michel Chevallier nous le rappellent, à une époque où les voies ferrées étaient rares et la navigation restreinte, ne décrétaient pas la création d'un village sans le doter immédiatement d'une ligne de chemins de fer ou de transports par eau.

Pour que nos richesses attirent et retiennent les initiatives, il faut qu'elles soient exploitables et elles ne le seront que si nous disposons d'un réseau ferré et routier suffisant, si nos ports sont dotés de l'outillage indispensable.

Notre réseau ferré est manifestement insuffisant.

Une statistique récente établit que la France dispose de 11.953 kilomètres de chemins de fer, tandis que l'Algérie ne compte que 6.516 kilomètres de rail.

Depuis près de 30 ans, le réseau algérien, bien qu'un projet comportant la création de nouvelles lignes ait été adopté et mis partiellement à exécution par les assemblées agériennes, est resté stationnaire au point de vue de la mise en exploitation. Cet arrêt dans le développement est d'autant plus caractéristique qu'il a coïncidé avec une ère de progression constante des recettes du réseau existant et avec le développement économique de toutes les régions. L'effort important décidé par les assemblées algériennes n'a pu, par suite des circonstances indépendantes de leur volonté, produire son complet effet.

L'observation des dates d'ouverture des différentes lignes de l'exploitation relevée dans le tableau ci-après, extrait du projet d'emprunt de 1907, page 115, permet de constater que le développement des moyens de transport par voie ferrée n'a pas suivi, comme il eût été désirable, les progrès de la colonisation du pays.

Années	Lignes ouvertes à l'exploitation	Compagnies concessionnaires	Longueurs partielles en kilomètres	Longueurs totales en kilomètres
1871	Alger à Oran...................	P.-L.-M.	426	513
	Philippeville à Constantine.......................	P.-L.-M.	87	
1877	Bône à Guelma..............	B.-G.	88	140
	Sainte-Barbe-du-Tlélat à Sidi-bel-Abbès..........	O.-A.	52	
1879	Constantine-Sétif.........	E.-A.	155	439
	Guelma à Kroubs.........	B.-G.	115	
	Arzew à Saïda	F.-A.	169	
1881	Saïda à Kralfallah.........	F. A.	45	97
	Duvivier à Souk-Ahras.	B.-G.	52	
1882	El-Guerrah à Batna	E.-A.	81	81
1884	Souk - Ahras à Sidi - el-Hemessi	B.-G.	52	52
1885	La Sénia à Aïn-Temouchent	O.-A.	70	170
	Sidi-bel-Abbès à Ras-el-Mâ......................	O.-A.	100	
1886	Maison-Carrée à Sétif..	E. A.	207	309
	Tizi à Mascara..........	E.-A.	12	
1888	Souk-Ahras à Tébessa .	B.-G.	128	301
	Batna à Biskra..........	E.-A.	120	
	Ménerville à Tizi-Ouzou	E.-A.	53	
1889	Mostaganem à Tiaret ..	E.-A.	202	384
	Bougie à Beni-Mançour.	E.-A.	89	
	O.-Rahmoun à Aïn-Beïda	E.-A.	93	
1890	Tabia à Tlemcen........	O.-A.	64	64
1892	Blida-Berrouaghia......	O.-A.	83	83
1893 1907	Néant (1)		Total.	2.633 (A)

(A). — Les 70 kilomètres de la ligne de Tlemcen, en construction, ne furent livrés à l'exploitation, qu'en 1908.

(1). — Pour mémoire on rappellera que l'ouverture à l'exploitation des diverses sections du chemin de fer du sud oranais a eu lieu :

Pour la section de Kralfallah à Méchéria	138 kil. en 1883
— Méchéria à Aïn-Sefra...............	101 — — 1887
— Aïn-Sefra à Duveyrier.............	118 — — 1901
— Duveyrier à Beni-Ounif.............	28 — — 1903
— Beni-Ounif à Ben-Zireg.............	61 — — 1905
— Ben-Zireg à Béchar.................	50 — — 1906

Lors de la préparation de la loi du 11 juillet 1879, M. Pomel, rapporteur du projet de loi au Sénat, définissait comme suit les conditions d'établissement du réseau que le Gouvernement et les Chambres estimaient convenir à l'Algérie :

« L'ensemble du réseau aura 3.011 kilomètres de développement pour une population de 2.800.000 habitants et une superficie d'environ 160.000 kilomètres carrés. »

La proportion entre la longueur du réseau prévu, d'une part, la population et le territoire, d'autre part, qui était en France de 1 k. 05 par 1.000 habitants et de 0 k. 74 par kilomètre carré, était ainsi fixée pour le territoire civil de l'Algérie à 1 k. 00 par 1.000 habitants et à 0 k. 02 par kilomètre carré.

Le réseau algérien d'intérêt général comprend aujourd'hui 3.515 kilomètres, c'est-à-dire environ 500 kilomètres de plus que les prévisions de 1879, mais la population a passé de 2.800.000 à 6 millions.

L'Algérie, considérée dans la superficie qu'envisageait M. Pomel, ne possède donc que 0 k. 600 de chemins de fer par 1.000 habitants et 0 k. 022 par kilomètre carré, proportion de beaucoup inférieure aux indications du programme de 1879.

L'infériorité de ces chiffres éclate avec plus d'évidence encore si on les compare avec ceux qu'accuse pour la métropole la dernière statistique parue.

Nous sommes donc très en retard et il convient de réagir promptement et de reprendre activement et hardiment l'œuvre interrompue et de mettre notre outillage de voies ferrées à la hauteur de nos besoins, adoptant comme un axiome indiscutable que la rapidité, la facilité et la multiplication de nos communications seront le facteur le plus essentiel de notre développement agricole, commercial et industriel.

C'est en s'inspirant du souci légitime d'apporter

à la situation actuelle ainsi un prompt remède que la commission n'a pas hésité à placer en tête de son programme de travaux de première urgence l'achèvement des voies ferrées en construction, c'est-à-dire des lignes du programme de 1907, l'amélioration des voies ferrées en exploitation ainsi que la mise en exécution des lignes reconnues depuis plus de dix ans comme répondant à des nécessités économiques démontrées, et à leur consacrer la majeure partie des sommes que l'Algérie va être appelée à affecter au programme qui lui est proposé.

L'ACHEVEMENT DES LIGNES DU PROGRAMME DE 1907

Les dépenses à engager pour la construction des lignes du programme de 1907 étaient évaluées comme suit, dans le projet soumis au parlement en 1907 :

Ligne de Beni-Saf à Tlemcen......	8.504.000
Ligne de Berrouaghia à Djelfa....	14.384.200
Ligne de Relizane à Prévost-Paradol	6.770.000
Ligne de Bouïra à Aumale........	3.500.000
Ligne de Ténès à Orléansville....	6.500.000
Ligne de Tizi à Uzès-le-Duc......	3.426.000
Ligne de Sidi-bel-Abbès à Tizi....	4.674.000
Ligne d'Aïn-Beïda à Tébessa et à Morsott	7.800.000
Ligne de Djidjelli à Constantine et à Oued-Athménia.............	17.000.000
Total............	72.558.200

Mais ces évaluations reposaient sur des études sommaires envisageant pour chaque ligne des caractéristiques de chemins de fer d'intérêt local. Or, chacune d'elles a été ensuite déclarée d'utilité publique comme chemin de fer d'intérêt général. En outre, le développement, très rapide en ces dernières années, du trafic des voies ferrées en exploitation dans la colonie a fait apparaître l'insuffisance manifeste des prévisions faites primitivement pour les lignes nouvelles, et l'on s'est ainsi trouvé dans l'obligation de prévoir des installations bien plus importantes, susceptibles de répondre aux besoins du trafic qu'il fallait assurer.

D'autres causes, telles que la plus-value des terrains à la suite de récoltes exceptionnelles, l'augmentation du prix des matériaux, le renchérissement de la main-d'œuvre ont influencé le coût d'établissement des chemins de fer, et dès le commencement des travaux, il a été reconnu que les prévisions premières seraient largement dépassées. Révisées, au fur et à mesure de la construction des lignes, leur montant a été porté à 122,000,000 le 31 décembre 1912, à 141,410,000 francs le 31 décembre 1913, et enfin ramené à 142,840,000 francs au cours de l'année 1914, par suite de la diminution du matériel roulant prévu pour la ligne de Constantine-Oued-Athménia et de la substitution, pour cette même ligne, du rail de 28 kilos à celui de 42.

Les événements de la guerre sont venus modifier profondément les divers éléments d'évaluations antérieures; aujourd'hui, il faut tenir compte non seulement de la hausse excessive qui s'est manifestée depuis l'armistice, sur le coût des matières premières et le prix de la main-d'œuvre, mais encore des nouveaux frais qui vont résulter de l'application à l'Algérie, de la loi sur la journée de 8 heures. C'est ainsi que l'administration a été amenée à reviser à nouveau les évaluations de 1914, et à porter le coût total des lignes du programme de 1907 à 281,550,000 francs, savoir :

Ligne de Beni-Saf à Tlemcen......	23.600.000
Ligne de Berrouaghia à Boghari..	8.350.000
Ligne de Boghari à Djelfa........	25.000.000
Ligne de Relizane à Prévost-Paradol	24.000.000

Ligne de Bouïra à Aumale........	15.000.000
Ligne de Ténès à Orléansville....	22.500.000
Ligne de Tizi à Uzès-le-Duc......	16.300.000
Ligne de Sidi-bel-Abbès à Tizi....	19.400.000
Ligne d'Aïn-Beïda à Tébessa......	15.800.000
Ligne d'embranchement de Morsott	7.200.000
Ligne de Constantine à Oued-Athménia	17.600.000
Ligne de Bizot à Djidjelli........	86.800.000
Total...............	281.550.000

Or, les ressources créées pour la réalisation de ce programme sont les suivantes :

Dotation sur le produit de l'emprunt de 175 millions autorisé par la loi du 28 février 1908 (déduction faite de la participation dans les frais d'émission) .... 72.502.918 »

Prélèvements sur le budget ordinaire :

En 1906........	5.000	»
En 1907........	297.579	37
En 1908........	851.951	04
En 1909........	1.641.260	99
	2.795.791	40

Prélèvements sur les excédents du fonds de réserve :

En 1910........	280.000	»
En 1911........	4.494.500	»
En 1912........	68.000	»
	4.842.500	»

Crédits spécialisés au titre de l'emploi des fonds de réserve pour la construction des lignes de Constantine-Oued-Athménia (fonds de réserve de 1911, budget de 1914) 7.806.000

Bizot-Djidjelli (fonds de rérseve de 1912, budget de 1915)....... 9.956.900

	17.762.900 »
	97.904.109 40

Emprunt de 55 millions autorisé par la loi du 15 juin 1918........ 55.000.000 »

soit, comme total de ressources... 152.904.109 40 alors que les dépenses, d'après les dernières évaluations au 31 décembre 1919, atteindront, comme il a été indiqué plus haut........ 281.550.000 »

Il reste donc à créer des ressour- jusqu'à concurrence d'une somme de .... 128.645.890 60 soit en chiffre rond, vu l'incertitu- de des évaluations dans les cir- constances actuelles............. 130.000.000 »

Comme il importe d'achever en premier lieu les lignes du programme de 1907, la somme de 130 millions doit être comprise intégralement dans le projet d'emprunt envisagé. Le service de construction, dans ses premières prévisions d'achèvement avait tablé sur une période de 14 ans à partir de 1921 pour les terminer entièrement.

La commission a estimé ce délai véritablement excessif et il lui a paru inadmissible que des lignes commencées au moins depuis l'année 1910 et dont l'infrastructure est, pour la plupart, en grande partie établie, ne puissent être achevées plus rapidement.

Elle croit devoir signaler les conséquences regrettables d'une méthode qui a eu pour résultat d'immobiliser pendant de longues années des fonds d'emprunt, de les laisser improductifs et de faire payer des impôts aux contribuables sans qu'ils en retirent aucun profit, alors que la conduite des travaux avec plus d'activité ou la concentration des efforts sur un nombre plus restreint de lignes, en commençant par les plus urgentes, aurait eu pour effet de livrer à l'exploitation un nombre intéressant de kilomètres de chemins de fer plusieurs années avant la date actuellement indiquée.

Elle insiste pour que des modifications profondes soient apportées aux méthodes d'exécution jusqu'à ce jour suivies, pour qu'un appel plus large soit fait à l'industrie privée et au personnel technique qu'elle peut offrir, afin d'obtenir une plus rapide exécution.

Il lui paraît possible de demander que toutes les lignes du programme de 1907 soient terminées en 1925, faisant toutefois exception pour le Djidjelli-Bizot dont la partie médiane El-Milia-Mílah n'a pas encore fait l'objet d'études définitives et pourra être exécutée en même temps que les lignes du programme de 1914.

L'état d'avancement de toutes les lignes du programme de 1907 à l'heure actuelle a été indiqué et, cédant aux suggestions de la commission, les services techniques ont admis, dans de nouvelles prévisions, les possibilités d'une plus rapide exécution.

Si l'on en excepte la ligne de Bizot à Djidjelli, l'achèvement du programme de 1907 comprend : l'achèvement des entreprises d'infrastructure, l'exécution des bâtiments, le ballastage et la pose de la voie.

L'exécution des entreprises d'infrastructure, le règlement des travaux déjà effectués et la passation des nouveaux marchés sont en cours sur toutes les lignes ; pour certaines même, comme la ligne Beni-Saf à Tlemcen, tous les travaux ont déjà fait l'objet d'un marché nouveau avec un même entrepreneur.

La construction des bâtiments est également en train. Les travaux sont confiés aux entrepreneurs de l'infrastructure sur la ligne de Beni-Saf à Tlemcen, l'adjudication doit avoir lieu très prochainement pour ceux de la ligne d'Orléansville à Ténès. Les bâtiments sont construits sur la ligne d'Aïn-Beïda à Tébessa. Pour toutes les autres lignes, il y a déjà une exécution partielle et les travaux restant à exécuter ne paraissent pas devoir retarder l'achèvement de la ligne.

Le ballastage et la pose de voie sont subordonnés à la fourniture du matériel de la voie et de ce côté, il est difficile de préciser à quel moment on disposera du matériel, les sociétés métallurgistes françaises se refusant à prendre des engagements fermes.

Les services techniques déclarent s'être adressés, d'une part, au comptoir sidérurgique qui est chargé de centraliser toutes les commandes et de les répartir entre les usines, d'autre part, directement aux usines elles-mêmes; et n'avoir encore obtenu aucune offre. Cette difficulté d'approvisionnement du matériel de voie est donc liée à la réorganisation de la métallurgie française dépendant elle-même de la production du charbon. Il sera nécessaire, plus que jamais, que, en considération des besoins de l'Algérie, les représentants de la colonie au Parlement insistent auprès du Comptoir sidérurgique pour obtenir en sa faveur un ordre de priorité.

L'acquisition du matériel roulant destiné à l'exploitation des lignes du programme de 1907 a fait l'objet de marchés passés par le réseau des chemins de fer algériens de l'État. Tout ce matériel doit lui être livré en 1920 et 1921, le réseau devant pouvoir en disposer pour les lignes actuellement en exploitation et parer ainsi aux insuffisances de son matériel.

La situation de chaque ligne à l'heure actuelle est précisée dans l'état ci-après :

Ligne de Boghari à Djelfa. — La ligne est en

exploitation jusqu'à Hassi-Bahbah. Toutes les entreprises pour l'achèvement de la ligne jusqu'à Djelfa sont en cours d'exécution. L'ouverture à l'exploitation de la ligne entière jusqu'à Djelfa pourra avoir lieu soit à la fin de l'année, soit dans le premier trimestre de 1921.

Ligne de Bouïra à Aumale, — Il reste à terminer le troisième lot d'infrastructure, lot primitivement adjugé à M. Finalteri. Les propositions adressées pour l'achèvement de ce lot viennent d'être approuvées. Cette adjudication pourra donc avoir lieu très prochainement.

Il restera à donner à l'adjudication la construction des bâtiments.

Ligne de Ténès à Orléansville. — Il reste à exécuter comme travaux d'infrastructure :

1° Un projet de consolidation des terrassements du 3e. lot. Ce projet a été présenté à l'approbation de l'administration supérieure;

2° La pose d'une partie des ponts métalliques. La convention passée avec la société des ponts et travaux en fer pour la pose de ces ouvrages a été approuvée par une décision du 2 mars 1920;

3° La construction des bâtiments a fait l'objet d'un projet qui a été approuvé et qui est actuellement soumis aux formalités de l'adjudication.

Ligne de Beni-Saf à Tlemcen. — Les travaux d'infrastructure restant à exécuter sur la ligne entière et ceux de pose de voie, ont fait l'objet d'un marché de gré à gré avec les entrepreneurs Merlo et Papot. L'adjudication des bâtiments n'ayant pas donné de résultat, la construction de ceux-ci vient également d'être traitée de gré à gré avec les mêmes entrepreneurs.

Il manque sur cette ligne une partie du matériel de voie pour la fourniture de laquelle des offres sont provoquées.

La mise en exploitation de la ligne peut être escomptée pour 1922.

Ligne de Relizane à Prévost-Paradol. — La ligne est en exploitation jusqu'à Zemmora. Les travaux d'infrastructure restent à terminer sur les 2ᵉ, 3ᵉ et 4ᵉ lots. Sur le 2ᵉ lot l'entreprise ayant été résiliée, le projet de parachèvement sera mis prochainement en adjudication. Les travaux du 3ᵉ lot vont être exécutés en régie. Pour le 4ᵉ lot, l'administration est saisie de propositions de révision de prix de l'entrepreneur.

La fourniture des tabliers métalliques interrompue par la guerre ne pourra être reprise utilement avant 1921. L'exécution des bâtiments restant à construire pourra être entreprise également en 1921. La pose de voie sera vraisemblablement commencée en 1923.

Ligne de Tizi à Uzès-le-Duc. — Il reste à terminer les travaux d'infrastructure du 1ᵉʳ et du 3ᵉ lot pour lesquels des projets sont prêts. Les bâtiments sont construits en partie, l'achèvement de ceux commencés est subordonné à la révision des prix de l'entreprise.

La pose de voie pourra être commencée en 1922 et la ligne mise en exploitation en 1923.

Ligne de Sidi-bel-Abbès à Tizi. — La ligne est en exploitation entre Bel-Abbès et Mercier-Lacombe, d'une part, et entre Tizi-et Moulin Cournut, d'autre part. La lacune intermédiaire de 28 kilomètres reste à exécuter en infrastructure pour partie sur 19 kilomètres et pour la totalité sur 9 kilomètres. Des propositions vont être présentées à ce sujet.

L'achèvement de cette lacune demandera vraisemblablement 3 années.

Ligne d'Aïn-Beïda à Tébessa. — Les travaux d'infrastructure et des bâtiments restent à terminer sur le premier lot, soit sur 37 kilomètres. Des propositions vont être soumises à cet effet à l'administration. On va commencer l'approvisionnement du ballast nécessaire à la ligne entière. Des pourparlers sont engagés pour la reprise de la fourniture des tabliers métalliques.

La pose de voie sera vraisemblablement entreprise en 1922 et la ligne pourra être livrée à l'exploitation en 1923.

Ligne de Constantine à l'Oued-Athménia. — Les travaux d'infrastructure du premier lot (12 k. 5) se continuent et l'on espère adjuger prochainement ceux du deuxième lot (17 kil.). Le projet du troisième et dernier lot (14 kil.) est à l'étude.

L'achèvement de cette ligne est envisagé pour 1925.

Ligne de Bizot à Djidjelli. — Les travaux d'infrastructure sont exécutés ou en voie d'exécution sur 11 kilomètres environ à partir de Djidjelli et des projets vont être présentés incessamment sur les 27 kilomètres à la suite.

La somme de 130 millions considérée comme nécessaire d'après les dernières évaluations, serait, suivant les propositions du service technique, à répartir comme suit sur cette période de 10 années:

En 1921............	7.000.000	
En 1922............	24.000.000	
En 1923............	14.000.000	
En 1924............	16.000.000	
En 1925............	13.000.000	
En 1926............	11.000.000	Ces sommes
En 1927............	12.000.000	étant affectées
En 1928............	11.000.000	intégralement
En 1929............	11.000.000	à la partie médiane de Dji-
En 1930............	11.000.000	djelli-Bizot.
Total semblable..	130.000.000	

NÉCESSITÉ DE NOUVELLES MÉTHODES

La commission croit devoir appeler d'une façon très pressante l'attention de l'administration sur la nécessité de rompre pour l'avenir avec les errements suivis pour la construction des lignes de chemins de fer du programme de 1907, errements qui ont eu pour résultat de prolonger dans des conditions démesurées leur durée d'exécution.

Elle estime que le morcellement des crédits et leur répartition par petits paquets sur toutes les lignes d'un programme a pour conséquence de prolonger la durée d'exécution de chacune et par suite de retarder son utilisation.

Elle croit que des résultats meilleurs et plus rapides seraient obtenus en concentrant les efforts, sinon sur une seule ligne, du moins sur un nombre limité de lignes, en les prenant par ordre d'urgence et il appartient à l'administration de faire cette discrimination en ne s'inspirant que de considérations dictées par le souci d'arriver le plus rapidement possible au développement rationnel et progressif de l'outillage économique de l'Algérie.

Elle indique, d'autre part, qu'au lieu de recourir à des adjudications par lots de minime importance ainsi qu'il a été procédé jusqu'ici, il serait préférable de procéder par lots d'une importance suffisante pour intéresser de grosses sociétés de travaux publics outillées pour mener rapidement les travaux, et même de prévoir, en cas d'achèvement anticipé, des primes dont la valeur serait largement récupérée par l'avantage résultant d'une plus prompte utilisation de chaque ligne nouvelle.

Les services techniques ont de leur côté soumis à la commission certaines observations concernant le recrutement du personnel technique pour les études et la surveillance des travaux, ainsi que sur les conditions de capacité d'exécution résultant de l'importance du personnel et de la main-d'œuvre, sur laquelle il convient d'appeler l'attention de l'administration.

Ils signalent que par suite du retard apporté à certaines décisions destinées à réorganiser le service, le personnel sous-ingénieurs et conducteurs s'est appauvri depuis 1919 (9 sous-ingénieurs et conducteurs ont quitté le service), de telle sorte qu'ils ne disposent plus que de 28 de ces agents au lieu de 37.

Cet exode de personnel sous-ingénieurs et conducteurs n'est pas enrayé, de nombreux agents du service des lignes nouvelles ont, en effet, demandé à quitter ce service tandis qu'au contraire aucune demande d'agents y sollicitant un emploi n'a été reçue jusqu'à ce jour.

Les agents démissionnaires étant en général les meilleurs agents, l'appauvrissement se serait fait en nombre et en qualité de telle sorte que la capacité de production du service se trouverait d'autant plus réduite.

Actuellement, le personnel restant serait à peine suffisant pour faire mener à bonne fin le programme de 1907; si l'exode continue quelques mois encore, l'achèvement de ce programme ne serait même plus possible sans de gros retards et de grosses augmentations de dépenses.

Les services techniques ont indiqué à la commission les mesures qu'il convenait de prendre pour enrayer cet exode. Ils estiment qu'il conviendrait d'ajouter aux propositions déjà faites la création d'une prime de fidélité, acquise aux agents qui seront restés dans le service un certain temps. Ils font observer qu'au Maroc, on promet une prime, représentant une année de traitement, aux agents qui resteront dix années consécutives dans le service des construction des chemins de fer. L'exécution même partielle du programme de 1914 leur paraît suffisamment vaste pour envisager cette même organisation de primes. En faisant remonter au besoin l'origine au 1er janvier 1919 pour tout le personnel actuel, ils indiquent qu'il serait très avantageux pour la colonie de promettre une prime à tous les agents qui resteraient 10 ans dans ce service et un supplément de prime à ceux qui y resteraient 15 ans

Au point de vue de l'exécution des travaux et du règlement des comptes, ils ajoutent qu'il y a le plus grand intérêt à pouvoir disposer des agents qui ont établi les projets. Quand les agents se succèdent dans le même service à de trop courts intervalles, les études et les travaux sont poursuivis sans unité de vue, et le successeur est trop tenté de rejeter sur l'un de ses prédécesseurs la cause des erreurs commises.

Cette dépense serait donc, au fond, conforme aux intérêts bien entendus de la colonie.

Puisque l'on donne tous les jours à l'administration le conseil de s'industrialiser, il leur apparaît opportun de ne pas juger excessives ou exagérées des propositions qui s'inspirent de ce qui se fait couramment dans l'industrie et de ne pas prendre pour une levée de boucliers ce qui n'est que l'adaptation d'une méthode industrielle.

Envisageant un troisième ordre de conditions qui limitent l'amplitude du programme envisagé et la somme de travaux qu'il est possible d'exécuter dans un temps donné, c'est-à-dire la quantité de main-d'œuvre disponible en Algérie, ils indiquent qu'actuellement, ils sont déjà presque à la limite des travaux qui peuvent être entrepris à la fois dans la colonie, et que si l'on n'arrive pas à implanter dans celle-ci des entreprises françaises, c'est avec beaucoup de peine qu'ils achèveront le programme de 1907.

Entrant dans les vues déjà exposées plus haut par la commission, ils indiquent que pour amener les entrepreneurs de la métropole à s'intéresser aux travaux de la colonie, il faut arriver à donner les travaux à l'adjudication par lots plus importants. Ils ajoutent toutefois que ce procédé ne pourra réellement être mis en pratique qu'au moment où l'on entamera le programme de 1914, les lots de travaux des lignes du programme de 1907 ne pouvant plus être modifiés ni quant à leur substance ni quant à leur importance.

En attendant, ils reconnaissent qu'il faudra profiter de toutes les occasions qui pourront se présenter et encourager toutes les initiatives sérieuses qui s'offriront.

La commission ne peut que s'emparer de ces suggestions qui concordent, d'ailleurs, avec les opinions émises par plusieurs membres de la commission, particulièrement qualifiés pour formuler un avis compétent sur les méthodes d'exécution susceptibles d'assurer l'exécution dans un délai aussi rapide que possible du programme important de travaux qu'elle a eu à élaborer.

Elle demande à la haute administration de s'en inspirer, certaine que leur mise en application ne pourra que donner les plus heureux résultats.

LES RESEAUX FERRES EN EXPLOITATION

Nos chemins de fer en exploitation ont supporté pendant les hostilités un trafic intensif auquel on ne peut que se féliciter que leur matériel délabré ait pu faire face.

Les besoins de ce trafic ont mis en lumière les défectuosités déjà connues auxquelles il est urgent de remédier :

Gares et ateliers insuffisants, voies incapables de recevoir le trafic normal, matériel roulant déficitaire et en mauvais état.

On sent aujourd'hui lourdement le poids des économies mal calculées qui ont arrêté avant la guerre un développement que nous serions heureux aujourd'hui de n'avoir pas à assurer.

C'est par millions que l'on va payer la faute d'avoir suivi une politique de boutiquier, alors qu'il fallait prévoir les développements d'un demi-siècle.

L'état de nos gares est parfois humiliant et appelle de promptes transformations.

Le matériel roulant nous manque dans des conditions lamentables et l'emploi intensif qui a été fait de wagons et locomotives disponibles en a précipité l'usure.

Nous manquons surtout de locomotives en bon état et de mécaniciens exercés.

Cet état de choses appelle des mesures extrêmement urgentes, dont la nécessité est signalée depuis bien des années tant par les administrations des réseaux que par les assemblées algériennes.

Au fur et à mesure de la reprise des trois réseaux rachetés à la Compagnie Franco-Algérienne, à celle de l'Est-Algérien et, en dernier lieu, à celle du Bône-Guelma et prolongements, l'Algérie s'est, en effet, trouvée dans l'obligation de prévoir d'importantes améliorations pour pouvoir faire face aux besoins toujours croissants du trafic.

Un premier programme dressé en 1913, pour les deux réseaux de l'Oranie et de l'Est-Algérien, s'élevait à.......................... 98.271.000

Un deuxième programme, dressé en 1917, pour le réseau Bône-Guelma, après son rachat par la colonie, s'élevait à......................... 31.000.000

D'où pour les trois réseaux un total de............... 129.271.000

sur lequel il a été effectué, de 1914 à 1918, un ensemble de dépenses s'élevant à......................... 20.702.000

De sorte que les dépenses restant à effectuer, d'après les programmes précédents, ne représentaient plus que 108.569.000

Mais depuis l'élaboration de ces programmes, des besoins nouveaux s'étaient fait sentir ; ils représentaient au 1er janvier 1919......... 68.473.000

De plus, il avait été reconnu nécessaire de majorer les estimations anciennes, vu la hausse des prix en toutes choses, d'une somme de.... 155.060.000

Ce qui portait la totalité des dépenses nécessaires à la date précitée du 1er janvier 1919, au chiffre de.... 332.102.000

C'est sur ce chiffre, d'ailleurs, qu'a tablé ensuite le rapporteur Galle, au nom de la commission des transports maritimes et de l'amélioration des voies ferrées en exploitation, en évaluant les ressources à demander au budget de la colonie, à la somme de............ 291.550.000 parce qu'il comptait sur un ensemble de ressources déjà créées, formant un tout de... 37.552.000

Soit, en effet..... 332.102.000
(La période d'exécution était prévue à 15 ans au maximum).

Dans le courant de l'année 1919, il a pu être réalisé une partie du programme, jusqu'à concurrence de 15.918.000

Et ainsi, les besoins, au 31 décembre 1919 se seraient trouvés réduits à .... 316.181.000 si l'on n'avait considéré que les besoins précédents. Mais l'application de la loi sur la journée de 8 heures a eu pour conséquence de faire reviser les évaluations déjà effectuées et de les majorer de........ 90.917.000
Puis des besoins nouveaux se sont manifestés entraînant une dépense évaluée à................... 16.669.000

Ce qui porte le montant des évaluations du programme restant à réaliser au 1er janvier 1920, à...... 423.800.000
Ces dépenses se répartissent par réseau, par nature et par ordre d'urgence, dans les conditions indiquées ci-après :

1º RÉSEAU ORANAIS *(Ancienne Compagnie Franco-Algérienne)*

DÉSIGNATION DES DÉPENSES	DÉPENSES A ENGAGER EN 1ʳᵉ URGENCE			DÉPENSES A ENGAGER EN 2ᵉ URGENCE			Totaux généraux
	Sur ressources connues	Sur ressources à créer	Totaux	1ᵉʳ degré	2ᵉ degré	Totaux	
1. — Travaux d'infrastructure.	2,097,600	817,900	2,915,500	12,802,500	1,400,000	14,202,500	17,118,000
2. — Réfection extraordinaire des voies..............	1,500,000	»	1,500,000	2,400,000	»	2,400,000	3,900,000
3. — Installations de sécurité.	190,000	»	190,000	»	»	»	190,000
4. — Aménagements des gares et stations.............	2,728,000	9,122,000	11,850,000	21,505,000	525,000	22,030,000	33,880,000
5. — Installations du service de la traction..........	1,050,000	1,400,000	2,450,000	3,600,000	»	3,600,000	6,050,000
6. — Travaux divers du service de la voie.............	»	210,000	210,000	500,000	100,000	600,000	810,000
7. — Acquisitions d'outillage, Petit matériel et mobilier	»	600,000	600,000	1,900,000	»	1,900,000	2,500,000
8. — Travaux divers du service de la traction..........	»	300,000	300,000	700,000	600,000	1,300,000	1,600,000
9. — Acquisitions de matériel roulant............	1,200,000	9,800,000	11,000,000	8,800,000	2,950,000	11,750,000	22,750,000
10. — Menus travaux et imprévus..................	34,400	50,100	84,500	921,500	25,000	117,500	202,000
11. — Personnel et frais généraux.................	880,000	2,230,000	3,110,000	5,280,000	500,000	5,790,000	8,900,000
Totaux généraux...	9,680,000	24,530,000	34,210,000	57,530,000	6,160,000	63,690,000	97,900,000

2° RÉSEAU DE L'EST-ALGÉRIEN

DÉSIGNATION DES DÉPENSES	DÉPENSES À ENGAGER EN 1re URGENCE			DÉPENSES À ENGAGER EN 2e URGENCE			Totaux généraux
	Sur ressources connues	Sur ressources à créer	Totaux	1er degré	2e Degré	Totaux	
1. — Travaux d'infrastructure.	111.000	89.000	200.000	20.000.000	10.400.000	30.400.000	30.600.000
2. — Renforcement des voies..	12.000	600.000	612.000	»	»	»	612.000
3. — Réfection extraordinaire des voies	500.000	1.400.000	1.900.000	16.400.000	»	16.400.000	18.300.000
4. — Établissement de secondes voies	»	»	»	800.000	17.500.000	18.300.000	18.300.000
5. — Installations de sécurité.	»	150.000	150.000	150.000	100.000	250.000	400.000
6. — Aménagement des gares et stations	1.811.900	2.710.000	4.521.900	10.490.000	2.028.000	12.518.000	17.039.900
7. — Installations du service de la traction	1.341.700	2.977.000	4.318.700	7.695.000	5.400.000	13.095.000	17.413.700
8. — Travaux divers du service de la voie	»	260.000	260.000	480.000	250.000	730.000	990.000
9. — Outillage, petit matériel et mobilier	10.000	610.000	620.000	3.430.000	»	3.430.000	4.050.000
10. — Travaux divers du service et de la traction	»	300.000	300.000	850.000	850.000	1.700.000	2.000.000
11. — Acquisition du matériel roulant	»	18.400.000	18.400.000	24.400.000	22.400.000	46.800.000	65.200.000
12. — Menus travaux et imprévus	33.100	104.000	137.100	270.000	187.000	457.000	594.100
13. — Personnel et frais généraux	442.000	2.700.000	3.142.000	2.458.000	5.900.000	14.358.000	17.500.000
Totaux	4.261.700	30.300.000	34.561.700	93.423.000	65.015.000	158.438.000	193.000.700

3º RÉSEAU DU BONE-GUELMA

A. — *Ligne minière de Bône à Tebessa*

DÉSIGNATION DES DÉPENSES	DÉPENSES A ENGAGER EN 1ʳᵉ URGENCE			DÉPENSES A ENGAGER EN 2ᵉ URGENCE			Totaux généraux
	Sur ressources connues	Sur ressources à créer	Totaux	1ᵉʳ degré	2ᵉ degré	Totaux	
(a) Section de Bône-Souk-Ahras							
1. — Travaux d'infrastructure..	1.750.000	200.000	1.950.000	512.000	650.000	1.162.000	3.112.000
2. — Réfection extraordinaire des voies	1.100.000	»	1.100.000	»	6.000.000	6.000.000	7.100.000
3. — Doublement des voies	»	»	»	600.000	»	600 000	600.000
4. — Installations de sécurité	150.000	»	150.000	50 000	»	50.000	200.000
5. — Aménagements des gares et stations	1 350.000	»	1.350.000	3.427.000	2.000.000	5.427.000	6.777.000
6. — Installations du service de la traction	1.130.000	300.000	1.430.000	1.450.000	1.000.000	2.450.000	3.880.000
7. — Travaux divers du service de la voie	»	100.000	100.000	64.000	»	64.000	164.000
Totaux	5.480.000	600.000	6 080.000	6.103.000	9 650.000	15.753.000	21.833.000
(b) Section de Souk-Ahras à Tébessa (transformation en voie normale)							
1. — Travaux d'infrastructure..	5.800.000	1.100.000	6.900.000	1.550.000	»	1.550.000	3.450.000
2. — Pose de voies	4 500.000	3 400 000	7.900.000	6.300.000	»	6.300.000	14.000.000
3. — Aménagements des gares et stations	250.000	300.000	550.000	2.135.000	»	2.135.000	2.685.000
4. — Installations du service de la traction	850 000	200.000	1.050.000	1.050.000	»	1.050.000	2.100.000
5. — Travaux divers	120.000	»	120.000	30.000	»	30.000	150.000
Totaux	11.620.000	4.700.000	16.320.000	11.005.000	»	11.005.000	27.385 000

DÉSIGNATION DES DÉPENSES	DÉPENSES A ENGAGER EN 1re URGENCE			DÉPENSES A ENGAGER EN 2e URGENCE			Totaux généraux
	sur ressources connues	sur ressources à créer	Totaux	1er degré	2e degré	Totaux	
Outillage et matériel roulant							
Acquisition d'outillages divers pour les ateliers de Bône et autres.....	500.000	»	500.000	2.000.000	»	2.000.000	2.500.000
Acquisition de locomotives à marchandises (fournitures restant à payer)...............	5.000.000	»	5.000.000	7.000.000	»	7.000.000	12.000.000
Totaux	5.500.000	»	5.500.000	9.000.000	»	9.000.000	14.500.000

Récapitulation générale des dépenses à engager pour la ligne minière.

DÉSIGNATION DES DÉPENSES	sur ressources connues	sur ressources à créer	Totaux	1er degré	2e degré	Totaux	Totaux généraux
a) Section Bône à Souk-Ahras.............	5.480.000	600.000	6.080.000	6.103.000	9.650.000	15.753.000	21.833.000
b) Section Souk-Ahras à Tébessa (travaux)	11.620.000	5.700.000	16.320.000	11.065.000	»	11.065.000	27.385.000
Dépenses, service, traction (outillage et matériel roulant)..	5.500.000	»	5.500.000	9.000.000	»	9.000.000	14.500.000
Menus travaux imprévus...............	100.000	100.000	200.000	192.000	80.000	272.000	472.000
Personnel, frais généraux.............	2.270.000	540.000	2.810.000	2.636.000	964.000	3.600.000	6.410.000
Totaux...........	24.970.000	5.940.000	30.910.000	28.996.000	10.694.000	39.690.000	70.600.000

B. — Lignes autres que la ligne minière (Durivier à Khroubs et Souk-Ahras à la frontière tunisienne)

DÉSIGNATION DES DÉPENSES	DÉPENSES A ENGAGER EN 1re URGENCE			DÉPENSES A ENGAGER EN 2e URGENCE			Totaux généraux
	Sur ressources connues	Sur ressources à créer	Totaux	1er degré	2e degré	Totaux	
1. — Travaux d'infrastructure.	"	1.249.000	1.249.000	8.000.000	"	8.000.000	9.309.000
2. — Réfection extraordinaire des voies..	"	2.600.000	2.600.000	24.400.000	"	24.400.000	27.000.000
3. — Installations de sécurité .	200.000	"	200.000	100.000	"	100.000	300.000
4. — Aménagements des gares et stations	1.680.000	586.000	2.266.000	1.110.000	"	1.110.000	3.376.000
5. — Installations du service de la traction	50.000	70.000	120.000	300.000	200.000	500.000	620.000
6. — Travaux divers du service de la voie..	"	50.000	50.000	165.000	"	165.000	215.000
7. — Petit matériel outillage et mobilier..............	10.000	10.000	20.000	80.000	"	80.000	100.000
8. — Travaux divers du service de la traction	"	200.000	200.000	150.000	150.000	300.000	500.000
9. — Acquisition de matériel roulant	9.800.000	3.600.000	13.400.000	1.200.000	"	1.200.000	14.000.000
10. — Menus travaux, imprévus	154.000	135.000	289.000	201.000	30.000	331.000	620.000
11. — Personnel, frais généraux	1.190.000	850.000	2.040.500	3.581.500	38.000	3.619.500	5.000.000
Totaux........	13.084.500	9.350.000	22.434.500	39.447.500	418.000	39.865.500	62.300.000

RÉCAPITULATION GÉNÉRALE — POUR LES TROIS RÉSEAUX

	Sur ressources connues	Sur ressources à créer	Totaux	1er degré	2e degré	Totaux	Totaux généraux
Réseau oranais (Cie F. A.).....	9.680.000	24.530.000	34.210.000	57.530.000	6.160.000	63.690.000	97.900.000
Id. de l'Est-Algérien	4.202.000	30.360.000	34.562.000	93.423.000	65.015.000	158.438.000	193.000.000
Réseau B. G. { Ligne minière.	24.970.000	5.940.000	30.910.000	28.996.000	10.694.000	39.690.000	70.600.000
{ Autres lignes .	13.084.500	9.350.000	22.434.500	39.447.500	418.000	39.865.500	62.300.000
Totaux......	51.936.500	70.180.000	122.116.500	219.396.500	82.287.000	301.683.500	423.800.000

Mais de ce programme, il y a lieu d'extraire un ensemble d'améliorations dites de 1re urgence, que l'administration des chemins de fer algériens de l'Etat propose de réaliser en trois années (1920, 1921 et 1922) comme suit :

1920

Réseaux oranais.....	7.590.000	
Réseaux E. A.......	3.487.000	
Réseaux B. G. :		
Ligne minière...	24.970.000	
Autres lignes....	10.884.500	
		46.931.500

1921

Réseau oranais......	15.553.340	
Réseau E. A.........	16.522.000	
Réseau B. G. :		
Ligne minière...	5.940.000	
Autres lignes....	9.212.500	
		47.227.840

1922

Réseau oranais......	11.066.060	
Réseau E. A.........	14.553.000	
Réseau B. G. :		
Ligne minière...	»	
Autres lignes....	2.337.500	
		27.957.160
		122.116.500

RÉCAPITULATION PAR RÉSEAU

Années	Oranais	E.-A.	B.-G.	
			Lignes minières	Autres lignes
1920	7.590.000	3.487.000	24.970.000	10.884.500
1921	15.553.340	16.522.000	5.940.000	9.212.500
1922	11.066.660	14.553.000	»	2.337.500
	34.210.000	34.562.000	30.910.000	22.434.500
			122.116.500	

En présence de ces besoins de première urgence, s'élevant à......... 122.116.500
l'administration des chemins de fer algériens de l'État donne comme ressources disponibles (en tablant sur la réalisation complète de l'emprunt de 55 millions)................... 51.936.500

Elle demande, en conséquence, la réalisation de ressources complémentaires s'élevant à.............. 70.180.000
aux échéances suivantes :

En 1921 (47,227,840 francs — 5,005,000) =.. 42.222.840

En 1922............. 27.957.160

Total égal......... 70.180.000

De l'exposé ci-dessus, il résulte que les dépenses à envisager, pour les chemins de fer algériens de l'État, dans une période qui était primitivement fixée à 15 années (1920 à 1934), et que la commission réduit à 10 de 1920 à 1930, afin de satisfaire aux besoins du trafic, sont évaluées en nombre rond, à.......................... 424.000.000

alors qu'on ne disposera, en tablant sur la réalisation complète de l'emprunt de 55,000.000 déjà adopté par les assemblées financières, que d'un ensemble de ressources s'élevant (également en nombre rond) à.... 52.000.000

D'où il restera à créer comme ressources, par voie d'emprunt, la différence, soit...................... '372.000.000

Dans un premier examen, la direction des chemins de fer de l'Etat, tablant sur une période d'exécution de 15 années avait prévu que dans le courant de l'année 1920, on ne dépenserait, pour les améliorations dites de première urgence, que 17,000,000 de francs en nombre rond; il restait donc pour 1921 (52 — 47) 5,000,000 comme ressources créées, et il fallait dès l'année prochaine, pour poursuivre le programme de première urgence, prélever une somme de (47. — 5) 42,000,000 de francs sur les fonds du nouvel emprunt. En 1922, il y avait lieu d'y prélever 28,000,000 et ainsi pouvaient être terminées dans les trois années 1920, 1921, 1922, les améliorations dites de première urgence.

Ensuite, il fallait passer aux améliorations classées en deuxième urgence. Celles du premier degré, évaluées dans le tableau ci-dessus à 219,396,500 francs, devant être effectuées dans la période de 1922 à 1930 et le complément (deuxième degré d'urgence) de 1931 à 1934.

Pour permettre cet ordre de réalisation, les tranches du nouvel emprunt devaient être échelonnées comme suit :

1re *urgence*

	1920..	47	
En 1921	42.000.000	47	122.000.000
En 1922	28.000.000	28	

2ᵉ urgence, 1ᵉʳ degré

En 1923	....	28.000 000	
En 1924	....	28.000.000	
En 1925	....	28.000.000	
En 1926	.. ..	28.000.000	
En 1927	....	27.000.000	220.000.000
En 1928	....	27.000.000	
En 1929	....	27.000.000	
En 1930	....	27.000.000	

2ᵉ urgence, 2ᵉ degré

En 1931	....	22.000.000	
En 1932	. ...	20.000.000	
En 1933	....	20.000.000	82.000.000
En 1934	....	20.000.000	
		372.000.000	424.000.000

Un nouvel examen de la situation du matériel et des prix applicables à sa reconstitution a amené une modification de ce programme et, en dernière analyse, la direction des chemins de fer algériens de l'Etat a apporté des propositions desquelles il résulte que le matériel prévu pour les trois années 1920-1921-1922, relativement aux trois réseaux, non compris la ligne minière, et dont le montant était évalué à 42,800,000 francs, devait être évalué maintenant à 91,000,000 francs, soit un dépassement sur les évaluations du programme d'octobre 1919, en tenant compte des majorations pour frais généraux, de 53 millions.

Or, 1/3 des 91,000,000 de francs, soit 30,333,333 francs ou plutôt, en comptant également les frais généraux, 32,500,000 francs, doit être payé en faisant la commande du matériel, c'est-à-dire dès 1920. Et comme les prévisions en dépenses de matériel n'étaient que de 9,000,000 de francs, dans le programme d'octobre 1919, il se trouve y avoir, au titre de cet exercice, un dépassement de 32,500,000 francs — 9,000,000 = 23,500,000 francs.

Pour chacun des exercices 1921 et 1922, le dépassement serait de (53,000,000 — 23,500,000) : 2 = 14,750,000 francs.

Par suite, les dépenses prévues pour les années 1920, 1921 et 1922 devaient être portées aux chiffres ci-après :

En 1920..   47.000.000 + 23.500.000 = 70.500.000
En 1921..   47.000.000 + 14.750.000 = 61.750.000
En 1922..   28.000.000 + 14.750. 000 = 42.750.000

122.000.000 + 53.000.000 = 175.000.000

Il n'y a pas lieu, toutefois, de modifier le total de 424,000,000 de francs primitivement envisagé pour l'ensemble du programme, parce que l'augmentation de 53,000,000 de francs qui vient de se produire sur le matériel, peut être compensée par une réduction de même somme sur les autres dépenses, à la suite de diminutions partielles à prévoir soit dans le prix de la main-d'œuvre, soit dans le coût des matériaux d'ici l'année 1931. Il suffit donc d'augmenter de 53,000,000 de francs les dépenses de première urgence et de diminuer d'autant celles de deuxième urgence. Mais comme la première tranche du nouvel emprunt envisagé ne pourra être réalisée avant 1921, il faut rechercher en 1920 le complément de ressources permettant de faire face entièrement à la nouvelle dépense de 70,500,000 francs, soit donc 70,500,000 — 52,000,000 = 18,500,000 francs. Cette somme de 18,500,000 francs pourrait être imputée sur le compte « dépenses à régulariser » et remboursée en 1921, par prélèvement sur le nouvel emprunt.

En conséquence, du fait de l'augmentation de 53,000,000 de francs sur le matériel roulant nécessaire en première urgence, les tranches du nouvel emprunt devaient être, en tablant sur une période d'exécution de 15 ans allant jusqu'en 1931, échelonnées comme suit :

1re urgence

		1920............	70.500.000
En 1921......	80.250.000	} 123.000.000	61.750.000
En 1922......	42.750.000		42.750.000
			————————
			175.000.000

Soit 53.000.000 de plus que dans le programme d'octobre 1919.

2e urgence, 1er degré

En 1923......	24.000.000		
En 1924......	24.000.000		
En 1925......	24.000.000		
En 1926......	24.000.000	} 188.000.000	188.000.000
En 1927......	23.000.000		
En 1928......	23.000.000		
En 1929......	23.000.000		
En 1930......	23.000.000		

Soit 32.000.000 de moins que dans le programme d'octobre 1919.

2e urgence, 2e degré

En 1931......	18.000.000		
En 1932......	16.000.000	} 61.000.000	61.000.000
En 1933......	16.000.000		
En 1934......	11.000.000		

Soit 21.000.000 de moins que dans le programme d'octobre 1919.

372.000.000   424.000.000

Même chiffre que dans le programme d'octobre 1919.

En tablant sur la réalisation du programme en 10 ans, selon le vœu exprimé par la commission, réalisation déclarée possible par la direction des chemins de fer de l'Etat, on doit arrêter comme suit l'échelonnement de 1921 à 1930 des tranches d'affectation de la somme totale de 372 millions :

En 1921....................	80.250.000
En 1922....................	62.750.000
En 1923....................	38.000.000

En 1924......................	28.000.000
En 1925......................	28.000.000
En 1926......................	27.000.000
En 1927......................	27.000.000
En 1928......................	27.000.000
En 1929......................	27.000.000
En 1930......................	27.000.000
Total..........	372.000.000

L'exécution de ce programme répond à une né-cessité d'une urgence absolue.

Il s'impose avec un caractère d'autant plus impé-rieux que nous sommes à la veille d'importantes mises en valeur qui vont augmenter le trafic de certaines de nos voies ferrées.

L'Algérie possède, en effet, des mines d'une richesse incomparable qui doivent être pour elle une source inépuisable de revenus dont une par-tie presque insignifiante est à ce jour exploitée.

L'Ouenza est à la veille de pouvoir produire 2 millions de tonnes par an ; le Bou-Kadra va entrer dans la période des réalisations et fournir annuel-lement 300.000 tonnes.

La production annuelle du Kouif est destinée à atteindre un million de tonnes. Le tonnage que fournira le Djebel-Onk peut dépasser un million de tonnes; celui des Maâdids 500,000 tonnes. C'est donc un tonnage annuel de plus de 4 millions de tonnes dont le transport doit être envisagé.

Les possibilités de réalisation de ce programme dont l'exécution assure à la colonie d'importantes ressources, dépendent de la capacité du trafic des voies ferrées destinées à écouler ces produits.

On envisage, pour augmenter cette capacité de transport, en ce qui concerne les gisements de l'est constantinois, le doublement de la voie Souk-Ah-ras-Duvivier par l'exécution du tronçon Medjz-Sfa-Oued-Damaous, mais avant tout, il est néces-

saire de mettre le réseau existant en état de faire
face à un trafic dont le budget algérien sera le premier à recueillir les fruits.

D'importantes acquisitions de matériel devront
être faites et il importe d'assurer les approvisionnements nécessaires sans tarder davantage et en
s'adressant à toutes les usines qui pourront les fournir rapidement, même aux usines étrangères si les
usines françaises sont impuissantes à nous donner
prompte satisfaction.

Plusieurs membres de la commission, plus particulièrement compétents en matière de travaux
publics, ont émis l'avis que les difficultés actuelles
d'approvisionnement, qui constituent incontestable-
men un obstacle à la rapide exécution de tous les
travaux, diminueraient dans un avenir qui n'est
pas trop éloigné et que, sans qu'il soit possible de
faire des prévisions certaines et définitives, la situation du marché mondial pouvait être envisagée
comme devant s'améliorer d'ici peu.

Il était donc prudent, en prévision de cette éventualité, de créer dès maintenant des ressources qui
permettraient, le moment venu d'effectuer les
achats nécessaires et de constituer les approvisionnements de matériel indispensable à la mise en
état de l'outillage décidé.

Certes, nous allons payer très cher les retards
inconcevables apportés à la reconstitution de notre
outillage de transports.

Il est notoire qu'au début de la guerre nous au-
rions pu nous procurer un tonnage intéressant de
navires, si l'État n'avait joué un rôle d'obstruction
fâcheux, soit en refusant des crédits, soit en prohi-
bant des achats dans l'intérêt supposé du change.

En ce qui concerne notre matériel de chemins
de fer, n'ayant pas le moyen de combler les vides
par nos constructions françaises, notre seule ressource eût été de nous adresser à l'étranger Le
gouvernement s'y est opposé, et on ne saurait trop
le déplorer.

L'esprit de parcimonie imprévoyante qui a présidé à notre régime financier nous a causé le préjudice le plus fâcheux en arrêtant des commandes sous prétexte de maintenir le change. Nous avons perdu pendant des années le bénéfice de l'utilisation d'un matériel dont les services nous auraient permis de récupérer cent fois la perte subie par la différence du change.

Et maintenant il va falloir se résoudre à acheter quand même à l'étranger, car les usines françaises seront impuissantes à nous fournir entièrement et assez vite ; il nous faut du matériel coûte que coûte, et nous l'achèterons à un prix triple ou quadruple de celui qui nous aurait été demandé il y a deux ans.

Le poids de cette politique que la métropole nous a imposée va peser lourdement sur nos finances.

Néanmoins, il n'y a pas d'hésitation possible et il faudra acheter vite et où on le trouvera le matériel nécessaire.

De nouveaux retards dans la mise en état de notre réseau ferré seraient de nature à nous causer un tel dommage qu'on ne saurait payer trop cher pour les éviter.

S'il convient d'arrêter les achats à l'étranger d'objets de luxe, il n'en est pas de même du matériel d'absolue nécessité.

Les réseaux du P.-L.-M. et de l'O.-A. — La commission a estimé qu'elle ne devait pas limiter son examen aux lignes du réseau d'intérêt général exploité par la colonie, mais qu'elle devait également se préoccuper des améliorations nécessitées par la situation actuelle des réseaux concédés aux Compagnies du P. L. M. et de l'O. A.

Sur ces réseaux comme sur ceux de l'État, les transports sont fâcheusement influencés par la pénurie du matériel et l'insuffisance des voies et des gares.

Un programme de travaux complémentaires destinés à mettre ces réseaux à la hauteur du trafic

chaque jour croissant doit être exécuté, et le rapport établi par M. Galle, au nom de la commission
des transports, indique les grandes lignes de ce
programme.

L'exécution de ces travaux complémentaires se
heurte à des difficultés de principe des plus sérieuses provenant à la fois du régime sous lequel se
trouvent placés ces réseaux et de leur situation financière qui ne leur permet plus de faire face aux
dépenses que nécessiterait la mise en état de leurs
voies et de leur matériel.

D'une façon générale, il serait assurément désirable, alors que le budget de la colonie va se trouver grevé, dans des proportions démesurées, par
le service de la dette publique, de pouvoir faire
intervenir le crédit supplémentaire des compagnies
privées.

Mais on est actuellement en présence de
difficultés inextricables tenant à la faible durée
des concessions et à la pénible situation financière
dans laquelle se trouvent toutes les compagnies.

Notre régime de chemins de fer ressemble à une
association sur le point de finir, où les deux asso-
ciés, n'envisageant plus que la sauvegarde de leurs
intérêts contradictoires, s'entretiendraient de leurs
affaires communes avec la certitude du conflit prochain.

La situation actuelle de tous les réseaux, même
métropolitains, qui sont en état de faillite puisqu'ils sont obligés d'emprunter pour le service de
leurs obligations, fait qu'avant peu, on sera, sous
une forme quelconque, amené à négocier de nouvelles conventions ou acculé au rachat.

M. Colson, dont on connaît la compétence en ces
matières, n'a trouvé comme remède qu'un rachat
fictif ou du moins momentané, avec reconstitution
nouvelle des compagnies et création d'une caisse
commune de compensation pour permettre d'égali-
ser sur tous les territoires les relèvements de tarifs.

Quelles que puissent être donc les préférences

de beaucoup pour l'exploitation par des compagnies privées·et les raisons de cette préférence, il semble que nous soyons destinés à étendre pour nos chemins de fer, un régime dont la nécessité paraît de plus en plus réclamée par les compagnies elles-mêmes.

Quoi qu'il en soit, on ne peut songer à procéder aux améliorations nécessaires sur les réseaux do l'Etat et abandonner à leur détresse les réseaux du P. L. M. et de l'O. A., alors surtout que la charge de la dépense pèsera ausi bien sur les contribuables desservis par le P. L. M. et l'O. A. que sur les autres. Il a paru à la commission que la colonie avait l'obligation de prendre momentanément à sa charge la dépense des travaux complémentaires que leur situation financière ne permettait pas au P. L. M. et à l'O. A. d'exécuter.

Deux méthodes pouvaient être employées : l'inscription à l'emprunt de l'avance nécessaire, soit la prévision de la garantie d'intérêt à servir à ces compagnies qui émettaient des obligations pour se procurer les sommes représentant la dépense à effectuer.

Ces deux méthodes ayant toujours pour résultat d'exiger pour la colonie l'inscription d'une annuité équivalente ou d'emprunt ou de garantie d'intérêt, la commission a été d'avis d'ajouter aux prévisions de dépenses à engager sur les fonds d'emprunt, les sommes reconnues nécessaires pour la remise en état des deux réseaux.

Ces sommes, sur les indications des services techniques, ont été fixées à 100 millions pour le P L. M., 80 millions pour l'O. A.

LES LIGNES DU PROGRAMME DE 1914

Les lignes nouvelles prévues au programme de 1914 étaient les suivantes, avec leur longueur et largeur de voie et avec leur coût probable :

DÉSIGNATION DES LIGNES	Longueur à construire	Largeur entre les rails	Dépenses de premier établissement
1o LIGNES A CONSTRUIRE SUR LES FONDS DU 3o EMPRUNT			
Département d'Oran	kil.	mètres	
Saïda à Sidi-bel-Abbès....................	124	1.055	14.600.000
Sidi-bel-Abbès à Oran, par St-Maur	82	1.055	8.500.000
Nemours à Marnia	54	1.44	9.000.000
Dombasle à Frenda....................	93	1.055	10.500.000
Mostaganem à L'Hillil....................	57	1.055	4.500.000
Mostaganem au Dahra....................	57	1.055	6.800.000
	467		53.000.000
Département de Constantine			
Philippeville à Guelma........	108	1.00	10.000.000
Bougie à Sétif........	120	1.44	45.000.000
Oued-Athménia à St-Donat........	40	1.44	5.500.000
Khenchela à Batna	100	1.44	10.000.000
Mila à Fedj-M'zala (partie)........	30	1.00	5.000.000
	398		84.500.000
Département d'Alger			
Affreville à Amourah	38	1.44	5.000.000
Berrouaghia à Aïn-Bessem........	86	1.055	17.000.000
Trumelet à Boghari........	143	1.055	14.000.000
Djelfa à Laghouat........	110	1.055	8.000.000
	377		44.000.000
2o LIGNES A CONSTRUIRE SUR LE BUDGET ORDINAIRE ET SUR LES EXCÉDENTS DU FONDS DE RÉSERVE			
Département d'Oran			
Trumelet à Tiaret (1)....................	20	1.055	1.770.000
Saïda à Frenda	138	1.055	13.000.000
Frenda à Tiaret........	58	1.055	5.000.000
Département de Constantine	216		19.770.000
Mila à Fedj-M'zala (partie)	30	1.00	4.775.000
Département d'Alger			
Orléansville à Vialar	105	1.055	10.000.000
RÉCAPITULATION			
Département d'Oran....................	683		73.670.000
— de Constantine	398		89.275.000
— d'Alger....................	482		63.000.000
	1.503		225.045.000

(1) Construite par le département comme ligne d'I. L.

La commission d'études d'un nouveau programme de travaux publics (rapport Petit), a maintenu toutes les lignes indiquées dans ce tableau, en y ajoutant les lignes propres à desservir les gisements miniers, notamment ceux du sud-est constantinois. Elle a ensuite majoré les évaluations primitives de 100 %, afin de tenir compte des augmentations constatées depuis la guerre, tant sur le prix de la main-d'œuvre que sur celui des matériaux.

Enfin, elle a classé les diverses lignes envisagées par département en deux groupes, suivant leur degré d'urgence, étant entendu que la construction de chaque groupe de lignes serait entreprise sitôt après la déclaration d'utilité publique et conduite parallèlement, et que, pour les deux départements d'Oran et d'Alger, l'administration aurait à suivre, le cas échéant, l'ordre de priorité, par ligne, indiqué dans le tableau ci-après. Ce tableau résume les dispositions arrêtées par la commission, dispositions d'après lesquelles, au surplus, aucune classification spéciale ne serait faite maintenant par nature de ressources à affecter aux travaux de construction de ces lignes (fonds d'emprunt, budget ordinaire, excédent du fonds de réserve).

DÉSIGNATION DES LIGNES	Longueur à construire	Largeur entre les rails	Dépenses de 1er établissement	
			1re étape	2e étape
Département d'Oran				
Saïda à Bel-Abbès............	124 k.	1m055	29.200.000	»
Nemours à Marnia............	54	1.44	18.000.000	»
Dombasle à Frenda..........	93	1.055	21.000.000	»
Mostaganem au Dahra........	57	1.055	13.600.000	»
Bel-Abbès-Oran par St-Maur .	82	1.055	»	17.000.000
Mostaganem-l'Hillil	57	1.055	»	9.000.000
Frenda à Tiaret.............	58	1.055	»	10.000.000
Saïda à Martimprey..........	110	1.055	»	20.000.000
Trumelet à Tiaret............	20	1.055	»	1.800.000
	655 k.		81.800.000	57.800.000
Département d'Alger				
Trumelet à Boghari..........	143 k.	1m055	28.000.000	»
Berrouaghia-Aïn-Bessem.....	86	1.055	34.000.000	»
Affreville à Amourah........	38	1.44	10.000.000	»
Djelfa à Laghouat............	110	1.055	»	16.000.000
Orléansville à Vialar.......3.	105	1.055	»	38.000.000
	482 k.		72.000.000	54.000.000
Département de Constantine				
Chemins de fer miniers du département (programme de 1913) y compris le Bougie-Sétif, cette dernière ligne étant prévue à voie de 1m44 avec une longueur de 120 kilomètres et une dépense de 90,000,000 francs........	270 k.	1m44	240.000.000	»
Philippeville à Guelma, par Gastu...............	108	1m00	38.000.000	»
Oued-Athménia à St-Donat...	40	1.44	»	11.000.000
Khenchela à Batna..........	100	1.44	»	20.000.000
Mila à Fedj-M'zala	30	1.00	»	19.550.000
	548 k.		278.000.000	50.550.000
Récapitulation				
Département d'Oran..........	655 k.	»	81.800.000	57.800.000
Département d'Alger..........	482	»	72.000.000	54.000.000
Département de Constantine..	548	»	278.800.000	50.550.000
	1.685 k.		431.800.000	162.350.000
				594.150.000

Mais les évaluations de ce dernier tableau, faites en juin 1919, doivent être encore majorées aujourd'hui pour tenir compte, en particulier, des nouvelles augmentations constatées depuis quelques mois dans le coût des liants et des métaux, et aussi en prévision des nouveaux frais qui vont résulter de l'application, à l'Algérie, de la loi sur la journée de 8 heures.

De telle sorte qu'en attendant la mise au point des avant-projets de ces diverses lignes, qui sont actuellement en voie d'achèvement, il paraît rationnel de fixer comme suit le coût probable des lignes du programme de 1914 :

DÉSIGNATION DES LIGNES	DÉPENSES de premier établissement		OBSERVATIONS
	1re étape	2e étape	
Département d'Oran			
Saïda à Bel-Abbès............	43.000.000	»	
Nemours à Marnia............	27.000.000	»	
Dombasle à Frenda	31.500.000	»	
Mostaganem au Dahra.......	20.400.000	»	
Bel-Abbés à Oran par Saint-Maur..............	»	25.500.000	
Mostaganem à l'Hillil........	»	13.500.000	
Frenda à Tiaret............	»	15.000.000	
Saïda à Martimprey..........	»	30.000.000	
Trumelet à Tiaret...........	»	2.700.000	
	122.700.000	86.700.000	
Département d'Alger			Estimation arrêtée par le service spécial.
Trumelet à Boghari..........	40.000.000	»	
Berrouaghia à Aïn-Bessem...	51.000.000	»	
Affreville à Amourah........	15.000.000	»	
Djelfa à Laghouat...........	»	24.000.000	
Orléansville à Vialar.........	»	57.000.000	
	106.000.000	81.000.000	
Département de Constantine			
Chemins miniers du département (programme de 1913) y compris le Bougie-Sétif, cette dernière ligne étant prévue à voie de 1^m44......	300.000.000	60.000.000	Non compris la ligne de Tébessa-Djebel Onk.
Philippeville à Guelma, par Gastu............	57.000.000	»	
Oued-Athmédia à Saint-Donat	»	16.500.000	
Khenchela à Batna..........	»	30.000.000	
Mila à Fedj-M'zala..........	»	29.000.000	
	357.000.000	135.500.000	
RÉCAPITULATION			
Département d'Oran............	122.700.000	86.700.000	
Id. d'Alger.........	106.000.000	81.000.000	
Id. de Constantine..	357.000.000	135.500.000	
	585.000.000	302.200.000	
	887.000.000		

Ainsi donc, en dernière analyse, l'évaluation définitive de la dépense à laquelle devait donner lieu l'exécution de toutes les lignes nouvelles inscrites au programme de 1914 et reportées au rapport Petit, en y ajoutant les lignes minières du département de Constantine, moins la ligne du Djebel-Onk, était ainsi fixée :

Lignes de première urgence...... 585.700.000
Lignes de deuxième urgence...... 302.200.000

Total......... 887.900.000

La commission, sur les propositions de l'administration, a estimé devoir comprendre dans le programme à réaliser dans la période des dix années sur laquelle s'échelonne l'emprunt proposé, toutes les lignes de première urgence indiquées dans le tableau ci-après avec leurs caractéristiques et le coût de chacune d'elles :

DÉSIGNATION DES LIGNES	Longueur à construire	Largeur entre les rails	Dépenses			OBSERVATIONS
			Évaluations de 1914	Évaluations de 1919 (Rapport Petit)	Évaluations de 1920	
	kil.	mètres				
Département d'Oran						
...Bel-Abbès..................	124	1.055	14.500.000	29.200.000	43.800.000	
...rs-Marnia...............	54	1.44	9.000.000	18.000.000	27.000.000	
...aslo-Frenda..............	93	1.055	10.500.000	21.000.000	31.000.000	
...ganem-Dahra.............	57	1.055	6.800.000	13.600.000	20.400.000	
	328		40.800.000	81.800.000	122.700.000	
Département d'Alger						
...elet-Boghari............	143	1.055	14.000.000	28.000.000	40.000.000	
...uaghia-Aïn-Bessem.......	86	1.055	17.000.000	34.000.000	51.000.000	
...ville-Aumrah............	38	1.44	5.000.000	10.000.000	15.000.000	
	267		36.000.000	72.000.000	106.000.000	
Département de Constantine						
...mins de fer miniers du départ... (programme de 1913) y compris la ligne de Bougie-Sétif, celle-ci prévue à voie de 1 m 44 avec longueur de 120 kil. et une dé... de 90.000.000..............	»	1.44	»	200.000.000	300.000.000	
...ppeville-Gastu............	108	1.00	19.000.000	38.000.000	57.000.000	
	»		»	238.000.000	357.000.000	
Totaux généraux	»		»	301.800.000	585.700.000	

Évaluation du rapport Petit :

Sétif-Bougie......................	90.000.000
Ligne Bône-Souk-Ahras-Tébessa..	110.000.000
	200.000.000
Ligne de Tebessa-Djebel-Onk.....	10.000.000
	210.000.000

Mais dans l'état actuel de la question relative à la future exploitation des gisements de phosphate du Djebel-Onk, cette dernière ligne paraît pouvoir être extraite de la première étape des travaux à exécuter. Les prévisions de dépenses du rapport Petit se trouvent ainsi ramenées à 200.000.000, soit en chiffres ronds 590, ou plutôt 600 millions pour les lignes du programme de 1914 classées dans la première étape.

Ligne de Blida-Alger

Sur la demande des représentants du département d'Alger, la commission a envisagé l'adjonction de la ligne Blida-Alger, primitivement incorporée au programme du second emprunt et retirée de ce programme pour être concédée à la société des C. F. R. A.

Il est aujourd'hui avéré que cette société, qui devait construire la ligne dans des conditions avantageuses pour le département, ne se trouve pas en état de remplir ses engagements. Il faut donc envisager une solution différente de celle primitivement adoptée.

L'intensité du trafic qui s'accumule sur le réseau du P. L. M. à Blida, point de croisement des lignes d'Alger à Oran et Blida-Berrouaghia-Boghari et Djelfa, rend indispensable la création d'une voie de dégagement qui desservira en même temps une des régions les plus riches de l'Algérie.

La construction de la ligne Trumelet-Boghari, portée au programme de première urgence, accentue encore l'impérieuse nécessité de la prolongation, de Blida sur Alger, de l'artère qui drainera sur Blida et de là sur Alger, sans rupture de charge et transbordement, les richesses accumulées des territoires de colonisation du Sersou.

Cette ligne étant actuellement classée dans le réseau d'intérêt local, le conseil général devra être préalablement consulté et appelé à prendre une décision tendant à son passage du réseau d'intérêt local dans le réseau d'intérêt général.

La commission aurait été amenée à examiner l'éventualité de la concession de cette ligne à l'Ouest-Algérien dans le rayon d'attraction duquel elle se trouve naturellement, étant le prolongement d'un réseau déjà concédé à cette compagnie et exploité par elle, si la question du rachat de l'Ouest-Algérien ne se posait avec une acuité de plus en plus grande, à raison de l'impossibilité d'obtenir de cette société les améliorations les plus indispensables à la mise en état de son réseau.

La convention du 16 avril 1886, qui a accordé à l'O. A. les lignes de Blida à Berrouaghia, lui a également concédé la ligne de Berrouaghia à Djelfa. Les assemblées algériennes ayant décidé la construction par la colonie de la ligne Berrouaghia-Boghari, l'administration est entrée en pourpai'ers avec la Compagnie de l'O. A. et celle-ci, acceptant le principe de la construction par la colonie, a présenté un projet de convention modifiant sur ce point celle du 16 avril 1886.

La nouvelle convention s'appliquera à la section de Berrouaghia à Boghari et pourra être étendue successivement aux autres sections comprises entre Boghari et Djelfa, sous réserves des modifications qu'il y aurait lieu d'apporter au forfait d'exploitation par suite du prolongement de la ligne.

Il serait assurément rationnel de concéder de même le Blida-Alger à l'O. A., mais la question du rachat de l'O. A. est posée et il est certain que si ce rachat doit être effectué, le Blida-Alger devra ère exploité par l'État avec le réseau racheté.

Quelque soit le mode d'exploitation employé, recours à la régie directe ou à la concession, la commission reconnaît que la construction du Blida-Alger répond à une nécessité des plus urgentes et que l'intérêt bien compris des finances de l'Algérie commande d'assurer aussi rapidement que possible l'exécution d'une ligne destinée à un trafic des plus rémunérateurs.

L'Algérie est et restera de longtemps un pays essentiellement agricole dont l'activité économique sera fonction de la production de son sol. Il est donc indispensable, si l'on veut accroître sa richesse, de développer les moyens d'exportation de ses produits agricoles et de faciliter la pénétration du matériel nécessaire.

LE CARACTÈRE D'URGENCE DES LIGNES RETENUES

A l'exception des lignes minières du département de Constanine, qui répondent plus particulièrement à la préoccupation d'utiliser les importantes richesses minières de l'Est constantinois, toutes les lignes retenues au programme de première urgence sont justifiées par la nécessité de mettre à la portée d'une production qui s'intensifie tous les jours l'outil de transport indispensable et de la rapprocher du port qui est le débouché naturel de chacune des régions où elle se développe.

Les lignes de Saïda-Bel-Abbès, Dombasle-Frenda, Trumelet-Boghari, Berrouaghia-Aïn-Bessem, constituent les anneaux d'une chaîne nouvelle, parallèle au grand réseau central, traversant des régions particulièrement fertiles et appelées à un merveilleux avenir agricole, reliant entre elles les lignes de pénétration qui ont pour point d'aboutissement les différents ports du littoral algérien.

LE NEMOURS-MAGHNIA

La ligne Nemours-Maghnia, primitivement concédée à une société qui a été déclarée déchue du bénéfice de sa concession, présente un intérêt de premier ordre depuis qu'elle a été envisagée par le gouvernement chériffien comme destinée à assurer le trafic du Maroc oriental. Combinée avec l'achèvement des travaux du port de Nemours, elle assurera le développement des transactions de la métropole avec le Maroc et permettra aux produits français de concurrencer avec avantage ceux qui y entreront par le port de Melilla. Nemours est à 65 kilomètres d'Oudjda et à 80 kilomètres de Tlemcen, tandis qu'Oran est à 170 kilomètres de Tlemcen et à 250 kilomètres d'Oudjda ; le trafic de ces deux régions vient donc aboutir naturellement à Nemours.

Cette question a déjà fait l'objet des études des services chériffiens qui ont nettement indiqué, dans des rapports officiels, les avantages de l'utilisation du port de Nemours pour le trafic marocain.

La ligne de Nemours-Maghnia, tant à raison de son aboutissement à la voie large de Tlemcen-Oudjda qu'à raison de ce que les réseaux ferrés du Maroc sont prévues à voie large semble devoir être établie au gabarit de 1 m. 44, à moins que des difficultés d'exécution particulières ou des raisons provenant d'accords à intervenir avec le gouvernement chérifien ne fassent donner la préférence à la voie étroite. Il apparaît dès aujourd'hui possible que le gouvernement marocain, pour diminuer le parcours Oudjda-Nemours, construise lui-même sur son territoire un tronçon Oudjda-Sidi-Bou-Djenane qui se souderait à la frontière algérienne à la ligne Nemours-Maghnia et mettrait ainsi Nemours à 60 kilomètres d'Oudjda.

Ces considérations donnent à la ligne Maghnia-Nemours un caractère incontestable de première urgence.

Le Bougie-Sétif

La ligne de Bougie-Sétif constitue une ligne de pénétration d'une importance telle que l'on est surpris des retards qui ont été apportés à son éxécution, alors surtout que cette ligne figurait dans le premier programme de chemins de fer d'intérêt général établi par le décret du 8 avril 1857.

Débouché naturel des hauts-plateaux de la région de Sétif, c'est-à-dire d'une des régions les plus riches de l'Algérie au point de vue agricole, le port de Bougie est en même temps le point d'aboutissement des produits d'une des régions les plus minéralisées de l'Algérie.

Le développement de la colonisation dans les arrondissements de Bougie et de Sétif a pris depuis quelques années une intensité remarquable.

D'autre part, les montagnes qui bordent les bassins de l'Oued Agrioun et de l'Oued Djemaà, contiennent d'importants gisements de fer et de cuivre dont la mise en exploitation n'attend que la pose du rail qui en permettra le transport à Bougie.

La recette kilométrique prévue par les ingénieurs qui ont établi l'avant projet de cette ligne dépasse de beaucoup celle indiquée pour toutes les autres lignes du programme, et même réduite aux prévisions qui l'avaint fixée à 10,600 francs par kilomètre en 1914, prévisions très certainement minorées, elle constituera un réseau laissant d'importants produits nets dès le début de son exploitation.

Il n'est, d'autre part, pas excessif de prévoir que, dans un avenir peu éloigné, le prolongement de cette ligne, que les ingénieurs ont reconnu devoir être établie à voie normale, à travers les plaines du Hodna qui offrent à la colonisation d'immenses territoires, conduira à l'établissement de l'artère la plus directe des territoires du Sud à la mer.

L'importance des lignes minières du sud-est constantinois n'est pas à discuter et l'urgence de mettre notre réseau ferré en état de transporter les milliers de tonnes à provenir des riches gisements d'l'Ouenza, du Bou-Kadra, du Kouif et du Djebel-Onck, a été suffisamment démontrée dans le rapport particulier établi par M. Galle pour la justification du programme d'amélioration de l'ancien réseau du Bône-Guelma, pour qu'il soit inutile d'insister sur le caractère d'extrême urgence de l'exécution de ces lignes.

Le programme proposé par la commission ne comprend ni la ligne du Djebel-Onck à Tébessa, ni celle de Bordj-bou-Arréridj aux Maâdids.

L'administration algérienne prévoit, en effet, la mise à la charge des amodiataires futurs des gisements de phosphates du Djebel-Onck et des Maâdids, des lignes aboutissant à ces gisements ou le versement de la dépense afférente. L'administration fait actuellement étudier le tracé de ces lignes pour les comprendre dans les déclarations d'utilité publique qu'elle compte poursuivre, mais elle n'en fait pas figurer les prévisions de dépenses dans le programme d'emprunt.

Le Guelma-Gastu

La ligne Guelma-Gastu avait été comprise dans le programme de 1907 comme devant être construite sur les excédents de fonds de réserve.

Les disponibilités du budget n'ont pas permis cette réalisation et elle a été reportée au programme de 1914 et comprise au rapport Petit dans les lignes de première urgence.

La commission des voies et moyens, sur les propositions de l'administration, a maintenu cette inscription.

La construction de cette ligne peut aujourd'hui être envisagée comme se rattachant à la réalisation d'un programme d'intérêt général capable de donner satisfaction à la fois aux intérêts locaux qu'elle devait desservir et à des besoins déjà révélés dont il convient de prévoir le développement.

La ligne Guelma-Gastu, prévue à voie étroite de 1 m. 05, comprend deux sections : l'une de Guelma à Gastu où elle rejoint la ligne de Bône-Saint-Charles, l'autre de Gastu à Philippeville.

La première section traverse une région fertile, dont le développement agricole sera très accentué par l'exploitation des minerais de Filfila dont le transport, à raison de 100.000 tonnes par an, constituait le plus fort aliment de sa recette kilométrique.

Or, aujourd'hui, les minerais de Filfila sont exploités et dirigés sur Philippeville par un cable aérien, ce qui enlève à ce tronçon une grande partie de son intérêt.

Il convient donc d'examiner s'il ne serait pas plus intéressant, pour l'Algérie et pour la région de Philippeville même, d'envisager un programme consistant dans l'établissement de la section Guelma-Gastu à voie large avec rachat du Bône-Saint-Charles, dont la transformation à voie normale pourrait être faite sans très grandes dépenses.

On disposerait ainsi d'un réseau à voie normale

Guelma-Gastu, à Saint-Charles Philippeville, d'une part, Guelma-Gastu à Bône, d'autre part, se soudant à des réseaux à voie normale déjà existants et on éviterait les inconvénients résultant de la soudure des voies étroites à des voies normales.

D'autre part, il est opportun de prévoir que les travaux d'amélioration de la ligne Souk-Ahras-Tébessa, même en y ajoutant le doublement de la voie, par la construction du tronçon Medjez-Sfa-Oued Damous, n'assurent pas l'établissement d'un réseau d'une capacité suffisante pour transporter les minerais de fer de l'Ouenza et du Bou-Kadra, les phosphates du Kouif et du Djebel-Onck dont la mise en exploitation intensive peut assurer à brève échéance un tonnage de plus de 4 millions de tonnes.

Dans cette éventualité, le prolongement de la ligne Gastu-Guelma vers Sedrata et Aïn-Beïda ou Clairefontaine serait de nature à établir une troisième voie de déversement par laquelle pourrait s'écouler vers le port de Philippeville le surplus de la production qui ne pourrait être dirigé sur le port de Bône.

La commission, dans une préoccupation d'intérêt général et aussi dans celle de conserver à l'Algérie le bénéfice du trasport exclusif de ses minerais vers ses ports, croit devoir appeler l'attention de l'administration sur l'opportunité de l'étude de cette modification.

De l'exposé ci-dessus il résulte que les travaux à exécuter dans la première étape peuvent être évalués actuellement (autant que les évaluations sont permises dans l'incertitude où l'on se trouve depuis les hostilités pour la fixation des prix) à 585,700,000 francs, ou plutôt en chiffres ronds à.................... 600.000.000
En y ajoutant le Blida-Alger (30 millions) 630.000.000

Si l'on compte le temps qui va être nécessaire, d'abord pour les formalités préalables à la déclaration d'utilité publique des lignes, puis pour la préparation des projets d'exécution et la mise en train des travaux, il semble que ceux-ci ne pourront être commencés qu'en 1923. C'est sur ces bases qu'il paraît possible de prévoir, dès maintenant, l'importance des dépenses susceptibles d'être engagées chaque année et pour une période de 10 ans, qui sera vraisemblablement la durée de réalisation dudit programme. Ces dépenses se répartiront donc comme suit par exercice :

1923	....	15.000.000
1924	....	25.000.000
1925	....	45.000.000
1926	....	85.000.000
1927	....	90.000.000
1928	....	100.000.000
1929	....	100.000.000
1930	....	80.000.000
1931	....	60.000.000
1932	....	30.000.000
	Total........	630.000.000

Les travaux de ce programme ne seraient donc pas commencés avant 1923. Il y a d'ailleurs intérêt à ne pas les entreprendre avant que ceux du programme de 1907 soient sur le point d'être achevés parce que leur superposition au programme nouveau dépasserait la capacité de production du personnel d'entreprise et du personnel administratif.

Résultats Économiques

La prompte exécution de cette première partie, la plus essentielle, de notre programme de lignes nouvelles, assurera la mise en exploitation d'une part, d'une région agricole où la colonisation pénètre avec une intensité remarquable, et d'autre part, de richesses minières dont il paraît inconcevable que nous n'ayons pas songé plus tôt à tirer parti.

Quand on cherche parmi les produits naturels de notre sol ce qui peut fournir du « tonnage » et alimenter un grand commerce d'outre-mer, on trouve au premier rang deux substances minérales : l'une de premier ordre, presque au même degré que la houille, le minerai de fer, l'autre d'un emploi croissant, dont le besoin se fait chaque jour plus sentir sur tout le globe, le phosphate de chaux.

Notre richesse en fer et en phosphate est énorme. Nous pouvons donc devenir de très grands marchands de fer et de phosphate, à la condition bien entendu de ne pas agir comme ces enfants trop sages qui enferment leurs étrennes dans du papier de soie au fond d'une armoire afin de ne pas les abimer en s'en servant; à la condition aussi de ne pas continuer à employer le déplorable système administratif qui, depuis tant d'années, arrête les initiatives et immobilise nos minerais; à la condition enfin de constituer l'outil de transport qui conduira cette richesse de la mine à l'usine.

Si nous mettons en activité nos exploitations de minerai de fer et de phosphates, ce sont des millions de tonnes que nous pourrons exporter chaque année, vendre à l'étranger, reprenant ainsi une place prépondérante dans le commerce mondial, rétablissant la balance de nos exportations, relevant notre change et reconstituant notre fortune ébranlée.

Les Hauts-Fourneaux

L'exploitation intensive de nos mines de fer nous conduira logiquement un jour peut-être prochain à rechercher dans quelle mesure nous pourrions avoir intérêt à vendre des minerais ou des produits de plus en plus finis.

L'Industrie privée et l'Électrification des Lignes

La déclaration d'utilité publique de toutes les lignes indiquées plus haut devra être prononcée en même temps, les services techniques déclarant que les avant-projets nécessaires pourront être prêts pour l'époque à laquelle le parlement sera appelé à se prononcer sur l'adoption du programme proposé par l'Algérie.

L'exécution en sera poursuivie au fur et à mesure de la mise en état des projets définitifs pour être assurée dans la période de 10 années, de 1922 à 1932.

Le dossier destiné à provoquer la déclaration d'utilité publique d'un chemin de fer doit comprendre, non seulement un avant-projet d'établissement, mais encore les précisions les plus complètes sur les dispositions prévues et les arrangements intervenus en ce qui concerne l'exploitation.

En principe, la construction de toutes ces lignes sera assurée par la colonie, et, pour celles qui aboutissent à un réseau actuellement exploité, soit par le P. L. M., soit par l'O. A., soit par l'Etat, il apparaît normal d'en rattacher l'exploitation, au fur et à mesure de leur ouverture au trafic, à chacun des réseaux déjà exploités soit par la colonie, soit par l'une des compagnies fermières. Il convient de ne pas renouveler pour les lignes nouvelles les inconvénients actuellement constatés et provenant de la soudure à des gares communes de réseaux exploités par des compagnies différentes.

Ces inconvénients sont très nettement accusés à Constantine et à Alger, où les opérations de deux réseaux dans une gare commune créent des conflits quotidiens qui nuisent à la bonne marche des services.

La commission a estimé toutefois qu'il convenait que les lois déclaratives d'utilité publique laissent la porte ouverte aux plus grandes facilités de tractation avec des sociétés privées qui offriraient soit de construire, soit d'exploiter suivant des formules reconnues avantageuses, et seraient capables d'alléger par les apports de l'industrie et des capitaux privés les charges très lourdes qui vont peser sur le contribuable algérien du fait des annuités d'emprunt chaque année grossies.

Il conviendra également que les lois déclaratives d'utilité publique autorisent la construction et l'exploitation des nouvelles lignes en prévoyant soit la traction à vapeur soit la traction électrique.

La houille blanche est actuellement très en faveur et c'est avec raison. Notre intérêt national le plus évident nous commande d'utiliser cette force incessamment renouvelable et constamment perdue, au lieu du charbon trop limité et chaque jour plus coûteux.

Il faut donc applaudir à tous les efforts qui sont faits dans ce sens et inviter l'Etat à les encourager en facilitant la mise en valeur des richesses qui pourront être démontrées, par une législation souple et dégagée de fiscalité exagérée.

Sans prétendre obtenir en Algérie, où le régime torrentiel de nos cours d'eau ne permettra jamais d'envisager que des résultats assez médiocres, une énergie hydraulique comparable à celle des Alpes où l'on admet aujourd'hui la possibilité de récupérer l'équivalent de 30 millions de tonnes de houille, en travaillant seulement 10 heures par jour, il est cependant intéressant d'étudier le débit de nos principales rivières et de l'utiliser chaque fois qu'il sera possible.

Des études récentes établissent que certaines lignes pourraient être électrifiées par l'emploi de l'énergie hydraulique créée à proximité du rail. Ces études sont actuellement poursuivies tant par les services techniques que par l'industrie privée en ce qui concerne les lignes de Bougie-Sétif, du Bizot-Mila-El-Milia, qui paraissent pouvoir être électrifiées et trouver une force suffisante dans les eaux de l'Oued Agrioun et du Grenek.

L'établissement d'un barrage au confluent du Bou-Sellam et de l'Oued Soummam pourrait peut-être aussi permettre la création d'une force hydraulique suffisante pour électrifier la ligne actuellement en exploitation de Bougie-Beni-Mansour et réaliser par suite, sur ce tronçon très fréquenté et qui donne à l'ancien réseau de l'Est-Algérien sa recette kilométrique la plus forte, d'importantes économies de charbon.

L'application rationnelle des combustibles conduit d'ailleurs à rechercher si, au lieu de transporter le charbon lui-même, il ne serait pas préférable de transporter la force produite dans les gazogènes d'une centrale électrique au moyen de ce charbon. Cette seconde solution gagne chaque jour du terrain et tend même, en Angleterre comme en Allemagne, vers de larges projets de centralisation.

L'électricité a un grand avantage : c'est qu'en tournant un commutateur on arrête sa consommation, tandis qu'une machine alimentée sur place par une chaudière, dépend de celle-ci.

La centrale, menée plus industriellement, peut en outre utiliser des combustibles plus médiocres et obtenir des sous-produits. Elle a bien l'inconvénient d'exposer à un arrêt général, en cas d'accident, mais tout compte fait, il est constaté que la dépense de charbon par cheval-heure peut être ainsi réduite à la moitié, quelquefois au tiers par la substitution de centrales aux moteurs particuliers.

L'avantage qui existe pour la houille s'accuse encore davantage pour les forces hydrauliques.

Le prix élevé du charbon nous amène de plus en plus à utiliser, la houille blanche partout où nous pouvons la trouver et l'utilisation des chutes d'eau susceptibles de fournir une force de plusieurs milliers de chevaux à l'étiage, comme celles de l'Oued Agrioun et du Grenek, apparaît tout au moins comme susceptible de constituer un appoint des plus intéressants pour des centrales établies en vue de l'électrification des réseaux.

On ne saurait donc trop insister pour que les déclarations d'utilité publique à intervenir réservent à ce point de vue l'avenir et permettent l'application des formules de construction et d'exploitation les plus avantageuses et les mieux adaptées aux progrès de la science et de l'industrie.

TRAVAUX PUBLICS

Les services techniques tablant sur l'exécution d'un programme limité à 650 millions, mais réalisable dans une période de cinq à dix années, avaient soumis à la commission une nomenclature de travaux constituant la partie la plus urgente des travaux énumérés dans le rapport Petit et résumés dans le tableau ci-après :

Pavage de routes nationales......	9.664.000
Travaux divers sur routes nationales	16.548.000
Chemins vicinaux..............	45.000.000
Travaux hydrauliques...........	26.931.000
Travaux maritimes.............	85.911.000
Total.............	181.087.000

Au cours de la discussion qui s'est établie devant la commission, M. le directeur des travaux publics a confirmé que tous ces chiffres devaient à l'heure actuelle être majorés de 50 %.

Cette majoration avait donc pour conséquence la modification du chiffre total indiqué par l'administration. D'autres modifications ont été apportées à ce chiffre par suite de l'adoption par la commission de différentes résolutions qui ont été la conséquence des vues échangées.

La question de l'entretien des routes et de la création de nouvelles artères routières a retenu tout d'abord l'attention de la commission.

Le programme proposé par l'administration comportait la création de nouveaux chemins vicinaux à raison de 15 millions par département, soit au total, en 10 ans, 45 millions.

Plusieurs membres de la commission ont signalé les conséquences de cette ouverture de nouveaux chemins et sa répercussion sur le budget d'entretien des routes dont les charges deviennent de plus en plus lourdes, au fur et à mesure que se développe l'industrie des camions automobiles dont la multiplicité augmente chaque jour l'importance d'un facteur d'usure considérable.

L'avis a donc été émis et retenu par la commission que l'administration devait rechercher les moyens de remédier aux dégradations rapides occasionnées par la circulation des camions automobiles, faire l'expérience de revêtements de chaussées particulièrement résistantes, inscrire à ses budgets des crédits plus importants pour l'entretien des routes et même, si les ressources du budget ordinaire ne suffisaient pas à porter remède à une situation dont l'aggravation pourrait se transformer en désastre, doter ce chapitre sur les fonds d'emprunt.

Donnant à cet avis une consécration matérielle, la commission a proposé de réduire à 30 millions le chiffre de 45 millions prévu pour la construction de nouveaux chemins vicinaux dont les départements auraient de la peine à assurer l'entretien et de reporter la différence de 15 millions à un chapitre spécial relatif à l'exécution de travaux de réfection des routes nationales et à la construction de chaussées résistantes dans les sections plus particulièrement parcourues par les véhicules automobiles de poids lourds.

La question de la participation de la colonie aux dépenses de construction des ports a fait, d'autre part, l'objet d'une discussion très complète au cours de laquelle l'attention de l'administration a été appelée sur la nécessité de hâter la mise en état de tous les ports appelés à être les débouchés du trafic de chaque région et à compléter l'outillage économique constitué par les réseaux ferrés et les routes.

LES PORTS

Tout le problème des ports est dominé par la nécessité de gagner du temps sur le stationnement des navires et par l'obligation de tenir compte dans la solution de ce problème des dimensions croissantes que provoque, pour les cargos comme pour les paquebots, le désir de réduire les frais.

Il faut qu'un port moderne soit accessible aisément à toute heure, se prête à un accostage facile et à une manutention rapide, qu'il soit muni de moyens de réparation.

La promptitude des manœuvres prend une importance de plus en plus grande, par suite de l'élévation croissante des droits de surestarie.

Il est aujourd'hui proclamé par tous les armateurs, par tous ceux qui suivent de près les problèmes de notre navigation, que le marché des frets est particulièrement influencé par l'outillage des ports. Le problème du fret est, en effet, lié à celui du travail rapide.

Le fret ne peut baisser que si les navires vont vite et ne perdent pas de temps.

L'augmentation du tonnage risque d'augmenter l'encombrement de nos ports si on n'augmente pas en même temps leur faculté de réception, si on n'améliore pas les conditions du travail dans chacun d'eux.

Un armateur connu faisait dernièrement à ce sujet une intéressante comparaison :

« Si vous versez du liquide, disait-il, dans un entonnoir et que vous augmentiez la capacité du pavillon sans agrandir le diamètre du tube d'évacuation, vous n'obtiendrez pas un écoulement plus rapide du liquide. De même, il ne suffit pas, pour augmenter le trafic mondial, d'accroître la flotte, il faut aussi et surtout modifier les moyens de transport terrestres et l'outillage des ports. C'est tout le problème. »

Il faut donc que les ports s'outillent en vue de manipulations rapides.

Les dépenses que nous avons faites jusqu'ici dans ce but, et qui ont eu le tort de s'opérer par crédits annuels le plus souvent insuffisants et tardifs, répartis sur un grand nombre de ports, sont insignifiantes à coté de ce que l'Angleterre et l'Allemagne ont dépensé pour leurs grands ports. On nous reproche d'autre part, et peut être avec raison, de faire des constructions considérées comme définitives alors que des installations rapides et conçues pour une durée moindre laisseraient place à des améliorations progressives beaucoup moins coûteuses.

La guerre a déterminé à ce point de vue un mouvement d'idées nouvelles dont il sera bon de faire son profit.

Nos ports français ont été, en effet, amenés, pendant la guerre, à faire face à un trafic très accru, sans exécution de travaux considérables, simplement par l'emploi d'installations rapides, à l'amécaine, par le développement des engins mécaniques et des moyens de manutention, ainsi que par l'accroissement des voies d'évacuation vers l'intérieur.

Dans le régime normal de la paix, nos ports algériens vont être appelés à jouer un double rôle : d'abord desservir l'Afrique du Nord, tant pour ses importations qui seront toujours considérables que pour ses exportations qui iront en s'accroissant dans des proportions formidables, puis servir d'escales et de dépôts de charbon pour les navires faisant les routes d'Extrême-Orient.

Il faudra donc un outillage moderne et largement établi avec assez d'espaces d'eau et de quais en prévision d'un développement de 15 à 20 ans.

Au lieu de constructions coûteuses, souvent démodées au moment où on vient de les achever, on peut se demander s'il ne conviendrait pas d'avoir recours à des installations plus rapides, plus provisoires, moins coûteuses et par conséquent susceptible de se modifier en s'adaptant à des besoins nouveaux.

En industrie, il faut considérer qu'il n'y a rien de définitif, mais qu'on assiste à un flux continu d'évolutions créatrices. Les flottes mondiales et les navires qui les composent subissent la loi de la croissance jusqu'au moment où elle disparaissent pour faire place à d'autres et les ports destinés à les recevoir doivent prendre un accroissement correspondant. On peut les assimiler, suivant l'expression d'un économiste connu, en quelque sorte, à ces coquillages qui ajoutent sans cesse une nouvelle loge plus spacieuse aux loges antérieures pour recevoir l'animal grandi.

Aussi beaucoup de techniciens préconisent-ils les estacades économiques, les wharfs en fer, bois ou ciment armé, à l'exclusion des quais pleins qui coûtent 3 ou 4 fois plus cher, et notamment le système des wharfs parallèles pouvant s'allonger au fur et à mesure des besoins.

Accessoirement il faut des rades-abris pour les navires obligés d'attendre leur entrée dans le port et des bassins de radoub pour les réparations.

Il faut enfin pourvoir de plus en plus aux installations mécaniques tant pour la manutention que pour des emmagasinages provisoires ou l transport à bord des navires (grues sur portiques ou sur pontons, élévateurs ou silos sous lesquels les wagons circulent pour se remplir au passage d'une trémie, etc...)

Cette réorganisation de nos ports et leur adaptation aux nécessités de l'après-guerre vont comporter des dépenses importantes devant lesquelles il est impossible de reculer et auxquelles l'Etat doit contribuer très largement, mais avec l'aide des initiatives régionales appelées à profiter des avantages des travaux exécutés.

La Colonie et les Chambres de Commerce

A cette occasion, la commission a été saisie de la question posée par M. Galle devant la commission des travaux publics et qui avait donné lieu à l'indication, au rapport Petit, du principe de la prise charge par la colonie, pour les travaux des ports comme pour tous les autres, de l'intégralité du supplément de dépense résultant de l'augmentation de la main-d'œuvre et de la hausse des matériaux. Cette question avait, pour nos ports maritimes, un intérêt tout spécial car la solution proposée par la commission des travaux publics avait pour résultat de ne pas exiger des chambres de commerce qui apportaient toutes, dans l'exécution de ces travaux, d'importants fonds de concours, un effort supérieur à celui qu'elles s'étaient engagées à fournir lors de l'établissement du programme de 1914 et de leur laisser les disponibilités provenant des relèvements de taxe qu'elles seraient conduites à opérer, en vue de faire face aux augmentations d'annuités de leurs emprunts et d'intensifier le développement de leur outillage.

La commission des voies et moyens a estimé que l'adoption de ce principe, tel que l'avait admis la commission des travaux publics, pourrait avoir pour résultat de diminuer l'effort auquel les chambres de commerce devaient être tenues et de majorer, dans des proportions parfois excessives, la contribution de la colonie à des travaux dont il était rationnel de faire supporter la charge dans des proportions compatibles avec leurs ressources à ceux qui en bénéficieraient.

Il a été observé avec raison qu'en principe c'était l'usager d'un port, qui devait payer la dépense de son établissement et qu'il était normal de mettre cette dépense à la charge de ceux qui se trouvaient dans le bassin économique de ce port.

La commission s'est donc ralliée à une formule moins absolue et qui a paru plus équitable, tendant à faire supporter la charge maxima aux chambres de commerce en tenant compte à la fois des possibilités du commerce local et des nécessités de l'outillage. Pour chaque cas d'espèce, l'administration appréciera si chaque chambre de commerce a fait, au point de vue de sa contribution, l'effort compatible avec sa situation et la colonie fournira l'intégralité du concours complémentaire nécessaire.

Toutefois, pour éviter tout retard dans les déclarations d'utilité publique ou les autorisations de conversion du taux d'emprunt en cours, l'intégralité de la dépense rendue nécessaire par les majorations actuellement admises, qui sont de 300 % par rapport aux évaluations de 1914, sera portée à la charge de la colonie, sauf à réduire en cours d'exécution si le fonds de concours de chaque chambre de commerce peut être majoré.

Pour chacun des travaux, dont la déclaration d'utilité publique sera demandée, il sera spécifié que la réalisation en sera assurée par la colonie, tant sur ses ressources ordinaires qu'extraordinaires, augmentées du fonds de concours des chambres de commerce ou villes intéressées.

Chaque chambre de commerce devra donc faire l'effort maximum dont elle est capable et le budget de la colonie interviendra pour le surplus soit sur ses fonds d'emprunt, soit sur ses ressources ordinaire et celles de son fonds de réserve.

La commission a constaté que les chambres de commerce d'Algérie avaient établi des taxes très différentes les unes des autres. Sans exiger entre elles une uniformité pratiquement irréalisable, elle indique qu'il conviendrait de faire cesser la disproportion trop grande qui existe entre différents ports situés dans d'égales conditions de trafic. Cette disproportion révèle que certaines chambres de commerce n'ont pas encore réalisé un effort équivalent à celui réalisé par d'autres et que par suite il est de leur devoir d'augmenter, tout au moins dans des proportions raisonnables, des taxes de péage dont l'élévation peut être, à l'heure actuelle, plus facilement supportée en raison de la hausse des prix de tous les produits chargés et déchargés.

LE PROGRAMME PRÉSENTÉ

Le programme soumis à la commission, représentant la partie la plus urgente du programme du rapport Petit comportait les éléments ci-après détaillés dans une note remise par le directeur des travaux publics et que nous transcrivons intégralement :

A. — *Pavages des Routes Nationales*

Département d'Oran

1. — Route n 2 entre Oran et Mers-el-Kebir 1.300.000
2. — Routes n°s 7 et nouvelles : traverse de Mascara........................ 700.000
3. — Route n° 4 : traverse de Mostaganem 300.000
4. — Route n° 6 : entre Oran et la Sénia 1.000.000
5. — Route n° 11 : traverse de Tiaret 300.000
6. — Routes n°s 2 et 7 : traverse de Tlemcen 200.000
7. — Route n° 13 : traverse de Bel-Abbès 400.000

Total pour le département d'Oran. 4.200.000

Département d'Alger

1. — Route n° 5 : entre Maison-Carrée et la Réghaïa.............. 2.300.000
2. — Route n° 12 : traverse et abords de Tizi-Ouzou 344.000
3. — Route n° 11 : boulevard front de mer entre Alger et Deux-Moulins. 900.000

Total pour le département d'Alger. 3.544.000

Département de Constantine

1. — Route n° 5 : traverse de Constantine au-delà de Lamoricière...... 460.000

2. — Route n° 3 : traverse du faubourg de Constantine.............   200.000

3. — Route n° 3 : entre la nouvelle voie d'accès à Constantine et les ateliers de chemin de fer à Sidi-Mabrouk 160.000

4. — Route n° 12: traverse de Bône.   300.000

5. — Route n° 12: traverses de Morris, Blandan, Le Tarf et Yusuf.......   500.000

Total pour le département de Constantine 1.920.000

Total général pour les pavages:
4,200,000 + 3,541,000 + 1,920,000 =..   9.661.000

Tous ces pavages intéressent des sections de routes sur lesquelles la circulation, notamment celle des automobiles de poids lourd, est particulièrement intense, ou des traverses d'agglomérations qu'il devient de plus en plus difficile de maintenir en bon état d'entretien par le procédé des revêtements macadamisés.

La circulation des camions automobiles prend un développement considérable en raison de la crise des transports par fer qui sévit en Algérie comme en France. Les chaussées empierrées, déjà affaiblies par un entretien insuffisant durant la guerre, résistent mal à cette circulation et différents systèmes de revêtements mieux appropriés sont expérimentés dans plusieurs pays: le tar-macadam (pierraille enrobée de goudron), le béton ordinaire de 25 à 30 centimètres d'épaisseur, le béton armé de 12 à 15 centimètres d'épaisseur.

Aucune expérience de ce genre n'a encore été tentée en Algérie, mais il n'est pas téméraire d'affirmer qu'au point de vue de la résistance et de la facilité d'exécution, le pavage en pavés de granit de petit échantillon est supérieur à tous les systèmes nouveaux envisagés surtout dans les sections à grosse circulation comme celle qui s'effectue aux abords des grandes villes et des ports maritimes.

Néanmoins, l'administration algérienne suit, avec le plus grand soin, les procédés expérimentés dans la métropole, en vue d'obtenir des revêtements très résistants des chaussées. Le revêtement que l'on cherche à trouver doit être durable par sa solidité et ne pas être glissant. La dépense à envisager en France sera lourde; bien qu'elle ne puisse pas encore être arrêtée exactement, puisqu'on n'est pas encore fixé sur le revêtement à adopter définitivement, on estime que cette dépense ne sera pas inférieure à 2 milliards. Dès que des résultats probants auront été obtenus, il sera proposé d'appliquer à la colonie, pour les parties les plus fatiguées des routes nationales, le système de revêtement adopté ; peut-être que ce revêtement pourra être employé en remplacement de certains pavages prévus en terrain plat.

B. — *Travaux divers sur les Routes Nationales*

Département d'Oran

Route n° 6 : Construction de l'embranchement entre Bou-Rached et la limite des territoires du sud par le Kreider	1.200.000
Route n° 17: Construction entre Perrégaux et Mascara (partie nouvellement classée	1.400.000
Route n° 14 : Amélioration entre Mascara et Tiaret (partie nouvellement classée)	600.000
Embranchement de la route n° 7 sur Port Say: Protection dans les gorges du Kiss et amélioration	200.000
Route n° 7 : Amélioration dans l'arrondissement de Tlemcen	400.000
Route n° 7 : Elargissement de la traverse de Mascara	400.000

Travaux divers sur l'ensemble du ré-
seau 500.000

Total pour le département d'O-
ran 1.700.000

Département d'Alger

Route nº 8 : Amélioration entre Tablat (69 kil.) et le pont de la Traille
(74 k.) 150.000

Route nº 8 : Amélioration des ouvrages d'art entre Sidi-Aïssa et Bou-
Saàda 170.000

Route nº 15 : Amélioration du tracé
entre Adeni et Fort-National 270.000

Route nº 15 : Elargissement et parachèvement entre Fort-National et le
col de Tirourda 400.000

Route nº 15 : Amélioration des tour-
nants et des déclivités au lieu dit « Café
Maure » 400.000

Route nº 15 : Elargissement de la
traverse de Fort-National 122.000

Route nº 11 : Elargissement entre
les Deux-Moulins et Guyotville 1.200.000

Route nº 11 : Construction d'un pont
sur l'oued Allala et rectification aux
abords de Ténès 286.000

Route nº 1 : Traverse d'Alger. —
Elargissement à 18 mètres de la rue
Michelet, entre l'église écossaise et la
Colonne-Voirol 2.600.000

Route nº 5 : Exhaussement de la
plateforme dans les vallées de l'Oued
Isser et de l'Oued Djemaa, entre les
points 81 kil. et 112 kil. 240.000

Route nº 5 : Améliorations dans la
vallée de l'Oued Sahel, entre 114 kil.
et 170 kil. 200.000

Route n° 11 : Elargissement et rectifications entre Dutertre et Taine (17 kil. à 77 kil.) et renforcement du tablier du pont sur le Chéliff............... 740.000

Route n° 12 : Amélioration entre Ménerville et Bordj-Ménaïel......... 606.000

Total pour le département d'Alger 7.378.000

Département de Constantine

Route n° 9 : Rectification, parapets maçonnés et diverses autres améliorations dans la vallée de l'Oued Agrioun entre 38 kil. 5 et 45 kil.............. 190.000

Route n° 9 : Reconstruction des ponts sur l'Oued Berd (61 kil. 8) et sur l'Oued Beni-Ismaïl (50 k. 350).............. 260.000

Route n° 12 : Elargissement de la plateforme et de la chaussée entre la route n° 9 et Aïn-Kechera........... 1.400.000

Route n° 12 : Etablissement de fossés maçonnés, de murs de soutènement, de drains et allongement d'ouvrages. 660.000

Route n° 12 : amélioration entre Kebouch et El-Kseur............... 400.000

Route n° 12 : amélioration de la plateforme aux abords du lac Tonga.... 60.000

Route n° 16 : travaux divers de parachèvement et d'amélioration....... 1.500.000

Total pour le département de Constantine 4.470.000

Total général pour les travaux divers sur les routes nationales: 4,700,000 + 7,378,000 + 4,470,000 =........... 16.548.000

Tous les travaux ci-dessus énumérés figurent au programme de 1914 adopté en principe par les assemblées financières et les dotations sont celles portées au rapport Petit, c'est-à-dire les évaluations d'avant-guerre doublées. On remarquera cependant que pour l'embranchement sur le Kreider de la route nationale n° 6, en tête du programme du département d'Oran, la dotation a été ramenée de 1,500,000 francs à 1,200,000 francs pour tenir compte des travaux exécutés sur cette voie, pendant la guerre, à l'aide de détachements de détenus militaires.

Tous ces travaux sont d'une utilité incontestable; ils concernent l'achèvement ou le parachèvement de routes classées récemment, routes n°s 11, 12, 14, 15 et 16; la mise hors d'atteinte des crues des rivières voisines, de la plateforme d'anciennes routes dans les sections établies dans certaines vallées, des élargissements ou des rectifications de tracé imposés par le développement de la circulation en général et de la circulation automobile en particulier.

C. — *Chemins Vicinaux*

Département d'Oran 15.000.000

Département d'Alger 15.000.000

Département de Constantine.......   15.000.000

                                   ____

Total.............   45.000.000

La nomenclature des chemins vicinaux à construire pour aider au développement de la colonisation et des transactions commerciales est donnée dans le rapport de M. Petit; elle correspond à une dépense globale de 131,732,000 francs.

Les listes sont établies par département et les entreprises y sont classées suivant un ordre de priorité indiqué par les conseils généraux. A quelques exceptions près, ces entreprises figuraient déjà au programme de 1914.

TRAVAUX HYDRAULIQUES

Département d'Oran

Achèvement des travaux compris aux précédents programmes......... 2.000.000

Dépassements à prévoir pour le barrage de Charon : mise en valeur de la plaine du Chéliff................ 4.000.000

Assainissement de la plaine de l'Habra et de la la Macta (Sig, Perrégaux, Noisy et Stidia)..................... 4.000.000

Couverture de l'oued Toudman à Mascara 1.300.000

Amélioration des irrigations dans le département 2.200.000

Total pour le département d'Oran. **13.500.000**

Département d'Alger

Barrage-réservoir de l'Oued Fodda. 4.800.000
Barrage-réservoir de l'Oued Harbil. 4.000.000

Total pour le département d'Alger. **8.800.000**

Département de Constantine

Dessèchement des marais d'Hippone et des environs immédiats de Bône 1.860.000

Dessèchement du lac Fetzara...... 800.000

Dessèchement du lac Tonga....... 300.000

Alimentation après dessèchement du lac Tonga 400.000

Bétonnage de canaux............. 1.274.000

Total pour le département de Constantine **4.634.000**

Total général pour les travaux hydrauliques : 13,500,000 + 8,800,000 + 4,634,000 = ... **26.934.000**

La commission d'études d'un nouveau programme de travaux publics a divisé les travaux hydrauliques en deux groupes : ceux à réaliser en première étape et ceux à réaliser en deuxième étape.

Toutes les entreprises ci-dessus indiquées figurent en première étape. Une partie d'entre elles, comme le barrage de Charon, les dessèchements des marais de la région Bônoise, du Fetzara et du Tonga ont été commencées à l'aide des fonds du premier ou du second emprunt. De même les 2 millions prévus en tête du programme d'Oran sont destinés à poursuivre ou à entreprendre des entreprises figurant aux emprunts de 50 et 175 millions et incomplètement dotées. On se souvient, en effet, que le programme des travaux hydrauliques du second emprunt ne fut doté que pour moitié environ de la dépense, le surplus devant être couvert par les excédents du fonds de réserve.

Deux sommes, l'une de 2,200,000 francs, l'autre de 1,274,000 francs, sont en outre prévues pour l'amélioration ou le bétonnage des canaux existants. C'est là une prévision très sage car il faut éviter les pertes par infiltration dans un pays où l'eau est rare et l'évaporation importante.

Enfin parmi les ouvrages nouveaux envisagés les barrages-réservoirs de l'Oued-Fodda et de l'Oued-Harbil destinés à alimenter le Chéliff pendant la période d'étiage figurent parmi les plus intéressants au point de vue de l'hydraulique agricole.

Quant à la régularisation et à la couverture de l'oued Toudman à Mascara c'est une question d'hygiène publique qui présente un très grand intérêt pour la population urbaine.

Certes, d'autres travaux d'hydraulique intéressants pourraient être ajoutés aux entreprises susvisées; mais il a paru qu'il était prudent de borner là le premier effort.

PORTS MARITIMES

Département d'Oran

Port d'Oran. — Travaux d'agrandissement. Construction d'un avant-port à l'est de la pointe du Ravin Blanc et transformation de l'avant-port actuel en darse, première étape.. 10.000.000

Port de Mostaganem. — Travaux d'aménagement intérieur (dragages et construction de quais) déclarés d'utilité publique par décret du 31 juillet 1915 .... 1.720.000

Port de Mostaganem. — Prolongement de la grande jetée et établissement de terre-pleins.................. 12.000.000

Total pour le département d'Oran. 23.720.000

Département d'Alger

Port de Ténès. — Travaux d'aménagement intérieur déclarés d'utilité publique par décret du 8 juillet 1914. 860.000

Port de Cherchell. — Approfondissement du bassin, construction d'une jetée brise-lames et établissement de terre-pleins 4.100.000

Port d'Alger. — Travaux d'agrandissement vers l'Est. — Première étape : Construction d'un avant-port et du bassin de Mustapha............. 20.000.000

Port de Dellys. — Création d'un port-abri 2.000.000

Total pour le département d'Alger. 26.960.000

Département de Constantine

Port de Bougie. — Travaux de première étape déclarés d'utilité publique par une loi du 13 août 1914: construction d'un avant-port nouveau et transformation en darse de l'avant-port actuel 9.500.000

Port de Collo. — Travaux déclarés d'utilité publique par décret du 7 mai 1909 : construction d'une jetée et augmentation de la surface des terrepleins 1.061.000

Port de Bône. — Achèvement de l'aménagement intérieur : quais dans la grande darse et dans l'avant-port, dragages 8.000.000

Port de Djidjelli. — Construction de jetées 9.500.000

Port de Philippeville. — Aménagements intérieurs 4.200.000

Port de La Calle. — Agrandissement du port : construction de jetées. 3.000.000

Total pour le département de Constantine 35.261.000

Total général pour les travaux maritimes : 23,720,000 + 26,960,000 + 35,261,000 =... 85.941.000

Dans la nomenclature ci-dessus figurent les cinq entreprises du tableau A du rapport de M. Petit. Quatre de ces entreprises ont été déclarées d'utilité publique; la cinquième, celle du port de Bône, a pour but l'achèvement des travaux actuellement en cours d'exécution ou à entreprendre dans un court délai. Ces entreprises ne sont pas comprises au programme envisagé en 1914 ; elles devaient être réalisées à l'aide de subsides des chambres de commerce ou des communes intéressées et des ressources du budget ordinaire de la colonie.

Les autres entreprises sont extraites des tableaux B du rapport de M. Petit, ainsi établi :

TABLEAU B. DÉPARTEMENT D'ORAN

OBJET DES TRAVAUX	DÉPENSES totales	FONDS de concours	EMPRUNT	
			1 étape	2 étape
Port de Nemours. — Travaux de 2e étape. — Construction d'un brise-lames pour couvrir l'entrée. — Exécution de dragages et d'établissement de quais	8.500.000	450.000	8.050.000	»
Port d'Oran. — Travaux d'agrandissement. — Construction d'un avant-port à l'est de la pointe du Ravin Blanc et transformation de l'avant-port actuel en darse.	74.000.000	27.000.000	10.000.000	37.000.000
Port d'Arzew. — Prolongement de 400 mètres de la jetée Est. — Construction d'une jetée Sud de 940 mètres. — Allongement et élargissement du môle n° 3. — Construction de deux môles nouveaux	15.000.000	1.500.000	13.500.000	»
Port de Mostaganem. — Travaux de 2e étape. — Prolongement de la grande jetée et établissement de terre-pleins	12.000.000	»	12.000.000	»
Totaux	109.500.000	28.950.000	43.550.000	37.000.000

OBJET DES TRAVAUX	DÉPENSES totales	FONDS de concours	EMPRUNT	
			1re étape	2e étape
Port de Tipaza. — Création d'un port..........	4.000.000	»	4.000.000	»
Port de Cherchell. — Approfondissement du bassin. — Construction d'une jetée brise-lames et établissement de terre-pleins	4.400.000	300.000	4.100.000	»
Abri de Guyotville...........................	400.000	»	400.000	»
Port d'Alger. — Travaux d'agrandissement. — Construction d'un nouvel avant-port, de deux bassins et de deux formes de radoub..........	180.500.000	95.000.000	»	85.500.000
Port de Dellys. — Création d'un port-abri	2.200.000	»	2.000.000	»
Débarcadère de Tigzirt	200.000	»	200.000	»
TOTAUX.........	191.500.000	95.300.000	10.700.000	85.500.000

TABLEAU B.   DÉPARTEMENT DE CONSTANTINE

OBJET DES TRAVAUX	DÉPENSES totales	FONDS de concours	EMPRUNT 1re étape	EMPRUNT 2e étape
Port de Bougie. — Travaux de 2e étage. — Travaux d'aménagements intérieurs..	18.400.000	5.700.000	12.700.000	»
Abri de Mansourah..........................	200.000	»	200.000	»
Port de Djidjelli. — Travaux de 1re étape. — Construction de jetées........................	10.000.000	500.000	9.500.000	»
Port de Philippeville. — Aménagements intérieurs	5.400.000	1.200.000	4.200.000	»
Port d'Herbillon. — Création d'un port-abri......	1.000.000	»	1.000.000	»
Port de La Calle. — Agrandissement du port. — Construction de jetées. — Travaux de 1re étape..	3.000.000	»	3.000.000	»
Totaux....	38.000.000	7.400.000	30.600.000	»

RECAPITULATION		1re étape	2e étape
Tableau B..	Oran..	43.550.000	37.000.000
	Alger..................................	10.700.000	85.000.000
	Constantine................................	30.600.000	»
		84.850.000	122.500.000

Ces entreprises figuraient toutes au programme admis en principe en 1914 ; les dotations ont été simplement doublées pour tenir compte du renchérissement de toutes choses qui s'est produit depuis lors. De plus, les dotations de ces entreprises sont celles qui sont inscrites aux dits tableaux B dans la colonne « première étape », sauf en ce qui concerne les 20 millions prévus pour le port d'Alger et cette exception se justifie par les considérations suivantes :

Les travaux que l'on se propose d'exécuter au port d'Alger comprennent la création d'un vaste avant-port de 115 hectares de superficie et de deux bassins : le bassin de Mustapha contigu au bassin de l'Agha et le bassin du Hamma en prolongement du précédent. Ces travaux doivent être réalisés en deux étapes :

La première comprend les jetées d'enceinte de l'avant-port de fermeture du bassin de Mustapha, la construction des murs de quai et le remblaiement des terre-pleins de ce bassin ;

La deuxième, les jetées de fermeture, les quais et terre-pleins du bassin du Hamma, les égouts et voies ferrées et la construction de deux grandes formes de radoub.

La dépense est évaluée à 180,500,000 francs, dont 95 millions pour les travaux de la première étape et 85,500,000 francs pour ceux de la seconde étape.

La chambre de commerce devant prendre entièrement à sa charge la dépense de 95 millions afférente aux travaux de la première étape, la commission spéciale a admis que la colonie pourrait prendre à la sienne celle de 85 millions et demi relative aux travaux de la deuxième étape.

Cette combinaison doit permettre à la chambre de commerce, qui devait emprunter 142 millions et demi, de disposer d'une somme de 17 millions et demi pour couvrir, sans recourir à une taxe sur le tonneau de jauge, le déficit de 17 millions environ qui existe sur ses prévisions de ressources, et de faire face aux majorations de dépenses évaluées à une quinzaine de millions du fait de l'application de la loi sur la journée de 8 heures ainsi qu'aux frais d'installation d'un outillage moderne.

Or, il y a lieu d'observer que le chiffre de 95 millions des dépenses de première étape a été obtenu en majorant de 50 % seulement, suivant des instructions ministérielles du 21 mars 1919, les évaluations d'avant-guerre et il est probable que ce chiffre de 95 millions, même augmenté des 15 millions déjà prévus par la chambre de commerce, sera encore insuffisant.

Comme, d'autre part, on ne peut demander à la chambre de commerce de faire un plus grand sacrifice, attendu que l'on ne peut augmenter les taxes envisagées sans les rendre prohibitives, que l'on impose à l'assemblée consulaire la construction d'un avant-port très coûteux destiné à abriter la marine de guerre, que les dépenses non productives des jetées et défenses figurent pour plus de la moitié dans l'évaluation de 95 millions, il a paru qu'il était prudent de prévoir une dépense supplémentaire de 20 millions pour couvrir les dépassements éventuels des travaux de la première étape au-dessus de 110 millions.

Il ne faut pas oublier, en effet, qu'il s'agit là de travaux d'État exécutés et réglés par la colonie avec l'aide de la chambre de commerce et qu'une fois commencés, ils devront être poursuivis sans interruption. Il est donc indispensable de créer à l'avance les ressources nécessaires.

Au surplus, une contribution de la colonie d'une centaine de millions sur un ensemble de travaux et d'installation d'outillage pouvant atteindre 230 millions, n'a rien d'exagéré.

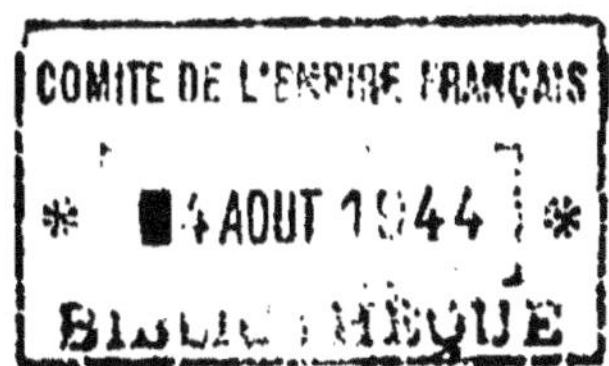

Récapitulation

En définitive, les travaux ressortissant à la direction des travaux publics et à comprendre au premier programme se résumaient comme suit :

Pavages des routes nationales....	9.664.000
Travaux maritimes...............	85.941.000
Travaux divers sur les routes nationales	16.548.000
Chemins vicinaux.................	45.000.000
Travaux hydrauliques.............	26.931.000
Totaux..............	181.087.000

Le Programme définitif de la Commission

La commission a maintenu tous les éléments de ce programme en majorant, conformément aux indications des services techniques la dépense de 50 %, pour se conformer à la règle suivant laquelle les évaluations de 1914 devaient être aujourd'hui triplées. Elle a proposé d'ajouter au programme de l'administration, comme devant être compris dans les travaux de première urgence, l'achèvement du port de Nemours. On ne pouvait, en effet, concevoir la construction de la ligne Nemours-Maghnia destinée à diriger sur Nemours le trafic du Maroc Oriental, sans l'achèvement du port destiné à recevoir ce trafic et les produits de la métropole destinés au Maroc. La dépense a été évaluée par les services techniques à 12,450,000 francs sur lesquels la ville de Nemours fournira un fonds de concours de 450,000 francs, la différence, soit 12 milions, devant être inscrite à l'emprunt.

D'autre part, des observations ont été présentées par M. Billiard, président de la chambre de commerce d'Alger, qui a exposé que cette compagnie allait faire un effort considérable pour exécuter un programme dont l'importance s'élèverait à

180,500,000 francs, sur lesquels elle fournirait 95 millions. La chambre de commerce d'Alger éprouvant, à l'heure actuelle, de sérieuses difficultés pour réaliser son emprunt dans des conditions qui ne soient pas trop onéreuses, la commission a décidé, pour lui permettre d'attendre plus facilement le moment favorable, de porter de 20 à 45 millions la participation de la colonie pour les travaux de la première étape, la participation totale étant fixée à 85 milions, ainsi qu'il est indiqué au rapport Petit.

Ces rectifications et modifications opérées, le programme définitif de travaux publics à exécuter sur une période de dix années se trouve exposé dans le tableau ci-après :

Pavages des routes nationales. — Majoration de 50 %	11.496.000	9.661.000
Travaux divers sur les routes nationales. — Majoration de 50 %........	21.822.000	16.548.000
Routes nationales. — Construction de chaussées résistantes dans les sections parcourues par des véhicules automobiles de poids lourd. — Prévision nouvelle	15.000.000	»
Chemins vicinaux. — Un million par département et par an, soit pour 10 années, 10 millions par département au lieu des 15 millions primitivement envisagés	30.000.000	15.000.000
Travaux hydrauliques. — Majoration de 50 %...	40.401.000	26.931.000
Totaux à reporter.....	121.719.000	98.146.000

TRAVAUX MARITIMES

	DÉPENSES totales à envisager	FONDS de concours	DÉPENSES à la charge de la colonie d'après les cours actuels	DÉPENSES prévues dans la note du 2 mars
		Report....	124.719.000	.98.146.000
Port de Nemours — (Ajouté par la Commission).....................	12.450.000	450.000	12.000.000	»
Port d'Oran....................	55.500.000	27.000.000(1)	28.500.000	10.000.000
Port de Mostaganem..................	14.920.000	1.200.000	13.720.000	13.720.000
Port de Ténès...........	1.200.000	200.000	1.000.000	860.000
Port de Cherchell........	6.500.000	500.000	6.000.000	4.100.000
Port d'Alger..............	180.000.000	95.000.000	45.000.000	20.000.000
Port de Dellys............	3.000.000	»	3.000.000	2.000.000
Port de Bougie...........	24.000.000	6.500.000(1)	17.500.000	9.500.000
Port de Collo..........	1.296.000	196.000	1.100.000	1.061.000
Port de Djidjelli..........	12.500.000	500.000	12.000.000	9.500.000
Port de Philippeville......	7.500.000	1.200.000(1)	6.300.000	4.200.000
Port de Bône	20.000.000	8.000.000(1)	12.000.000	8.000.000
Port de La Calle................	4.500.000	»	4.500.000	3.000.000
Totaux................			287.339.000	184.087.000

(1) Les services techniques ont indiqué que partie de cette dépense leur paraissait pouvoir être supportée par le budget ordinaire et le tableau ci-après précise la répartition de cette dépense globale ainsi établie :

Budget ordinaire.....................	95.202.000 »
Emprunt........................	192.137.000 »
Total égal	287.339.000 »

| Années | Pavage des routes nationales | | Travaux d'amélioration des routes nationales | | Construction de chaussées résistantes sur fraction des routes nationales | Construction de chemins vicinaux | Travaux hydrauliques | | Travaux maritimes — Fonds de la Colonie | | Fonds de concours | Dépenses totales annuelles |
	Fonds d'emprunt	Ressources à prélever sur le budget ordinaire	Fonds d'emprunt	Ressources à prélever sur le budget ordinaire	Fonds d'emprunt	Fonds d'emprunt	Fonds d'emprunt	Ressources à prélever sur le budget ordinaire	Fonds d'emprunt	Ressources à prélever sur le budget ordinaire	Fonds de concours	
1921	1.000.000	»	1.000.000	»	1.000.000	3.000.000	1.000.000	»	3.000.000	»	3.000.000	13.000.000
1922	1.000.000	483.200	1.700.000	827.400	2.000.000	3.000.000	2.300.000	1.316.700	10.000.000	5.300.000	10.000.000	38.457.300
1923	1.000.000	483.200	1.700.000	827.400	2.000.000	3.000.000	2.300.000	1.316.700	10.000.000	5.300.000	15.000.000	43.457.300
1924	1.000.000	483.200	1.700.000	827.400	2.000.000	3.000.000	3.000.000	1.316.700	10.000.000	5.300.000	15.000.000	43.657.300
1925	1.000.000	483.200	1.800.000	827.400	2.000.000	3.000.000	3.000.000	1.316.700	10.000.000	5.300.000	15.000.000	43.757.300
1926	1.000.000	483.200	1.800.000	827.400	2.000.000	3.000.000	3.000.000	1.316.700	10.000.000	5.300.000	15.000.000	43.757.300
1927	1.000.000	483.200	1.700.000	827.400	2.000.000	3.000.000	3.000.000	1.316.700	10.000.000	5.300.000	18.000.000	46.657.300
1928	1.000.000	483.000	1.700.000	827.400	2.000.000	3.000.000	3.000.000	1.316.700	10.000.000	5.300.000	18.000.000	46.657.300
1929	1.000.000	483.200	1.700.000	827.400	»	3.000.000	3.000.000	1.316.700	10.000.000	5.300.000	16.000.000	42.657.300
1930	664.000	483.200	1.748.000	827.400	»	3.000.000	2.334.000	1.316.700	4.991.000	5.300.000	15.746.000	36.440.300
1931	»	483.200	»	827.400	»	»	»	1.316.700	3.000.000	5.300.000	»	10.957.300
1932	»	»	»	»	»	»	»	»	3.000.000	5.300.000	»	8.300.000
1933	»	»	»	»	»	»	»	»	»	5.300.000	»	5.300.000
1934	»	»	»	»	»	»	»	»	»	5.029.000	»	5.029.000
	9.664.000	4.832.000	16.548.000	8.274.000	15.000.000	30.000.000	26.934.000	13.467.000	93.991.000	68.629.000	140.746.000	428.085.000
	14.496.000		24.822.000		15.000.000	30.000.000	40.401.000		162.620.000		140.746.000	428.085.000
	287.339.000										140.746.000	428.085.000

Suivant les propositions de l'administration, il n'y aurait donc à emprunter sur l'emprunt que 192,137,000 francs, la différence étant fournie par le budget ordinaire et la répartition se ferait ainsi qu'il suit :

Année	1921	10.000.000
Année	1922	20.500.000
Année	1923	20.500.000
Année	1924	20.700.000
Année	1925	20.800.000
Année	1926	20.800.000
Année	1927	20.700.000
Année	1928	20.700.000
Année	1929	18.700.000
Année	1930	12.737.000
Année	1931	3.000.000
Année	1932	3.000.000
	Total.....	192.137.000

La commission a été d'avis que la totalité de la dépense, soit 287,339,000 francs, devait être imputée sur l'emprunt.

La répartition annuelle se trouve donc établie ainsi qu'il suit :

Année	1921	10.000.000
Année	1922	27.500.000
Année	1923	27.500.000
Année	1924	27.500.000
Année	1925	27.500.000
Année	1926	27.500.000
Année	1927	27.500.000
Année	1928	27.500.000
Année	1929	27.000.000
Année	1930	27.000.000
Année	1931	22.810.000
Année	1932	3.000.000
Année	1933	5.029.000
	Total.....	287.339.000

LA COLONISATION ET L'ENSEIGNEMENT TECHNIQUE ET PROFESSIONNEL

Les propositions faites par les services de l'agriculture et de la colonisation portent sur la création d'un certain nombre de nouveaux centres de colonisation dans les trois départements, l'amélioration des anciens centres dans lesquels n'ont pu être poursuivis pendant la guerre les programmes déjà prévus pour leur complet outillage, et enfin sur l'organisation de l'enseignement technique et professionnel.

Ces propositions, détaillées dans le tableau ci-annexé, comportent une dépense totale de :

1° Création des nouveaux centres.. 15 millions

2° Amélioration des anciens centres   9 millions

3° Enseignement technique et professionnel .... 15 millions

Total............. 39 millions

Les prévisions en ce qui concerne la création des nouveaux centres et l'amélioration des anciens centres n'avaient porté, dans l'établissement de ce programme par les services de la colonisation, que sur une période de 5 années.

En ce qui concerne l'enseignement technique et professionnel, le rapport Petit, prenant pour base l'étude documentée établie par M. Joly délégué financier, sur la demande de M. le gouverneur général, fixait à 30 millions, à réaliser sur une période de dix années, la dépense nécessitée par l'organisation de ce nouveau service destiné à accentuer la mise en valeur des richesses économiques de l'Algérie.

Le programme comprenait, en dehors de l'adaptation des écoles déjà existantes, d'agriculture ou professionnelles, la création de:

9 fermes-écoles ;

3 écoles professionnelles d'arts et métiers;

3 écoles de commerce et d'industrie pour jeunes filles, et l'organisation de cours et écoles d'apprentissage après entente avec les groupements intéressés.

Le programme présenté par les services de l'agriculture et développé dans une note très complète communiquée à la commission comporte également une dépense de 30 millions échelonnée sur la même période de dix années.

Ce programme, qui comporte une organisation symétrique des différents ordres d'enseignement technique et professionnel, est établi suivant un plan méthodique dont les grandes lignes sont les suivantes :

L'enseignement supérieur, destiné à former et à perfectionner les candidats aux postes supérieurs des services techniques de l'industrie, y serait donné par l'institut technique de l'Université d'Alger qui est encore à ses débuts et recevrait les développements nécessaires.

Relativement à cet enseignement, des réserves ont été faites par un certain nombre de membres de la commission qui considèrent qu'il ne peut être institué utilement en Algérie et qu'il serait préférable d'envoyer se perfectionner dans les grandes écoles de la métropole les jeunes gens appelés à devenir ingénieurs ou directeurs techniques de grandes industries.

L'enseignement secondaire serait assuré par des écoles professionnelles du second degré centralisant à Alger les études de la jeunesse déjà formée par un premier enseignement pratique, et donnant chacune un enseignement spécial : l'école d'agriculture de Maison-Carrée, l'enseignement agricole; l'école supérieure de commerce, l'enseignement commercial ; l'école professionnelle des arts mécaniques de Maison-Carrée, l'enseignement industriel.

Les services de l'agriculture prévoient une dépense de 7 à 8 millions pour la construction de cette école professionnelle de mécanique à Maison-Carrée sur un terrain qui a déjà été acheté dans ce but.

Au premier degré de cette organisation, l'enseignement primaire serait donné dans des écoles professionnelles du premier degré: pour l'agriculture par les écoles de Philippeville et du département d'Oran ; pour le commerce, par une école pratique de commerce annexée à l'école supérieure d'Alger; pour l'industrie, par les écoles pratiques d'Alger, Oran et Constantine (l'administration est déjà à l'heure actuelle en pourparlers pour l'achat d'un terrain entre le Jardin d'Essai et l'usine à gaz, à Alger, en vue de l'édification d'une école pour la formation d'ouvriers) et par les sections techniques des écoles primaires supérieures.

Pour les indigènes, l'enseignement agricole du premier degré serait organisé dans les fermes-écoles existantes et d'autres à créer, et l'enseignement industriel par l'école de Dellys qui serait spécialement affectée à cet enseignement.

Enfin à la base de cette organisation, des cours d'orientation professionnelle seraient établis dans les écoles primaires et complétés par des cours de préapprentissage et d'apprentissage, des écoles manuelles et des cours du soir.

Ce programme est déjà réalisé en grande partie pour l'enseignement agricole et il ne reste plus à créer que l'école pratique d'agriculture d'Oran et des fermes-écoles indigènes, création pour laquelle la direction de l'agriculture prévoit une dépense d'environ 6 millions. Pour l'enseignement commercial, la situation est à peu près la même et les services techniques prévoient la possibilité d'assurer son organisation définitive au moyen des ressources ordinaires du budget ou des versements de la Banque.

L'enseignement industriel nécessitera une dépense beaucoup plus considérable qui est évaluée à 24 millions.

Son organisation exigera notamment la création d'une école professionnelle de second degré à Maison-Carrée et d'une école pratique à Alger, Oran et Constantine.

En somme, les deux programmes établis par M. Joly et par le directeur de l'agriculture sont concordants et comme but et comme organisation générale et comme dépense.

Il est de l'intérêt de l'Algérie que ce programme, destiné à la doter de bons spécialistes, chefs ouvriers, contre-maîtres, conducteurs de travaux, tant pour les entreprises privées agricoles et industrielles que pour les services publics, à développer l'habileté manuelle des ouvriers tout en ledr uonnant les notions générales nécessaires à l'exercice de leur métier et à former les cadres dirigeants de notre activité agricole, industrielle et commerciale, s'accomplisse le plus rapidement possible et ne dépasse pas la période de dix à douze années proposée pour la mise au point des nécessités les plus urgentes.

Pour tirer un parti complet du capital humain, il faut diriger chaque homme vers la profession où il rendra le plus de services. Il faut ensuite le rendre apte à cette profession par l'éducation et l'apprentissage; lui donner les moyens scientifiques et techniques de produire un maximum de besogne utile dans un minimum de temps; lui enseigner les méthodes par lesquelles on y parvient, lui fournir les machines nécessaires et lui montrer à en tirer parti.

La main-d'œuvre générale se subdivise en trois catégories principales : 1° la main-d'œuvre supérieure qui englobe l'état-major dirigeant : ingénieurs, chimistes, chefs d'ateliers ; 2° la main-d'œuvre exercée et spécialisée ; 3° la main-d'œuvre commune.

La France ne pouvant former les trois catégories, il convient de faire accéder le plus vite possible le personnel dont nous disposons vers un degré supérieur de l'échelle où les qualités nationales seront utilisées sous une forme plus fructueuse, de le remplacer à la base par de la main-d'œuvre étrangère, exotique et, autant que possible, par des machines.

Il faut pour cela développer l'apprentissage et l'instruction technique, multiplier les écoles pratiques destinées à nous fournir tout ce personnel de mécaniciens, d'électriciens, de chimistes ou simplement de professionnels intelligents, exercés et adroits que nous avons bénéfice à recruter chez nous.

La question du recrutement du personnel nécessité par cette vaste organisation n'est assurément pas sans présenter de sérieuses difficultés, mais n'est pas insoluble.

La colonie devra incontestablement faire les sacrifices nécessaires pour s'assurer un personnel enseignant d'élite et faire venir de la métropole les professeurs qui lui seront indispensables et qu'elle ne pourra recruter sur place, mais le personnel d'élite, qui devra être recruté parmi les pofessionnels et les membres de l'enseignement technique de la métropole et de la colonie, trouvera sur place des auxiliaires précieux dans le personnel de notre académie, celui des professeurs et instituteurs de l'instruction publique, et enfin dans le personnel de nos ingénieurs d'Etat ou des industries algériennes.

Dans beaucoup d'écoles professionnelles, créées dans la métropole par l'initiative privée, les professeurs appartiennent obligatoirement au monde des affaires et en Algérie, où l'on compte près de 25.000 ouvriers employés dans les diverses usines, on trouvera certainement des chefs d'industrie qui ne se refuseront pas à apporter leur concours pour assurer l'enseignement pratique à donner aux jeunes élèves, imitant en cela l'exemple déjà donné à Alger par divers professeurs sous la direction de M. Robert (de la maison Robert et Durafour), qui font des cours à l'école d'apprentissage fonctionnant sous le patronage de la chambre de commerce et du syndicat commercial.

8 R. G.

Le détail du programme proposé pour une première période de 5 ans était indiqué dans la note ci-après :

CENTRES A CRÉER DE 1921 A 1925

Département d'Alger

	Dépenses à prévoir
Souaghi (C. M. d'Aumale).........	500.000
Chellala des Adaoura (Tablat M.)..	600.000
Sidi-Lakrout (Aumale M.).........	700.000
Recheiga (Chellala M.)...........	800.000
Doui Hasseni (Téniet-el-Haâd M.)..	500.000
Le Guelta (Ténès M.).............	400.000
Gherib (Chéliff M.)..............	800.000
Sidi Yacoub (Chéliff M.)..........	800.000
Travaux topographiques, ...	200.000
	5.300.000

Département d'Oran

Berkèche (Aïn-Témouchent).......	800.000
El Hamri (Renault M.)............	900.000
El-Biar (Djebel-Nador M.).........	300.000
Tametit (Djebel-Nador M.)........	400.000
Medrissa (Djebel-Nador M.).......	500.000
El Ousseukh (Djebel-Nador M.)....	400.000
	3.300.000

Département de Constantine

Ouled Sebsah et Ouled si Ouni (Aïn-M'Lila M.), dépense pour 2 centres	1.000.000
El Meridj (Morsott M.), dépense pour un centre	600.000
Tabaga (Morsott M.), dépense pour 2 fermes	200.000
Enchir Goraï........................	600.000
Bou Othmane........................	700.000
	3.100.000

RÉCAPITULATION

Alger	5.300.000
Oran	3.300.000
Constantine	3.100.000
Total........	11.700.000

Indépendamment des centres ci-dessus, le service de la colonisation préparera pendant cette période la création d'autres centres pour lesquels il convient de prévoir une somme globale de 3,300,000 francs.

Le crédit total à prévoir est donc de 11,700,000 + 3,300,000 = 15 millions.

AMÉLIORATION DES ANCIENS CENTRES

Engagements déjà pris au titre du budget ordinaire du 2ᵉ emprunt et des fonds de réserve et à réaliser de 1921 à 1925 :

Section	Chapitre	OBJET DES DÉPENSES	Sommes engagées	Sommes payées	Reste à payer
VIII	64	Participation dans les dépenses d'alimentatation en eau potable et d'assainissement des anciens centres ou des agglomérations urbaines........	3.168.910 »	431.610 88	2.737 299 12
XI	3	Fonds d'emprunt....................	426.048 43	»	426.048 43
XI	40	Prélèvements en vue de l'exécution du programme prévu pour l'amélioration des anciens centres et participation dans les dépenses d'alimention en eau potable et d'assainissement des anciens centres et des agglomérations urbaines.........................	1.584.386 56	115.795 68	1.468.590 88
		Totaux.......	5.179.344 99	547.406 36	4.631.938 43

Le montant des engagements, tel qu'il résulte des tableaux qui précèdent, a été établi d'après les prix d'avant-guerre. En raison de l'augmentation du prix des matières premières et de la main-d'œuvre, cette somme doit être au moins triplée, de sorte que le chiffre des subventions promises s'élève en réalité, si l'on tient compte des nécessité actuelles à 4,631,938 francs $\times$ 3 =.............. 13.895.814 soit 14 millions en chiffres ronds.

Somme disponible au titre des fonds de réserve. 1.500.000

Somme disponible au titre d'emprunt (amélioration des anciens centres 426.048

Crédits inscrits au budget ordinaire 1,200,000 francs, soit pour une période de 6 années y compris 1920 .... 7.200.000

Ensemble.............. 9.126.000

L'insuffisance n'est donc en réalité que de 14,000,000 — 9,126,000 = 4,874,000 francs, soit.............. 5.000.000

D'autre part, les communes de l'Algérie continueront à faire appel dans l'avenir au concours du budget colonial. Pendant les 5 années qui ont précédé la guerre, les demandes de subvention ont atteint annuellement le chiffre de 1,286,741 francs qui, multiplié par 3 en raison de la majoration des prix, représenterait actuellement 3,860,223 francs. Cette moyenne se maintiendra sûrement et sera même probablement dépassée, car de nombreuses conduites d'eau qui n'ont pu être réparées pendant la guerre, sont aujourd'hui en très mauvais état. Il y a donc lieu de prévoir une somme de 4 millions pour 1921.

ENSEIGNEMENT TECHNIQUE ET PROFESSIONNEL

Le programme résultant des travaux des diverses commissions qui se sont occupées de la question comprenait une dépense de 30 millions pour frais de premier établissement et de 3 millions comme dépense annuelle.

En escomptant que ces dernières seront supportées par les ressources ordinaires de l'Algérie, et en tablant, comme l'ont indiqué les commisions susvisées, sur un délai de 10 ans pour la réalisation du programme ainsi établi, c'est donc une somme de *quinze millions* environ qu'il y aurait lieu de demander à l'emprunt pour les 5 premières années.

RÉCAPITULATION GÉNÉRALE

I. — Création de centres..........	15.000.000
II. — Amélioration des anciens centres 5,000,000 + 4,000,000 =.	9.000.000
III. — Enseignement technique et professionnel	15.000.000
Total..................	39.000.000

Le programme amplifié sur une période de 10 ans

A la suite de la décision prise par la commission d'étendre le programme sur une période de 10 années, la direction de l'agriculture a apporté un programme complémentaire comportant la création de nouveaux centres, de nouvelles améliorations aux anciens centres et l'augmentation du crédit demandé pour l'ouverture de chemins vicinaux et ruraux, et la réalisation complète du programme d'enseignement technique et professionnel. Ce nouveau programme porte la dépense afférente au chapitre de la colonisation, pour la période de 10 ans, à .... 110 millions ainsi répartis :

Création de centres.............. 24 millions
Amélioration des anciens centres.. 36 millions
Ouverture de chemins vicinaux.... 20 millions
Enseignement technique et profes-
sionnel ....,...... 30 millions

Total............ 110 millions

Le détail de ce programme est indiqué par la note ci-après :

PROPOSITIONS COMPLÉMENTAIRES RELATIVES AUX CRÉDITS A IMPUTER SUR LES FONDS DU 3ᵉ EMPRUNT POUR LA COLONISATION.

Le programme des travaux de colonisation à exécuter à l'aide des fonds à provenir d'un 3ᵉ emprunt, au cours des cinq premières années, comporte les prévisions de dépenses suivantes :

Création de centres.............. 11.700.000
Amélioration des anciens centres... 9.000.000

A ce programme, il y aurait lieu d'ajouter le programme complémentaire suivant, appelé à être exécuté dans les cinq années qui suivront :

Création de centres

Les prévisions du programme de 1914 portaient sur un certain nombre de centres dont la création devait entraîner une dépense globale de 12,717,000 francs.

La plupart des projets envisagés à cette époque sont ceux dont la réalisation a été prévue pour le cours des cinq premières années.

Parmi ceux restant, deux, Slissen et Martimprey (agrandissements) ont été réalisés depuis, au moyen des crédits du budget ordinaire et deux autres (bled Mamora et Saneg) ont été reconnus irréalisables à la suite d'études nouvelles.

Ces quatre projets ont, en conséquence été remplacés par ceux de Serguine-Megane, Brazza (agrandissement) Tousnina et Abdellys (agrandissement).

Au programme complémentaire à effectuer sur les fonds du 3ᵉ emprunt figureront donc les centres mentionnés à l'état A ci-joint. Son exécution nécessitera une dépense prévue de.... 12.300.000

Par l'adjonction du programme des cinq premières années, soit.......... 11.700.000
la prévision de dépenses pour les créations de centres à effectuer au moyen des fonds du 3ᵉ emprunt sera ainsi portée à 24.000.000

L'état B, annexé à la présente note, contient de plus amples détails sur les centres portés au programme complémentaire.

Amélioration des anciens centres

Les travaux d'amélioration des anciens centres, à réaliser de 1921 à 1925 et pour lesquels des engagements ont été pris, nécessiteront, ainsi qu'il a été dit, le prélèvement sur les fonds du 3ᵉ emprunt, d'une somme de.................... 5.000.000

D'autre part, pour faire face aux nouvelles demandes de subventions que présenteront les communes d'Algérie, il a été demandé pour l'exercice 1921, un crédit de................ 4.000.000

Il y a lieu de prévoir, pour chacune des 9 années qui suivront — en outre du crédit inscrit annuellement au budget ordinaire — un crédit de 3,000,000, soit pour 9 ans................. 27.000.000

Les travaux d'amélioration des anciens centres figureront donc au programme de l'emprunt pour une somme globale de................. 36.000.000

Ouverture de chemins vicinaux et ruraux

Il est à prévoir que le crédit de 1,100,000 francs, inscrit au budget ordinaire pour l'ouverture de chemins vicinaux et ruraux appelés à desservir de nouvelles régions colonisées par l'initiative privée, sera insuffisant pour faire face chaque année aux travaux à exécuter.

Cette dotation budgétaire est de date toute récente; les communes n'y ont fait appel jusqu'ici que dans une mesure restreinte, soit parce qu'elles l'ignorent, soit parce qu'elles n'ont pas encore eu le temps d'établir les projets des travaux à exécuter. Mais les demandes de subventions se multiplieront certainement dès qu'elles sauront qu'il leur est possible d'obtenir le concours de la colonie pour l'exécution de travaux de cette nature.

Or, s'il importe au plus haut point de développer le réseau des petites voies de communication, ce résultat ne saurait être atteint, si la colonie ne vient pas largement en aide aux communes, actuellement aux prises avec de graves difficultés budgétaires, en les subventionnant ou en construisant elle-même ces chemins.

A cet effet, l'administration devrait pouvoir disposer, en plus des crédits du budget ordinaire, d'une somme annuelle de 2,000,000, soit pour 10 années, 20,000,000.

La dotation totale de la colonisation s'établirait dès lors, comme suit :

Programme primitif

Centres à créer pendant les 5 premières années (y compris 3,300,000 francs se rapportant aux centres à créer pendant les 5
années suivantes)...... 15 millions

Amélioration des anciens centres :

1° Relèvement des

subventions pour les
travaux ayant déjà fait
l'objet d'engagements..   5 millions
  2° Nouvelles subven-
tions à prévoir, pour la
première année........   4 millions

            Ensemble..............   24 millions

*Programme complé-
    mentaire*

  Centres à créer pen-
dant les 5 années sui-
vantes, 12,300,000 francs
à diminuer de 3,300,000
francs portés au pro-
gramme des 5 premiè-
res années...........   9 millions
  Amélioration des an-
ciens centres : subven-
tion à allouer pendant
les 9 dernières années. 27 millions
                         ─────────   36 millions
Chemins vicinaux et ruraux......   20 millions

        Total général.........   80 millions

à ajouter pour l'enseignement techni-
et professionnel...................   30 millions

          Total..........   110 millions

Modifications apportées par la Commission

  La commission a estimé que le chiffre de 20 millions demandé pour l'ouverture de chemins vicinaux et ruraux, alors qu'elle venait de réduire de
45 à 30 millions le crédit demandé par la direction

des travaux publics pour le même objet, était susceptible de réduction et l'a ramené à 10 millions, en indiquant toutefois que sur les 30 millions portés au chapitre des travaux publics pour les chemins vicinaux, 20 millions seraient spécialement affectés à l'ouverture de chemins vicinaux pour desservir des centres de colonisation.

Le montant de la dépense pour les services de la colonisation sur une période de 10 ans se trouve donc ramené à.................... 100 millions et l'administration propose de le répartir suivant les indications du tableau ci-après :

Tableau indiquant les prévisions annuelles d'emploi pour les fonds du prochain emprunt destinés à être affectés à l'organisation de l'enseignement professionnel et technique.

Années	Dépense prévue	Observations
1921	5.200.000	Une somme de 30 millions est demandée pour l'organisation de l'enseignement professionnel et technique, agricole, commercial et industriel.
1922	5.200.000	Cette somme doit être consacrée à la construction et à l'installation d'une école d'agriculture et de 4 écoles professionnelles d'industrie d'ont l'ouverture présente un caractère d'urgence marqué.
1923	6.200.000	Il y a donc lieu de prévoir l'emploi des 30 millions dès les premières années qui suivront la réalisation de l'emprunt.
1224	6.200.000	
1925	7.200 000	

Le rapport Petit comportait pour une période de 15 à 20 ans une dépense totale de.... 58.700.000 à laquelle il faut ajouter celle de.... 30.000.000 prévue pour l'enseignement technique et professionnel.

Si l'on tient compte de la majoration du simple au triple dont il faut faire état pour tous les travaux de colonisation, la dépense actuellement prévue qui comprend en réalité la partie la plus essen-

tielle du programme Petit, se rapproche sensiblement de celle qui y était prévue. .

Il paraît superflu d'insister sur le caractère d'extrême urgence des travaux de colonisation qui, en
complétant l'outillage des centres déjà créés, en
favorisant l'implantation de nouveaux colons sur
les terres aujourd'hui incultes que la métropole
nous demande de fertiliser, en permettant l'évacuation plus rapide des produits des nouveaux
territoires ouverts à la colonisation, augmenteront
cette production agricole qui doit constituer un
des facteurs si puissants de notre relèvement économique.

Chaque nouveau centre créé, chaque nouvelle
famille implantée sur le sol algérien, constituera
un élément de richesse nationale dont il dépend de
notre activité de hâter l'éclosion. Chaque jour de
retard constitue une diminution de la production
possible et avec comme corrélatif l'obligation d'aller chercher ailleurs et dans des conditions onéreuses ce que notre sol pourrait produire.

Le développement de la colonisation, sous toutes
ses formes tangibles, est donc une des nécessités
les plus impérieuses de l'heure présente.

Quant à l'organisation de notre enseignement
technique et professionnel il devient plus que
jamais, à l'heure où nous proposons un programme magnifique de grands travaux, une des conditions de la bonne et rapide exécution de ce programme :

CENTRES	ARRONDISSE-MENTS	COMMUNES	SITUATION GÉOGRAPHIQUE	DÉPENSES D'INSTALLATION		
				Constitution des périmètres	Travaux	Total
			Département d'Alger			
Serguine et Megane	Médéa	Chellala M.	A 20 kil. au S.-E. de Chellala.	»	1.000.000	1.000.000
Masqueray (agrand‴)	Alger	Aumale M.	Sur le chemin de grande communication n° 20 de Berrouaghia à Aumale.........	200.000	200.000	400.000
Souk-el-Arba	Id.	Id.	Au confluent des Oued-Montgret et Yagoum, sur le chemin de G. C. n° 22.........	400.000	500.000	900.000
Aïn-Behaït	Orléansville	Ténès M.	Sur la route de Fromentin à Rabelais à 10 kil. de Fromentin.........	350.000	450.000	800.000
Chabounia et Boughzoul	Id.	Boghari M.	Sur le chemin d'I. C. de Chellala à Boughzoul, à 28 kil. de Boghari.:............	300.000	500.000	800.000
			Totaux............	1.250.000	2.650.000	3.900.000
			Travaux topographiques.........			500.000
			Total général.........			4.400.000

CENTRES A CRÉER SUR LES FONDS DU 3ᵉ EMPRUNT (Suite)

Programme complémentaire

CENTRES	ARRONDISSE-MENTS	COMMUNES	SITUATION GÉOGRAPHIQUE	DÉPENSES D'INSTALLATION		
				Constitution des périmètres	Travaux	Total
			Département d'Oran			
Matelaz	Mostaganem	Djebel-Nador mixte	Sur le chemin de G. C. de Tiaret à Trézel, à 19 kil. de Tiaret et à 8 kil. de Trézel..	150.000	350.000	500.000
Zeroualia	Id.	Id.	Sur la route de Trézel à Chellala à 18 kil. de Trézel..........	»	800.000	800.000
Sahari Goupe domanial nᵒ 3	Id.	Id.	A 17 kil. environ à l'est d'Ain-Dzarit et à 50 kil. de Tiaret.	»	900.000	900.000
Tousnina	Id.	Id.	A 40 kil. de Tiaret et à 22 kil. de Palat...................	300.000	700.000	1.000.000
Abdellys (agrandissem.)	Tlemcen	Pont-de-l'Isser	Sur le chemin de G. C. nᵒ 19 de Pont-de-l'Isser à Lamoricière, à 15 kil. de Pont-de-l'Isser.................	400.000	500.000	900.000
			Totaux..........	850.000	4.100.000	4.100.000
			Travaux topographiques..			500.000
			Total général...			5.600.000

CENTRES A CRÉER SUR LES FONDS DU 3e EMPRUNT (Suite)

Programme complémentaire

CENTRES	ARRONDISSE-MEMTS	COMMUNES	SITATUION GÉOGRAPHIQUE	DÉPENSES D'INSTALLATION		
				Constitution des périmètres	Travaux	Total
Département de Constantine						
Enchir-Goraï (un second centre sur les domaniaux).	Constant.	Oum-el-Bouaghi (M)	Sur les Hauts-Plateaux constantinois, à 30 kil. au sud de Canrobert........... ..	»	600.000	600.000
Enchir-Goraï (un centre sur le communal).	Id.	Id.	Au sud-ouest des terrains domaniaux, à 30 kil. au sud de Canrobert.............	400.000	1.000.000	1.400.000
Bled Dorman	Batna	Aïn-el-Ksar	Dans la plaine du Chemora et à 3 kil au nord-ouest de ce centre....................	»	800.000	800.000
			Totaux..............	400.000	2.400 000	2.800.000
			Travaux topographiques			500.000
			Totaux généraux.............			3 300.000

RÉCAPITULATION :

Département d'Alger 4.400.000
Département d'Oran.... .... 4.600.000
Département de Constantine 3 300.000

Totaux.......................... 12.300.000

3ᵉ *Emprunt*

Centres a créer sur les Fonds du 3ᵉ Emprunt

Notices concernant les Centres de Colonisation portés au Programme Complémentaire de l'Emprunt.

Département d'Alger

Serguine et Mégane (C. M. de Chellala). — Utilisation de terrains domaniaux situés dans les douars Serguine et Mégane, entre Chellala et Aïn-Oussera, à 20 kilomètres de Chellala, d'une superficie respective pour chacun des douars de 15.610 hectares et 5.490 hectares.

Composés pour moitié environ de terres d'alluvion de première qualité et pour le surplus de terres de parcours, les terrains à allotir pourront servir à la constitution de lots de fermes de grande étendue avec un ou deux hameaux industriels.

L'alimentation des exploitations sera assurée par le forage de puits.

La réalisation de ce projet nécessitera une dépense évaluée à 1,000,000.

Masqueray (agrandissement) (C. M. d'Aumale). — Agrandissement du centre de Masqueray situé sur le chemin de grande communication n° 20 de Berrouaghia à Aumale par l'acquisition de terres aux indigènes.

Suivant l'importance des superficies qu'il sera possible d'acquérir, il sera créé un nombre plus ou moins grand de nouveaux groupes agricoles qui viendront renforcer le peuplement du centre.

Il y a lieu de prévoir pour ce projet une dépense de 400,000 francs, dont 200,000 francs pour acquisition de terres et 200,000 francs pour travaux.

Souk-el-Arba (C. M. d'Aumale). — Constitution d'un périmètre de 2.500 hectares environ par voie d'acquisition.

Situé sur la route de Berrouaghia à Aïn-Bessem, à 25 kilomètres à l'ouest de Bir-Rabalou, le nouveau centre comprendrait 30 groupes agricoles de 65 hectares environ et 15 groupes industriels au total 45 feux.

La dépense à engager pour la réalisation de ce projet est évaluée à 800,000 francs, savoir : 400,000 francs pour acquisition de terres, et 400,000 francs pour travaux d'installation.

Chabounia et Boughzoul (C. M. de Boghari). — Superficie domaniale d'environ 15.000 hectares, dans les douars Chabounia et Boughzoul à utiliser pour la colonisation, notamment pour la création d'un centre au lieu dit « Puits de M'Siline ».

Le nouveau périmètre serait situé sur la route de Chellala à Boghari, à environ 8 kilomètres de la future station de Boughzoul sur la voie ferrée d'Alger à Laghouat.

L'alimentation en eau serait assurée par des puits; une partie des terres pourra être irriguée.

L'agglomération à créer à « Puits de M'Siline » comprendra des groupes agricoles formés d'un lot urbain, d'un lot de jardin et de lots ruraux. Le surplus du territoire sera alloti en lots de ferme.

La dépense prévue pour la réalisation de ce projet est de 800,000 francs.

Aïn-Behaïr (C. M. de Ténès). — Périmètre de 1.250 hectares environ, à constituer par l'utilisation de 362 hectares de terrains domaniaux et par l'acquisition du complément.

Il serait situé sur le chemin d'intérêt commun n° 1 de Rabelais à Fromentin et à environ 10 kilomètres de ce dernier centre.

Le lotissement comporterait la formation de 12 groupes agricoles de 80 hectares, et de 10 groupes industriels, au total 22 feux.

La création envisagée entraînerait une dépense évaluée à 800,000 francs, dont 350,000 francs pour acquisition de terres et 150,000 francs pour travaux d'installation.

Département d'Oran

Malelaz (C. M. du Djebel-Nador). — Le périmètre projeté, d'une superficie de 5.000 hectares serait constitué en grande partie par des terrains domaniaux, pour le surplus par des terres achetées aux indigènes. Placé sur la route de Tiaret à Trézel, il se trouverait à 19 kilomètres de Tiaret et à 8 kilomètres de Trézel.

Les terres à utiliser sont de bonne qualité, convenant à la culture des céréales et à l'élevage.

L'eau d'alimentation sera fournie par l'adduction de la source « Aïn-Beïda », distante de 3 kilomètres environ.

Le nouveau village comprendra 35 concessions de 120 hectares environ et 15 groupes industriels, au total 50 feux.

Sa création nécessitera une dépense évaluée à 500,000 francs, savoir: 50,000 francs pour acquisition de terres et 150,000 francs pour travaux d'installation.

Zeroualia (C. M. du Djebel-Nador). — Périmètre de 4.000 hectares de terrains domaniaux, situé à 20 kilomètres de Trézel, à 18 kilomètres de Tiaret.

Terres propres à la culture des céréales; lots de jardin irrigables.

Il sera possible de constituer 30 concessions de 120 hectares environ, et 20 groupes industriels. Le village comprendra donc 50 feux.

Il y a lieu de prévoir pour la réalisation de ce projet une dépense de 800,000 francs (ouverture de voies d'accès et travaux d'installation.

Sahari (C. M. du Djebel-Nador). — Superficie domaniale de 2.945 hectares à utiliser pour la création d'un centre en bordure de l'ancienne voie militaire de Tiaret à Chellala, appelé «Trik Maréchal», à 50 kilomètres environ à l'est de Tiaret, à 45 kilomètres à l'ouest de Chellala, à 35 kilomètres au sud de Vialar.

Composé de terres de bonne qualité, convenant à la culture des céréales et à l'élevage, le nouveau centre serait alimenté par des puits.

Il serait alloti en 20 groupes agricoles de 100 hectares environ et 10 groupes industriels.

La dépense à engager serait de 900,000 francs.

Tousnina (C. M. du Djebel-Nador). — Constitution d'un périmètre de 5.000 hectares, en grande partie au moyen de terrains domaniaux, pour le surplus, au moyen de terres indigènes, à 40 kilomètres environ au sud de Tiaret et à 10 kilomètres environ à l'est de la route de Tiaret à Frenda.

Le lotissement comprendra la formation de 35 groupes agricoles de 120 hectares et de 5 groupes industriels, au total 40 feux.

L'alimentation en eau potable sera assurée par l'adduction de sources. Une partie des terres pourra être irriguée.

La réalisation de ce projet nécessitera une dépense évaluée à 1,000,000, dont 300,000 francs pour acquisition de terres et 700,000 francs pour travaux d'installation, voies d'accès, etc.

Les Abdellys (Agrandissement. Commune de Pont de l'Isser). — Agrandissement du village des Abdellys par l'acquisition de 980 hectares de terres appartenant aux indigènes et au moyen de 100 hectares de terrains domaniaux.

Il serait formé 15 nouveaux groupes agricoles de 60 hectares environ.

La dépense à prévoir est estimée à 900,000 francs : 400,000 francs pour acquisition de terres et 500,000 francs pour travaux.

Département de Constantine

Enchir Goraï (C .M. d'Oum-el-Bouaghi). — En outre du projet de création d'un centre sur une partie des terrains domaniaux de l'Enchir Goraï, porté au programme des 5 premières années, il y a lieu de prévoir la constitution d'un autre périmètre de colonisation sur le surplus de ces mêmes immeubles.

Le second périmètre serait situé à proximité du premier et comprendrait également une soixantaine de feux. Il nécessiterait une dépense évaluée à 600,000 francs.

Enfin, sur le communal d'Enchir Goraï pourrait être créé un troisième périmètre de 3.600 hectares, comprenant une soixantaine de feux.

Ce dernier centre serait placé à environ 12 kilomètres au sud du précédent et entraînerait une dépense de 1,400,000 francs, savoir : 400,000 francs pour acquisition de terres et 1,000,000 pour l'ouverture des voies d'accès et pour les travaux d'installation.

Bled Dorman (C. M. d'Aïn-el-Ksar). — Périmètre de 4.300 hectares de terrains domaniaux, situé à 6 kilomètres à l'est de Chemora et à 22 kilomètres au sud d'El-Madher et à 50 kilomètres au sud-ouest de Batna.

Terres de bonne qualité, convenant à la culture des céréales et à l'élevage et à allotir en 30 groupes agricoles de 120 hectares environ et en 15 groupes industriels. Le nouveau village comprendrait donc 45 feux.

La création entraînerait une dépense approximative de 800,000 francs.

FORETS

Les propositions faites par la direction des forêts comportent :

1° La dépense nécessaire pour achever les travaux prévus au programme de l'emprunt de 1907, 3 millions;

2° La dépense nécessaire pour exécuter les travaux neufs les plus urgents suivant la nomenclature ci-après :

Construction de maisons forestières	1.100.000
Ouverture de chemins.............	494.000
Mise en valeur de chênes liège....	110.000
Travaux de reboisement...........	3.030.000
soit........	4.734.000
et au total.'.....................	7.734.000

Le détail de ce programme est indiqué dans un note détaillée établie par les services des forêts.

Son exécution avait été prévue pour une période de 5 à 6 années, mais le directeur de ce service ne voit que des avantages à l'échelonner sur une période plus longue, de dix années.

Le rapport Petit prévoyait une dépense totale de 14,500,000 francs à répartir sur une période de vingt années, à raison de :

Pour la 1re étape.................	7.500.000
Pour la 2e étape.................	7.000.000

Les conditions particulières dans lesquelles s'effectuent les travaux forestiers, exécutés presque exclusivement avec le concours d'une main-d'œuvre locale qui n'a pas subi les mêmes hausses que la main-d'œuvre des villes ou des grands chantiers de travaux publics, ne nécessitant que des achats de matériaux restreints, permettent aux services techniques de considérer les chiffres du rapport Petit, qui comportait déjà une majoration de 100 % sur les chiffres de 1914, comme susceptibles d'être maintenus.

Le détail de ce programme développé dans la note ci-annexée comporte notamment des constructions de maisons forestières, des ouvertures de chemins en forêt, des dépenses de mise en valeur de nos forêts et des travaux de reboisement.

Il se chiffre par une dépense totale de 7,731,000 francs, que l'administration forestière propose de répartir ainsi sur la période de 10 années fixée pour son exécution :

1re année	1.200.000	
2e année	1.100.000	
3e année	1.100.000	
4e année	1.100.000	
5e année	1.037.000	5.537.000
6e année	450.000	
7e année	450.000	
8e année	450.000	
9e année	450.000	
10e année	397.000	2.197.000
Total........		7.731.000

Ce programme comporte certaines additions ou modifications au programme du rapport Petit et l'administration forestière a indiqué qu'elle les avait apportées en tenant compte des travaux entrepris depuis 1914 et des besoins qui se sont révélés depuis cette date.

Ces remaniements, qui ont pu être opérés sans augmentation de dépenses, ont eu principalement pour objet d'assurer la défense de la Mitidja par l'acquisition de terrains pour le reboisement et l'exécution de travaux absolument urgents.

D'autre part, l'administration des forêts a demandé l'inscription au programme d'une somme de 2,000,000 pour création de parcs nationaux.

Les propositions de l'administration, développées dans une note ci-annexée, ont été adoptées par la commission. Le chiffre total des travaux a été porté à 9,754,000 francs.

Note sur les Travaux Forestiers a effectuer en cinq années sur la 1re Tranche du 3e Emprunt

Le programme des travaux annexé à la note générale de la direction des forêts en date du 13 mars 1920 sur le 3e emprunt comprend tous les travaux forestiers dont on peut envisager à l'heure actuelle la réalisation à l'aide des ressources extraordinaires du budget. Dans l'esprit du rédacteur de cette note, ce programme devait obligatoirement être exécuté dans un délai de 5 années, ce qui est un peu court au regard des moyens dont dispose le service des Eaux et Forêts. Il résulte de la discussion ouverte à la commission des voies et moyens, qu'il n'est pas nécessaire d'assigner à cette réalisation un délai aussi court, et qu'il importe, pour le moment, de fixer la partie de ce programme à exécuter dans les 5 premières années, étant entendu que le surplus sera achevé par la suite à l'aide d'une nouvelle tranche d'emprunt.

Nous nous bornerons donc à indiquer ci-dessous cette première partie du programme en nous rapportant, pour le détail, aux explications données dans la note générale.

1° *Programme à exécuter dans les cinq premières années*

1° Achèvement des travaux prévus au programme du 2e emprunt (voir note générale, page 4)............... 2.300.000

2° Ouverture de tranchées contre l'incendie de 300 à 500 mètres de largeur (restitution des 700,000 francs prélevés en 1913 sur la dotation des travaux de forêts du 2e emprunt).... 700.000

3° Travaux nouveaux :

A. — Maisons Forestières

Construction de 2 maisons forestières dans la conservation d'Alger (région de Bou-Saâda)....... 140.000

Construction de 3 maisons forestières dans la conservation d'Oran (région de Marnia Sebdou)........ 210.000

Construction de 3 maisons forestières dans la conservation de Constantine (2 dans la région de Tébessa, 1 dans les Beni Salah) 190.000

510.000

B. — CHEMINS

Conservation de Constantine

Ouverture d'un chemin charretier n° 30 de la forêt de Zouagha 152.000

Ouverture d'un chemin dans la forêt du Babor.... 80.000

232.000

C. — MISES EN VALEUR

Mises en valeur des forêts de chênes liège dans la région de La Calle 250.000 arbres à 0 fr. 22.......... 55.000

D. — REBOISEMENT

Conservation d'Alger

Périmètre du versant Nord de l'Atlas............ 300.000

Périmètre de Bou Roumi. 30.000

Périmètre de l'Oued Dje-
maâ 50.000
Périmètre du Hamiz..... 200.000
Périmètre de Rovigo.... 150.000
Périmètre de l'Harrach.. 100.000
Périmètre de l'Oued Djer. 30.000
Périmètre de Meurad.... 30.000
Périmètre des Beni Che-
nacha 50.000
Acquisition et reboise-
ment de terrains nus..... 75.000

Conservation d'Oran

Périmètre de Bou Ache-
ria 75.000
Périmètre des Ouled Si-
di Larbi 45.000
Périmètre des Cheurfas. 100.000
Périmètre de Saïda..... 100.000
Acquisition de terrains
boisés limitrophes de la forêt d'Oukar Zeboudj...... 100.000
Acquisition et reboise-
ment de terrains nus...... 75.000

Conservation de Constantine

Reboisement des dunes de
La Calle et de Souarakh.. 100.000
Repeuplements dans les
forêts de chênes-liège..... 100.000
                                 —————   1.710.000

Total........ 5.537.000

Répartition par conservation des travaux à effectuer sur le troisième emprunt au cours des cinq premières années

CONSERVATIONS	Achèvement des travaux du 2ᵉ emprunt	Ouverture de tranchées de grande largeur	TRAVAUX NOUVEAUX				Totaux
			Maisons	Chemins	Mises en valeur	Reboisements	
Alger	1.212.000	200.000	140.000	»	»	1.015.000	2.567.000
Oran...........	229.000	200.000	210.000	»	»	495.000	1.134.000
Constantine...	859 000	300.000	190.000	232.000	55.000	2 0.000	1.836.000
Totaux...	2.300.000	700 000	540.000	232.000	55.000	1.710.000	5.537.000

*Répartition par catégorie d'ouvrages du programme général des travaux
à effectuer sur le troisième emprunt*

NATURE DES TRAVAUX	Somme à allouer pour l'achèvement des travaux prévus au 2ᵉ emprunt (1)	TRAVAUX NOUVEAUX		Total général
		à réaliser dans les cinq premières années	à réaliser dans les années suivantes	
Maisons forestières..................	550.000	540.000	560.000	1.650.000
Chemins.........................	1.170 000	232.000	262.000	1.664.000
Défense contre l'incendie.............	880 000 (1)	»	»	880.000
Mises en valeur.....................	»	55.000	55.000	110.000
Reboisements.....................	400.000	1.710.000	1 320.000	3.430.000
Totaux.......	3.000.000	2.537.000	2 197.000	7.734.000

(1) Est comprise dans la colonne 1 la somme de 700,000 francs demandée en restitution du prélèvement opéré en 1913 et qui doit être consacrée à l'ouverture des tranchées de grande largeur.

ANNEXE AU RAPPORT

Détail du Programme Adopté

Travaux forestiers

Les dotations mises à la disposition du service des eaux et forêts sur les deux premiers emprunts ont été de :

1° Emprunt, 6,055,250 francs;

2° Emprunt, 8,000,000 de francs.

Le programme des travaux à réaliser au moyen de ces ressources comportait les travaux strictement indispensables pour assurer la conservation et la mise en valeur du domaine forestier, tel qu'il se présentait à cette époque.

Ce programme comprenait :

La construction de maisons forestières permettant d'installer partout la surveillance au cœur même des forêts ;

L'ouverture d'un réseau de chemins destiné à faciliter la surveillance, à hâter, en cas d'incendie, l'arrivée des secours et à permettre l'écoulement des produits.

L'établissement d'un réseau de tranchées contre l'incendie;

L'achèvement des travaux de démasclage pour la mise en valeur des forêts de chênes-liège;

Des travaux de reboisement à effectuer dans les forêts et dans les périmètres de restauration des terrains en montagne.

En ce qui concerne spécialement le deuxième emprunt, le programme comportait une évaluation séparée pour chaque ouvrage, à l'origine, sauf de légères modifications imposées par les circonstances, qui n'ont d'ailleurs été apportées qu'après avoir reçu l'approbation des assemblées algériennes,

La dotation de 6,055,250 francs du premier emprunt a été, en totalité, dépensée. Quant au programme de 1907, son exécution qui, normalement, eût dû être terminée à l'heure actuelle, s'est trouvée retardée par la mobilisation d'une grande partie du personnel et la situation économique due à la guerre qui ont amené un ralentissement très marqué de tous les travaux au cours des 5 dernières années. (Voir état de situation des dépenses engagées sur les fonds des premier et deuxième emprunts pièce annexe n° 1).

Avant d'indiquer ce qu'il reste à faire pour l'achèvement de ce programme, il convient de noter tout d'abord que la dotation de 8 millions allouée au service des forêts a été réduite en 1913 à 7,300,000 francs du fait d'un prélèvement opéré au profit des travaux publics, mais dont la restitution à son affectation primitive a toujours été considérée, par les délégations financières, comme devant être opérée dès que les circonstances le permettraient. (Voir session de 1914 commission du 3e emprunt, rapport Berard, page 26).

De la situation au 31 décembre 1919 des dépenses effectuées sur les fonds du deuxième emprunt, il ressort que, sur les 7,300,000 francs constituant la dotation actuelle des forêts, il reste encore à dépenser une somme de 2,305,042 fr. 35 se répartissant ainsi qu'il suit par catégorie de travaux:

Pour les maisons forestières, soit 24 maisons restant à construire....	552.345 70
Pour les chemins................	1.171.685 24
Pour les travaux de défense contre l'incendie	185.929 12
Pour les reboisements...........	395.082 09
Pour l'ensemble.......	2.305.042 35

Les travaux restant à effectuer sur cette dotation ont fait, l'an dernier, l'objet d'une révision ayant pour but d'apporter au programme initial quelques modifications destinées à le mieux adapter aux besoins du moment. Ces modifications ont été approuvées par les délégations financières dans leur session de 1919, mais on s'en est tenu à cette époque aux dotations primitives tout en faisant observer que la hausse des salaires et des matériaux entraînerait nécessairement leur relèvement général.

On se trouve ainsi amené, avant d'examiner les travaux nouveaux à effectuer sur le troisième emprunt, à prévoir, en première ligne, la somme indispensable à l'achèvement des travaux restant à effectuer sur le deuxième et qui présentent tous un réel caractère d'utilité et d'urgence.

1° Dotation nécessaire pour achever les travaux
prévus au programme du 2ᵉ emprunt.

Il est assurément difficile de chiffrer à l'heure présente le relèvement qu'il convient d'apporter aux évaluations des différents ouvrages pour les mettre en harmonie avec le taux actuel des salaires et le prix des matériaux. S'il s'agissait de travaux devant être réalisés dans un très court laps de temps, on n'aurait qu'à appliquer les tarifs actuels, mais sans être trop optimiste, il est permis d'escompter dans l'avenir une certaine diminution des prix de revient consécutive à l'amélioration de notre situation économique et au relèvement de notre change.

C'est dans l'espoir de voir se réaliser ces prévisions, que la direction des forêts a estimé pouvoir s'en tenir à demander un relèvement de 100 % des dotations primitives. Ce relèvement paraît d'ailleurs répondre, à peu de choses près, aux exigences de l'heure présente en ce qui concerne les ouvertures de chemins et tranchées, et les travaux à effectuer dans les périmètres pour lesquels les achats de matériaux sont très restreints et qui peuvent être exécutés exclusivement avec le concours de la main-d'œuvre locale. Il n'en serait pas de même pour la construction des maisons, car si les prix actuels devaient se maintenir, c'est un relèvement de près de 200 % qu'il y aurait lieu de prévoir ; mais, dû-on, pour attendre des conditions plus favorables, retarder d'un ou deux ans la construction de certaines maisons, qu'il apparaîtrait raisonnable de le faire.

La dotation à allouer au service des forêts sur les fonds du 3ᵉ emprunt pour l'achèvement des travaux compris au programme du deuxième se trouve ainsi être, en chiffres ronds, de *trois millions*, soit 700,000 francs en restitution du prélèvement opéré en 1913 et 2,300,000 francs à titre de relèvement des dotations pour les travaux restant à effectuer.

Ces 2,300,000 francs seront répartis ainsi qu'il suit, suivant les catégories de travaux :

Pour les maisons forestières.......	550.000
Pour les chemins..................	1.170.000
Pour les tranchées...............	180.000
Pour les reboisements.............	400.000
Au total...........	2.300.000

Quant à la somme de 700,000 francs, elle est destinée, conformément au vœu des délégations financières, à être restituée aux trois conservations, à raison de 200,000 francs pour Alger, 200,000 francs pour Oran, 300,000 francs pour Constantine.

Cette somme sera, en totalité, réservée à l'ouverture de tranchées de grande largeur complètement dessouchées, à établir dans les massifs forestiers importants les plus exposés aux incendies.

Il est apparu en effet que seules des tranchées de 2 à 300 mètres de largeur seraient susceptibles de constituer un obstacle infranchissable par le feu.

II. — *Travaux nouveaux à effectuer sur le 3ᵉ emprunt*

En 1914, le service des eaux et forêts fut appelé à dresser le programme des travaux qui, après la réalisation de ceux prévus à l'emprunt de 1908, resteraient à effectuer pour terminer la mise en valeur des forêts et poursuivre l'œuvre de reboisement entreprise dans les forêts et dans les périmètres de restauration des terrains en montagne.

Ce programme a fait, en 1914, l'objet d'un exposé détaillé présenté par M. Bérard aux délégations financières et a reçu l'approbation de cette assemblée.

Il comportait pour 7,251,000 francs de travaux dont l'imputation était prévue à raison de :

4,500,000 francs sur le budget ordinaire.

2,357,000 francs sur les excédents du fonds de réserve.

L'exécution devait s'échelonner sur une période d'environ 15 années.

Dans son rapport sur le projet d'un 3ᵉ emprunt (délégations financières, session ordinaire de 1919), M. Petit a estimé que ce programme devait être reporté, sans modification, au 3ᵉ emprunt, sauf à porter à 14,500,000 francs l'estimation initiale de manière à tenir compte de l'augmentation survenue depuis 1914 dans le prix de la main-d'œuvre et des matériaux de toutes sortes.

Comme il ne s'agit plus aujourd'hui d'un programme à réaliser sur une période de 15 ans, mais d'un programme à réaliser dans un espace de temps beaucoup plus court, 5 à 6 ans, la direction des forêts croit devoir s'en tenir, pour le moment, à proposer l'inscription au projet du 3ᵉ emprunt des travaux du programme de 1914 dont l'imputation était prévue à l'excédent du fonds de réserve et dont l'évaluation actuelle est de 4,734,000 francs. L'administration des forêts ne modifie pas son programme quant au chiffre, mais accepte volontiers d'en échelonner l'exécution sur 10 années. Elle n'y voit que des avantages.

Il a paru indispensable toutefois d'apporter au programme de 1914, particulièrement en matière de reboisement, certaines additions ou modifications tenant compte des travaux entrepris depuis 1914 et des besoins qui se sont révélés depuis cette date. Ces remaniements ont pu être opérés sans augmentation de dépense.

Quant aux travaux dont l'imputation devait avoir lieu à l'origine, sur les budgets ordinaires et dont certains, d'ailleurs, trouveraient difficilement place dans un programme d'emprunt, la direction des forêts, tout en reconnaissant leur très réelle utilité, estime qu'on peut en ajourner l'exécution, sauf à les comprendre dans le programme de la deuxième tranche d'emprunt, si toutefois ils ne peuvent d'ici là être exécutés au moyen des ressources ordinaires du budget.

Détail des Travaux nouveaux à effectuer sur le 3ᵉ Emprunt

Les travaux à effectuer sur la dotation de 4,731,000 francs dont on demande l'inscription au projet du troisième emprunt pour l'exécution des travaux nouveaux comprennent :

La construction de maisons forestières 1.100.000
L'ouverture de chemins............ 491.000
La mise en valeur de chênes-liège... 110.000
Les travaux de reboisement........ 3.030.000

A. — *Maisons forestières*

Les ressources mises à la disposition du service des forêts sur les fonds des deux premiers emprunts en y comprenant le relèvement de dotation prévu pour l'achèvement des travaux du second, permettront d'organiser des maisons forestières dans tout le domaine qui était soumis à la gestion du service en 1908. Il reste à réaliser aujourd'hui la même organisation dans les forêts des anciens territoires de commandement, remises au service forestier au cours des dernières années et dont la superficie approximative est de 380.000 hectares. Pour assurer la surveillance de ce domaine, on peut estimer qu'il suffira, de longtemps encore, d'un garde forestier par 15.000 hectares et d'un brigadier pour 6 gardes, soit un total de 30 préposés.

Ceux-ci ne pourront utilement exercer leurs fonctions qu'au fur et à mesure de la construction des maisons forestières qui permettront de les loger à proximité de leurs triages. Il convient dès lors d'envisager la construction de 15 maisons forestières à 2 logements.

Il n'a pas été possible jusqu'à présent de déterminer d'une façon définitive les emplacements qu'occuperont ces 16 maisons ; toutefois, on est déjà fixé en ce qui concerne celles de Medjedel et d'Oum-es-Sonnag à construire dans les forêts de Bou-Saâda et celle d'Aïn-Khanga, à construire dans la forêt des Ouled-Sidi-Abid, ancien cercle de Tébessa.

Etant donné l'éloignement de ces maisons qui occupent des régions où les moyens de communication sont assez précaires, on ne peut les estimer à moin de 70,000 francs l'une, ce qui correspond à une dépense totale de 1,050,000 francs.

En outre, une maison double est prévue dans la forêt des Beni-Salah ; son estimation primitive, qui était de 25,000 francs, doit être doublée et portée à 50,000 francs.

Ces 16 maisons se répartissent ainsi qu'il suit par conservation :

Conservation d'Alger. — 5 maisons dans les forêts de la région de Bou-Saâda 350.000

Conservation d'Oran. — 5 maisons dans les forêts de la région Marnia-Sebdou 350.000

Conservation de Constantine. — 5 maisons dans les forêts de la région de Tébessa et 1 maison dans la forêt des Beni-Salah.................................... 400.000

Total des 16 maisons forestières.. 1.100.000

B. — *Chemins*

D'une manière générale, le réseau de chemins muletiers dont ont été dotés les massifs forestiers est suffisant pour permettre la surveillance et le débardage à dos de mulets des produits.

Les efforts devront désormais porter sur les chemins carrossables permettant aux voitures et camions d'accéder au cœur des massifs susceptibles de fournir les bois d'œuvre et de chauffage nécessaires aux besoins de la colonie.

Dans cet ordre d'idées, on propose dans le département de Constantine :

1° L'ouverture dans la forêt de Zoagha (inspection de Djidjelli) du chemin carrossable n° 30 de l'état de classement. Ce chemin, qui dessert d'importants peuplements de chênes-zéen, aura une longueur de 16.000 mètres.

Son évaluation est de 152,000 francs ;

2° L'ouverture, dans la forêt domaniale de Tamentout (inspection de Djidjelli), d'une route carrossable partant du col de Kronag-Toussat et aboutissant à Tamentout, sur la route de Djidjelli à Constantine. Cette route desservira tout le versant nord du Djebel-Tamesguida, qui renferme d'importants peuplements de chênes zéen et afarès.

Son évaluation est de 200,000 francs.

En dehors de ces chemins carrossables, il conviendrait également, pour faciliter le transport des lièges de reproduction de procéder, dans la forêt des Beni-Idder, à l'achèvement du chemin n° 20 des Seddets et à l'ouverture du chemin n° 39 de l'état de classement et, dans la forêt des Ouled-Askeur, à l'ouverture du chemin n° 43.

Par ailleurs, l'ouverture dans la forêt du Babor d'un chemin raccordant le chemin d'intérêt commun n° 7 au sommet du Babor favorisera considérablement le tourisme, dont l'Algérie retire de si grands avantages. Il permettra aussi, et c'est là un point important, l'arrivée rapide des secours au cas

— 148 —

d'incendie et une meilleure surveillance de la forêt
qui contient une essence, particulièrement rare :
le sapin du Babor.

En résumé, pour les chemins, le programme est le
suivant: Construction du chemin charretier n° 30 de
Zouagha 152.000

Construction d'un chemin carrossa-
ble dans la forêt de Tamentout.......... 200.000

Achèvement du chemin forestier n° 39
des Seddets 9.000

Ouverture du chemin forestier n° 39
des Beni-Idder............................. 35.000

Ouverture du chemin forestier n° 43
des Ouled Askeur.......................... 18.000

Ouverture d'un chemin dans la forêt du
Babor 80.000

Total.................... 494.000

C. — *Mises en valeur de chênes-liège*

Les incendies considérables qui ont dévasté certaines forêts, en particulier celles de la région de la
Calle (département de Constantine), n'ont pas permis de mettre en valeur les chênes-liège. Les brins
provenant des recepages effectués après incendie
atteignent maintenant une grosseur suffisante pour
être démasclée. On peut évaluer à environ 500,000
le nombre des arbres à mettre en valeur, ce qui
à 0 fr. 22 par arbre, correspond à une dépense
totale de 110,000 francs.

D. — *Reboisements*

Si les fonds mis à la disposition du service des
forêts sur les deux premiers emprunts ont permis
de réaliser, dans leurs grandes lignes, les travaux
indispensables à la conservation et à la mise en valeur du domaine forestier, il reste aujourd'hui beaucoup à faire au point de vue du reboisement. Aussi

ne devra-t-on pas s'étonner de voir consacrer aux travaux de cette nature plus des 3/5 de la dotation totale demandée pour les travaux nouveaux sur le 3e emprunt (3,030,000 francs sur un total de 4,734,000 francs).

Les projets à réaliser dont le détail va être donné ci-dessous comprennent, en dehors de ceux qui figuraient au programme de 1914 (commission du 3e emprunt rapport de M. Bérard), des acquisitions de terrains et des travaux absolument urgents à réaliser dans les périmètres anciens ou nouveaux et qui n'avaient pu être prévus lors de l'établissement de ce programme.

Il a paru opportun, par ailleurs, de prélever sur l'ensemble des crédits destinés aux périmètres une somme de 200,000 francs qui sera consacrée à l'acquisition et au reboisement de terrains nus situés en dehors des forêts et des périmètres car l'expérience de la guerre a démontré tout le parti que l'on pouvait tirer des boisements d'essences à croissance rapide, tels que ceux d'eucalyptus et de pin, lorsqu'ils se trouvaient à proximité des routes et des voies ferrées. Aussi l'idée est-elle venue de rechercher les parcelles inutilisables par la culture, mais situées à proximité des voies de communication et des centres de consommation et susceptibles d'être complantées en essences à croissance rapide, notamment les terrains marécageux. Les enquêtes faites à ce sujet ont révélé l'existence d'un assez grand nombre de parcelles répondant à ces conditions dont il y a le plus grand intérêt à poursuivre l'acquisition et le reboisement.

PROGRAMME DES TRAVAUX A EFFECTUER

Conservation d'Alger

1° *Périmètre du versant nord de l'Atlas (ancien périmètre de Blida agrandi)*

Une nouvelle expropriation de 500 hectares de

terrains à restaurer est déjà prévue dans ce périmètre.

Les dépenses nécessaires pour l'acquisition et les travaux destinés à en assurer le reboisement (y compris le réseau de chemins et l'installation de maisons forestières) sont évaluées comme il suit :

Acquisition de terrains (500 hectares à 200 francs)...................... 100.000

Travaux 200.000

Total......... 300.000

2° *Périmètre de Bou-Roumi, commune d'El-Affroun*

Aucune espèce de travaux n'est prévue au programme du 2° emprunt dans le périmètre de Bou-Roumi.

Les terrains dégradés y sont rares, et les versants des montagnes sont généralement boisés d'une façon plus ou moins complète. Des offres de vente amiable se sont déjà produites pour certaines forêts particulières, et il paraît avantageux pour l'État de leur donner une suite favorable.

Il est juste de remarquer que cette manière de procéder serait équitable, puisque la réglementation des exploitations forestières imposée aux propriétaires dans l'intérêt général, peut aller, dans l'intérieur d'un périmètre, jusqu'à la suppression de tout revenu du sol.

Evaluation de la dépense :

Acquisition de 500 hectares à 200 fr...   100.000

3° *Périmètre de l'Oued Djemaà*

Les délégations financières, dans leur séance du 31 mars 1912, ont appelé l'attention de l'administration sur l'urgence des travaux de reboisement de l'Oued Djemaà. Le conseil municipal de Rovigo et la délégation des non colons ont émis des vœux analogues. Ces vœux ont été réalisés par l'administration et le périmètre de l'Oued Djemaà d'une superficie de 1.500 hectares environ a été constitué par l'arrêté gouvernemental du 4 janvier 1915.

Comme pour le périmètre précédent, il s'agit surtout de protéger les boisements déjà existants par une stricte surveillance et au besoin par l'acquisition de terrains boisés.

Évaluation de la dépense :

Acquisition de 200 hectares à 200 fr...	40.000
Reboisement et travaux divers.......	110.000
Total.........	150.000

4° *Périmètre du Hamiz*

Bien que la dotation actuelle du périmètre du Hamiz ne soit pas encore épuisée, il y a lieu de prévoir une extension considérable des travaux de reboisement dans le bassin supérieur, à droite et à gauche de la route nationale d'Alger à Aumale, entre Sakamody et les Deux Bassins. Cette région est en effet extrêmement dégradée et les travaux de restauration y sont absolument nécessaires sur une étendue d'environ 1.000 kilomètres (à cheval sur les communes de l'Arba, Palestro et Tablat).

La dépense peut être évaluée ainsi :

Acquisition de 1.000 hectares à 100 fr.	100.000
Travaux	150.000
Total.........	250.000

5° *Périmètre de Rovigo*

Ce périmètre, créé en 1914 seulement, pour porter remède à une situation très menaçante, n'a pas encore reçu de dotation. Bien qu'il n'ait qu'une superficie restreinte (1.700 hectares environ), les travaux à y entreprendre sont très importants en raison de l'état de dégradation très avancé des terrains à restaurer.

Évaluation de la dépense :

Acquisition de 400 hectares à 200 fr..	80.000
Travaux	150.000
Total..........	230.000

6° Périmètre de l'Harrach

Ce périmètre d'une étendue considérable (14.000 hectares) est surtout un périmètre de simple protection car il est boisé sur presque toute son étendue. Les travaux à y effectuer sont donc destinés presque uniquement à renforcer la surveillance (chemins et maisons forestières).

Évaluation de la dépense :

Acquisition de 100 hectares à 200 fr..	20.000
Travaux	130.000
Total..........	150.000

7° Périmètre de l'Oued Djer

La dotation primitive de 150,000 francs est à peine entamée mais la disponibilité, même doublée pour tenir compte de l'augmentation du prix de revient des travaux, ne suffira pas pour achever ceux-ci, car il faudra y ajouter l'acquisition des différentes parcelles boisées, intéressantes à conserver.

Évaluation de la dépense :

Acquisition de 200 hectares de terrains boisés à 300 francs.....................	60.000

8° Périmètre de Meurad

L'attention de l'administration a été appelée à

diverses reprises sur l'envasement du barrage de Meurad, accentué par la dénudation progressive des pentes de son bassin de réception.

Le seul remède à cet envasement était la constitution d'un périmètre de reboisement englobant tout ce bassin. C'est ce qui a été réalisé en 1914.

Bien que cette mesure doive être restreinte, en principe, à la protection des massifs particuliers, par l'application rigoureuse de l'article 109 de la loi forestière algérienne, il faut cependant prévoir que des expropriations en vue du reboisement pourront porter sur les points les plus dégradés et aussi que des acquisitions amiables pourront être réalisées.

Evaluation de la dépense :

Acquisition de 100 hectares à 300 fr..	30.0000
Travaux	30.000
Total...........	60.000

9° *Périmètre des Beni-Chenacha*

Le service forestier a signalé, à plusieurs reprises, la nécessité de soumettre au régime forestier un certain nombre de parcelles boisées d'une superficie totale de 183 hectares, situées sur le territoire des communes de Camp-du-Maréchal, d'Haussonvillers et d'Isserville et qui, d'abord gérées et exploitées par le service des eaux et forêts, ont été, en exécution d'une décision gouvernementale du 29 mars 1898, n° 2.228, remises aux indigènes des fractions voisines qui en étaient les véritables propriétaires. Ceux-ci en ont poursuivi, depuis ce jour, la dévastation systématique.

La nécessité est alors apparue impérieuse de protéger ces boisements, dont la disparition complète risque d'entraîner les conséquences les plus funestes pour l'intérêt général et la ruine des fonds inférieurs.

La situation va, d'ailleurs, s'aggravant tous les jours et devient des plus alarmantes, car il est indéniable que toute augmentation de la torrentialité des affluents du Sebaou dans la région du Camp-du-Maréchal, à la suite du déboisement de leurs hauts bassins, aura pour conséquence des glissements en masse et des affouillements de nature à compromettre, irrémédiablement, l'assiette de la voie ferrée et de la route d'Alger à Tizi-Ouzou.

Il importe donc, au plus haut degré, de conserver à ces terrains leur armature forestière.

Et c'est pourquoi l'acquisition s'en impose dans le plus bref délai possible.

Evaluation de la dépense :

Acquisition de parcelles boisées et frais d'expropriation 150.000

7° *Achat de 55 enclaves dans la forêt de Kef-Lakhdar, près d'Aïn-Boucif*

L'exercice, par les propriétaires, de leurs droits sur des terrains, ensemble d'une superficie de 168 hectares 60 ares 50 centiares, enclavés dans la forêt domaniale de Kef-Lakhdar, s'oppose à la reconstitution, par le service forestier, de ce massif dévasté et dans un état voisin de la ruine.

On a tenté d'arriver à l'achat, par voie amiable, de ces enclaves, au nombre de 55, mais les propriétaires s'étant refusés à les céder, à aucun prix, on a reconnu la nécessité de recourir à l'expropriation avec prise de possession d'urgence, dans les formes prescrites par les décrets des 11 juin 1858 et 8 septembre 1859.

Evaluation de la dépense :

Valeur estimative de 55 enclaves...... 30.000

8° *Acquisition de terrains nus en vue du reboisement*

Acquisition de terrains à proximité des voies de

communication et reboisement de ces terrains en essence à croissance rapide, 100,000 francs.

1° *Fixation et reboisement des dunes de Bouacheria, commune mixte de Cassaigne*

Les dunes de Bouacheria dépendent du douar-commune de Seddaoua, commune mixte de Cassaigne. Elles s'étendent sur une surface approximative de 425 hectares. Elles sont limitées : au nord, par la forêt domaniale de Seddaoua, canton Petit-Port ; au sud, par les vignes et terres de culture du centre de Lapasset ; à l'est, par la route de Lapasset à Petit-Port ; à l'ouest, par l'oued El-Abid.

L'ensemble de ces terrains constitue un plateau sensiblement horizontal, coupé, seulement, par les ondulations des dunes de formation récente, de direction S.-O.-N.-E. Ce plateau se termine en falaise de 80 à 100 mètres de hauteur vers l'oued El-Abid.

Ces terrains étaient, il y a une trentaine d'années, dans un état relativement satisfaisant. Les terres de culture et les jardins de figuiers étaient nombreux, les parties non cultivées supportaient des boisements analogues à ceux de la forêt domaniale voisine.

Lors de la création du centre de Lapasset, de nombreux indigènes dépossédés sont venus s'établir sur les sables de Bouacheria.

Les boisements ont été détruits pour la mise en culture de terres impropres à cet usage et pour la fabrication du charbon. Le résultat de ces défrichemenst inconsidérés a été désastreux, puisque, une quinzaine d'années seulement après la concentration des indigènes en ces points, ces sables, autrefois maintenus en place par la végétation existante, ont été rendus mobiles et entraînés par le vent. Ils présentent un gros danger actuel pour les cultures du centre de Lapasset.

La situation ne fait qu'empirer. Les quelques travaux de défense qu'ont pu faire, soit les indigènes de Bouacheria, soit les colons de Lapasset, pour arrêter les sables à la limite de leurs cultures, sont inefficaces parce que peu importants et surtout trop morcelés.

Il importait donc de ne pas laisser augmenter la dégradation du sol et, pour cela, un périmètre de reboisement fut constitué par arrêté gouvernemental du 11 décembre 1914 englobant tous les sables en mouvement.

A titre d'expérience, les travaux de fixation furent entrepris avec le consentement des propriétaires, tous indigènes, sans que l'administration devînt propriétaire du sol, étant entendu que ces propriétaires respecteraient les plantations, dont ils comprennent d'ailleurs parfaitement l'intérêt. Cette tentative en cours depuis plusieurs années à l'aide des crédits du budget ordinaire a donné jusqu'à présent les plus heureux résultats et une cinquantaine d'hectares sont déjà complètement immobilisés et, de plus, en voie de reboisement total. Cette œuvre mérite d'être poursuivie jusqu'au bout et, comme elle rentre dans l'ordre des dépenses du budget extraordinaire, il semble préférable de l'inscrire à l'emprunt.

Évaluation de la dépense :

Travaux de fixation.................... 100.000
Travaux de reboisement.............. 50.000
Total............... 150.000

2° *Fixation et reboisement des dunes des Ouled Sidi Larbi, Commune de Bosquet*

Les dunes des Ouled Sidi Larbi sont situées sur le territoire du douar-commune de Chouachi, commune de plein exercice de Bosquet. Elles forment, dans le canton de Bou-Rahma, de la forêt du même nom, une enclave dont la contenance est de 236 hectares en chiffres ronds.

L'ensemble de ces terrains constitue un plateau sensiblement horizontal, de même formation et de même constitution géologique que celui des dunes de Bouacheria.

Les terrains, comme ceux de Bouacheria, appartiennent à l'étage pliocène; ils sont formés de sables rouges provenant de la désagrégation des grés tendres du pliocène supérieur.

Les vents du N. O. et N. qui soufflent avec violence et persistance maintiennent constamment cette masse de sable en mouvement et rendent impossible toute utilisation de ces terrains. Cet état de ruine des terrains des Ouled Sidi Larbi est d'ailleurs récent; il est le résultat d'un déboisement inconsidéré et de pâturage abusif. Ces terrains étaient, il y a une vingtaine d'années dans un état superficiel satisfaisant et couverts de figuiers et de boisements.

Dans les mêmes conditions que celles signalées pour les dunes de Bouacheria, les indigènes ont fait disparaître ces boisements pour livrer à la culture des terres impropres à cet usage. Ainsi se sont mis en mouvement ces sables, qui ont recouvert les jardins de figuiers et les terrains de culture.

La violence du phénomène a été telle que, malgré l'obstacle présenté au vent par des peuplements très denses situés au sud-est de l'enclave, les sables ont pénétré jusqu'à cent mètres à l'intérieur du massif.

La restauration des terrains formant l'enclave des Ouled Sidi Larbi s'impose donc au même titre que pour Bou Acheria, et le périmètre est également constitué depuis le 11 décembre 1914.

Les travaux n'ont pas encore été commencés, mais on peut évaluer ainsi la dépense :

Travaux de fixation..................... 50.000

Travaux de reboisement............... 40.000

Total.......... 90.000

3° *Périmètre des Cheurfas, région de Saint-Denis-du-Sig*

Le périmètre des Cheurfas a été constitué par arrêté du 18 février 1914 en vue de protéger le barrage du même nom contre l'ensablement qui s'élève déjà au tiers de sa hauteur.

Évaluation de la dépense :

Acquisition de terrains (300 hectares à
150 francs)............................... 45.000
Travaux 155.000

Total.......... 200.000

4° *Périmètre de Saïda*

Le périmètre de Saïda a été constitué par arrêté du 13 octobre 1915. Il comprend environ 380 hectares de terrains déjà expropriés. La dépense d'expropriation qui s'est élevée à 84,408 francs a été prélevée sur les ressources du budget ordinaire de 1920. Les travaux qui ont pour but le reboisement du Djebel Irhlem qui domine la ville de Saïda et des environs immédiats de cette ville, ont été évalués par le conseil général d'Oran à 300,000 francs.

C'est ce chiffre que nous proposons d'adopter.

5° *Acquisition de terrains boisés dans la région de la forêt domaniale d'Oukar Zeboudj*

Les terrains boisés dont l'acquisition est projetée par l'État dans la région de la forêt domaniale de Oukar Zeboudj et dont l'étendue approximative peut être évaluée à 2.100 hectares sont situés dans les douars Oued Sefioun (commune mixte du Télagh) et Oued Houmet (commune mixte de Saïda).

Contiguë à la forêt domaniale d'Oukar Zeboudj, dont la contenance est de 3.138 hectares, ils font partie avec elle, d'un seul massif montagneux,

escarpé souvent, très boisé, à végétation très dense
et très puissante, constituée par le pin d'alep, le
thuya et, en faible quantité, par les chênes yeuses
et kermès.

Les sommets les plus élevés de ce massif montagneux atteignent 800 mètres. Les pentes de la forêt
domaniale et des bois particuliers sont très prononcées et atteignent souvent 40 %. Le sol, à ro-
ches siliceuses et calcaires par places, a conservé
sur ces pentes assez de terres végétales et d'humus,
pour que la végétation ligneuse puisse se développer abondamment et constituer de beaux massifs
très serrés en certains endroits et partout en bon
état de végétation.

Les forêts de cette région sont d'autant plus nécessaires à conserver, que la vaste plaine de Mel-
rir à l'ouest, est actuellement complètement défri-
chée et en état de culture et que les régions de
l'Oued Seffoun (centre de Berthelot), sont en voie
de défrichement. Ces défrichements ont déjà eu
une influence fâcheuse sur le climat.

L'acquisition par l'Etat des terrains boisés en
question, constituerait donc un massif domanial
important, d'environ 500 hectares, dont la conservation est absolument nécessaire pour régulariser
la température et le régime des eaux et qui, de
plus, pourra par le résinage, assurer un certain revenu.

Evaluation de la dépense....... 260000 francs

6° *Acquisition et reboisement de terrains sur le
versant sud du Djebel Kaar, commune de Saint-
Cloud.*

A la suite d'une délibération du conseil municipal de la commune de Saint-Cloud, en date du (
juin 1903, un projet de constitution d'un périmètre
au Djebel Kaar a été étudié par le service forestier.

Ce périmètre doit comprendre, notamment, 201
hectares de terrains dépendant actuellement d'une

propriété appartenant actuellement à M. Ayela d'Oran.

Évaluation de la dépense :

Acquisition de terrains...............	34.000
Travaux de reboisement.............	56.000
Ouverture d'un chemin.............	10.000
Total............	100.000

7° *Acquisition et reboisement de terrains nus*

Acquisition de terrains nus à proximité des voies de communication et des centres de consommation et reboisement de ces terrains en essences à croissance rapide : 100,000 francs.

Conservation de Constantine

1° *Reboisement des dunes de La Calle*

Les dunes de La Calle sont situées à l'est de la ville et à la limite de son territoire avec le douar Souarakh de la commune mixte.

Elles se trouvent placées entre la mer et le lac du Tonga.

Les parties ouest et sud-est sont couvertes d'une épaisse frondaison de chênes kermès, qui les protègent efficacement, mais à l'est et surtout au sud-est, le déboisement est complet.

Le sable rendu mobile par le piétinement continuel des nombreux troupeaux qui pâturent sur ce point, s'avance avec rapidité vers le sud-est, en menaçant les terres du Tonga et le canal dit « La Messida », qui conduit à la mer les eaux qui s'accumulent dans la cuvette de l'ancien lac.

Un autre danger, actuel, est celui que court la route nationale qui est fréquemment obstruée par le sable. Depuis quelques années le sable est accumulé avec une telle abondance que la route passe en tranchées là où il y avait des prairies.

Le service des ponts et chaussées dépense, chaque année, des sommes assez importantes pour assurer la viabilité de cette voie.

Une partie de terrains à fixer appartient depuis peu à l'Etat à la suite d'un échange ; mais l'étendue la plus considérable à traiter appartient, à titre arch, aux indigènes de la commune de plein exercice.

Il y a environ 80 hectares de terrains domaniaux et 120 hectares de terres arch.

L'acquisition de ces dernières pourra avoir lieu par voie d'échange sans soulte à payer par l'Etat. La seule difficulté à résoudre sera le recasement des quelques familles qui vivent sur ce point, mais il n'y a rien d'insurmontable.

Evaluation de la dépense : 110,000 francs.

2° *Reboisement des dunes des Souarakh*

Ces dunes se trouvent sur le flanc ouest d'une colline qui ferme au nord la plaine du Tonga et la sépare de la mer.

Elles occupent une bande de terrains assez étroite du nord au sud, mais très allongée de l'ouest à l'est. Les sables s'avancent vers l'est et recouvrent, peu à peu, les terres de culture riveraines, terres melk.

Cette dénudation remonte à une époque déjà assez reculée, mais la situation ne fait qu'empirer car, si en 1875, l'étendue des terrains envahis par le sable n'était que de 85 hectares environ, cette surface a doublé et elle est actuellement de 185 hectares.

Ces dunes occupent une partie de la forêt domaniale des Souarakh. Elles recouvrent les terres melk et les communaux du douar du même nom.

L'acquisition des parcelles nécessaires pour la fixation des dunes sera facile, les populations ayant un intérêt indiscutable à la protection des terrains qui sont menacés.

H B. 6

La surveillance pourra être exercée par les préposés nouvellement installés à la maison forestière d'Adena, située à proximité.

La dépense totale à engager est évaluée à 100,000 francs.

3° Repeuplement en chêne-liège des forêts de la région de La Calle

Les forêts de la région de La Calle ont été ravagées de 1902 à 1905 par de nombreux incendies qui ont fait disparaître sur certains points, l'essence principale, le chêne-liège, pour faire place à un maquis improductif.

Depuis 1907, des essais de repeuplement en chênes-liège ont été effectués et ont donné les résultats attendus.

Il semble donc possible de passer de la période d'essai à celle de l'exécution en grand, mais encore prudente, de ces travaux .

La superficie à repeupler est évaluée à 700 hectares ; le prix de revient par hectare étant d'environ 200 francs, la dépense totale à prévoir est de 140,000 francs.

RÉCAPITULATION PAR CONSERVATION DES TRAVAUX NOUVEAUX A EFFECTUER SUR LE 3ᵉ EMPRUNT

Conservation d'Alger

Construction de 5 maisons forestières dans les forêts de la région de Bou-Saâda	350.000
Périmètre du versant nord de l'Atlas	300.000
Périmètre de Bou-Roumi	100.000
Périmètre de l'Oued Djemâa	150.000
Périmètre du Hamiz	250.000
Périmètre de Rovigo	230.000

Périmètre de l'Harrach..........	150.000
Périmètre de l'Oued Djer........	60.000
Périmètre de Meurad............	60.000
Périmètre de Beni Chenacha......	150.000
Achat des enclaves de la forêt de Kef Lakhdar......................	30.000
Acquisition et reboisement de terrains nus en dehors des forêts......	100.000
Total..........	1.930.000

Conservation d'Oran

Construction de 5 maisons forestières dans les forêts de la région de Marnia, Sebdou....................	250.000
Reboisement des dunes de Bou Acheria	150.000
Reboisement des Ouled Sidi Larbi.	90.000
Périmètre des Cheurfas..........	200.000
Périmètre de Saïda..............	300.000
Acquisition de terrains boisés limitrophes de la forêt de Oukar Zeboudj.	2.800.000
Acquisition et reboisement de terrains sur le versant sud du Djebel Kaar	100.000
Acquisition et reboisement de terrains nus en dehors des forêts.......	100.000
Total........	1.450.000

Conservation de Constantine

Construction de 6 maisons (5 dans les forêts de la région de Tébessa et une dans les Beni Salah)...,.......	400.000
Ouverture du chemin charretier n° 30 de la forêt de Zouagha..........	152.000

Ouverture de la route de Tamentout
et Krenay Toussat.................... 200.000
Ouverture des chemins 29 et 39 des
Beni Idder 44.000
Ouverture du chemin 43 des Ouled
Askeur 18.000
Ouverture d'un chemin dans la forêt
du Babor 80.000
Mises en valeur des chênes liège... 110.000
Reboisement des dunes de La Calle. 110.000
Reboisement des dunes de Souarakh 100.000
Repeuplements dans les forêts de
chênes-liège 140.000

Total........ 1.351.000

RÉCAPITULATION

Conservation d'Alger 1.930.000
Conservation d'Oran 1.450.000
Conservation de Constantine....... 1.351.000

Total général.... 4.734.000

Récapitulation générale par nature d'ouvrages des travaux à effectuer sur le troisième emprunt

NATURE DES TRAVAUX	Somme à allouer pour permettre l'achèvement des travaux prévus à l'emprunt de 1908	Somme à allouer pour l'exécution de travaux neufs	Total	OBSERVATIONS
1° Maisons forestières	550.000	1.100.000	1.650.000	
2° Chemins....	1.170.000	494.000	1.664.000	
3° Défense contre l'incendie	880.000	»	880.000	(1) Dans ce total de 880.000 francs est compris la somme de 700.000 francs qui avait été prélevée en 1913 au profit des Travaux Publics.
4° Mises en valeur.........	»	110.000	110.000	
5° Reboisements.	400.000	3.030.000	3.430.000	
Totaux.......	3.000.000	4.734.000	7.734.000	

ÉTAT DE L'EMPLOI DES FONDS DES EMPRUNTS DE 1902 ET 1908 .

Emprunt de 1902

CATÉGORIES DE TRAVAUX	Fonds affectés dans le programme	Fonds dépensés au 31 décembre 1919	Reliquat	OBSERVATIONS
Maisons forestières........	1.600.000 »	2.189.120 88	589.120 88	(1) La dotation, en réailté, a été ramenée à 5,055.250 francs après déduction des frais d'extension correspondants.
Chemins....................	3.500.000 »	2.617..85 86	888.912 14	
Tranchées.................	»	759.691 81		
Mises en valeur:........ ...	1.000.000 »	154.290 84	249.043 26	
Reboisements.............	»	330.060 61		
Totaux.	6.100.000 » (1)	6.055.250 »	(1)	

Emprunt de 1908

CATÉGORIES DE TRAVAUX	Fonds affectés dans le programme	Fonds dépensés au 31 décembre 1919	Reliquat	OBSERVATIONS
Maisons forestières........	1.820.102 34	1.367.756 44	552.345 90	
Chemins....................	3.327.358 62	2.155.673 38	1.171.685 24	
Tranchées....	706.044 63	520.115 51	185.929 12	
Mises en valeur...........	207.414 87	207.414 87	»	
Reboisements.............	1.139.070 54	743.007 45	395.082 09	
Totaux.	7.300.000 »	4.994.957 65	2.305.042 35	

SUPPLÉMENT AU PROGRAMME DU 3ᵉ EMPRUNT

Note sur les parcs nationaux

La question des parcs nationaux est née tout récemment en Algérie, et le gouvernement général vient seulement de recevoir les résultats complets de l'enquête ouverte à la suite du vœu de la délégation des colons (28 mai 1919) en vue de la création de « réserves artistiques ». C'est pourquoi il n'en a pas été tenu compte dans l'élaboration du programme des travaux à réaliser sur le troisième emprunt.

Mais l'étude à laquelle le service forestier vient de procéder, a révélé l'utilité de créer à bref délai un certain nombre de ces parcs et l'importance que cette création présentait pour le développement du tourisme en Algérie et pour l'installation de stations d'estivage.

L'institution des « parcs nationaux » a pour objet de protéger les curiosités naturelles et les sites pittoresques en les englobant dans des périmètres dans lesquels les végétaux et des animaux libres sont abandonnés à leur développement naturel et soustraits à toute influence humaine qui s'exercerait en dehors du but poursuivi.

Telle est la synthèse des définitions généralement adoptées dans les différents pays.

L'idée a pris naissance aux États-Unis il y a quelque cinquante ans et depuis 1872 douze grands parcs nationaux d'une surface totale de 1.100.000 hectares y ont été créés, dont le plus connu est celui de Yellow-Stone. La république Argentine, la Patagonie, la Suisse, le Canada, la Nouvelle-Zélande, la Bavière, la Bohême, suivirent l'exemple et instituèrent dans l'ensemble une douzaine de parcs nouveaux.

La France n'est entrée que tardivement dans cette voie et jusqu'à présent, un seul parc y a été créé en 1913, celui de la Bérarde, dans l'Isère. Mais un certain nombre d'autres « réserves artistiques », sont actuellement à l'étude.

Notre voisine, la Tunisie, vient de créer de son côté le « parc national d'Aïn-Draham » de plus d'un millier d'hectares.

Il semble que l'Algérie doit adopter résolument cette forme du progrès, car, à l'intérêt qu'elle présente au point de vue scientifique et pour le développement du tourisme, vient s'ajouter, au point de vue économique et au point de vue sanitaire, celui qui s'attache à la création de centres d'estivage.

Il y a donc lieu d'envisager dans un avenir aussi rapproché que possible l'aménagement, en vue de l'accès et de la surveillance, d'un certain nombre de parcs nationaux, destinés à sauvegarder les principales beautés naturelles de la colonie.

Ces travaux (routes automobiles, chemins et sentiers forestiers, installation de gardes, etc., etc...), nécessiteront des dépenses très importantes, dont le détail suit et qui ne peuvent être imputées que sur l'emprunt :

Désignation des parcs	Surface	Nature des travaux	Montant
Akfadou	2 600 h	Routes, chemins, refuges, etc. ...	800.000
Les cèdres de Téniet	1 500	id. ...	350.000
Chréa	300	id. ...	250.000
Bou Djurdjura....	300	id. ...	60.000
Aït ou Abane.....	300	id. ...	60.000
Mouzaïa	800	id. ...	80.000
Les Planteurs.. .	688	id. ...	30.000
Bou Medine	110	id. ...	50.000
Djebel Tuggurth..	3.500	id. ...	250.000
La Mahouna	1.055	id. ...	50.000
Aïn N'sour.......	250	id. ...	40.000
		Totaux....	2.020.000

Cette dépense de 2,020,000 francs peut être répartie sur les cinq premières années d'exécution du programme d'emprunt.

L'INSTRUCTION PUBLIQUE

Le développement de notre enseignement et son organisation dans des conditions lui permettant de remplir le rôle essentiel et national qu'il doit jouer pour l'éducation et la transformation intellectuelle et sociale d'une population dont le chiffre va chaque jour croissant ont fait, depuis leur institution, l'objet des préoccupations constantes des assemblées algériennes

A chaque session, elles ont appelé l'attention de l'administration sur la nécessité d'assurer l'enseignement et l'éducation de toute cette forte jeunesse qui se presse dans nos écoles et de proportionner les installations au développement incessant de la fréquentation scolaire.

La situation signalée par l'académie devient, en effet, de plus en plus angoissante. Dans nombre de villes, les parents ne peuvent faire donner à leurs enfants l'instruction nécessaire, faute de locaux scolaires et, dans beaucoup d'écoles, on est obligé de congédier, malgré leur insistance, des élèves de plus de 13 ans pour faire place aux plus jeunes.

Alger aurait actuellement besoin de 200 classes au moins; Oran d'une centaine. Dans quelques années ce chiffre sera doublé et ce sont des milliers d'enfants qui seront menacés de ne pouvoir recevoir l'instruction que la colonie a l'obligation de leur donner.

On ne saurait trop insister sur la perte que représente, au point de vue économique, ce défaut d'instruction qui jette dans la vie des ouvriers ignorants et expose des enfants en bas âge à tous les dangers d'un vagabondage démoralisant.

Les délégations ont en même temps signalé à l'administration la nécessité d'orienter notre enseignement vers un but de réalisation pratique et de faire de l'école la première étape d'un enseignement utile pour l'exercice de la profession que chaque enfant serait destiné à suivre plus tard.

Elles n'ont pas hésité à déclarer que la colonie devait prendre à sa charge les dépenses occasionnées par la réalisation de ce programme dont elles affirmaient l'urgence.

Dans la séance du 3 avril 1917, l'assemblée plénière des délégations financières a discuté le texte d'un rapport présenté par l'administration sur la situation de l'enseignement en Algérie. Elle a adopté la motion suivante.

« Les délégations adoptent :

« 1° Le principe de la mise à la charge de la co-« lonie des frais de premier établissement, aména-« gement et grosses réparations des établissements « d'enseignement public;

« 2° Le principe de l'exécution de ces travaux au « moyen d'un emprunt à incorporer dans le pro-« chain emprunt général à réaliser par l'Algé-« rie. » (1)

Dans la séance du 7 avril 1917, la commission des finances, par la voix de son rapporteur M. Sider, confirme devant l'assemblée plénière la nécessité de cette motion (2).

La même année, le conseil supérieur, saisi de la question dans sa séance du 27 avril 1917, vote à son tour le texte de la motion adoptée par les délégations (3).

En 1919, devant l'assemblée plénière (séance du

------

(1) Délégations financières, assemblées plénières 1917, pages 50 à 78.

(2) Délégations financières, assemblées plénières, pages 532 à 534.

(3) Conseil supérieur de gouvernement, session de 1919, pages 161 à 164.

15 juin 1919), la commission des finances exprime le vœu que le projet de loi approuvant les dispositions adoptées en 1917, vienne le plus tôt possible en discussion devant le Parlement et reçoive l'accueil favorable que nous réclamons à l'unanimité (1).

La même année, M. Cl. Petit, délégué financier, dans son rapport sur un nouveau programme de travaux publics, reprend la question des constructions scolaires à prévoir sur l'emprunt, et estime que la somme nécessaire à la réalisation du programme présenté en 1917 doit être fixée à 87 millions de francs, (2) sans parler de l'Université.

C'est pour répondre à ces vues des assemblées financières de l'Algérie et aux besoins indiscutables de l'enseignement public que M. le recteur a soumis à la commission le programme ci-après qui représente l'ensemble des travaux neufs de réelle urgence devant être exécutés pendant une première période de cinq ans, de 1921 à 1925.

A. — I. — ENSEIGNEMENT SUPÉRIEUR

Les écoles d'enseignement supérieur d'Alger ont été constituées en Université par la loi du 30 décembre 1909. Dès le premier jour, s'était imposée la nécessité d'agrandir les bâtiments construits de 1880 à 1883, et en première ligne se plaçait la construction d'une faculté mixte de médecine et de pharmacie. L'enseignement médical n'avait à sa disposition que des locaux notoirement insuffisants pour le nombre sans cesse croissant des étudiants. Il en était de même pour la faculté de droit, pour la faculté des lettres, pour celle des sciences :

____

(1) Délégations financières, assemblées plénières, pages 557 et 558.

(2) Délégations financières, 3ᵉ partie, rapport Petit, pages 48 à 51.

Année 1901		*Année 1919-1920*	
Ecole de droit.	165	Faculté de droit....	893
Ecole de médecine et de pharmacie	135	Faculté de médecine et de pharmacie.....	227
Ecole des sciences	83	Faculté des sciences	154
Ecole des lettres	120	Faculté des lettres..	135
Total........	503	Total.......	1.409

En même temps, la création de nouveaux enseignements dans les quatre facultés était indispensable, aussi bien pour la préparation des grades universitaires que pour l'organisation de laboratoires pratiques de sciences appliquées; de là, nécessité évidente de locaux plus vastes et mieux aménagés.

Pour des raisons diverses, les projets préparés pour l'agrandissement de la faculté de médecine, et approuvés par les pouvoirs publics, n'ont pas pu être exécutés jusqu'à ce jour et depuis sa création l'Université n'a dépensé qu'un crédit de 700.000 francs, dont la majeure partie a été absorbée par la construction et l'aménagement de laboratoires nécessaires à la botanique appliquée, à la zoologie appliquée, à la météorologie; à la géographie physique, à la minéralogie, à la chimie appliquée.

Il reste donc à construire de toutes pièces une faculté de médecine et de pharmacie, des laboratoires et des ateliers pour l'électrotechnique, pour la mécanique appliquée, pour la chimie industrielle. Il faut prévoir enfin, sur place, les agrandissements très importants pour la faculté de droit et pour la faculté des lettres. Des projets ont été préparés dans ce dessein et en voici l'énumération avec les crédits prévus.

a). Faculté de médecine et de pharmacie :

Achat de terrain (8.000 mètres du parc à fourrages..............	1.300.000
Constructions d'après projets....	6.500.000

b). Bâtiments de l'administration académique 900.000

c). Agrandissement de la faculté des sciences sur place.................. 800.000

d). Aménagement de la faculté de droit et de la faculté des lettres (sur place) 500.000

Total........ 10.000.000

Observation. — S'il était décidé que les bureaux de l'administration académique doivent trouver leur place dans ceux du gouvernement général, il serait tout à fait désirable que le crédit prévu de 900,000 francs fût reporté aux sommes prévues pour l'enseignement primaire élémentaire.

II. — B. — Enseignement Secondaire

L'accroissement des effectifs scolaires dans les lycées et collèges de garçons et de filles de l'Algérie est considérable depuis pusieurs années.

	1900	1919
Lycées de garçons	2.283	4.486
Collèges de garçons	1.235	2.463
Lycées et collèges de jeunes filles	750	2.783

A Alger, le lycée actuel de garçons compte plus de 2.500 élèves. Il est indispensable et pour la bonne marche des études et dans l'intérêt évident des familles de le dédoubler. La topographie d'Alger le commande impérieusement. A Sidi-bel-Abbès, le collège créé en 1913 n'a pas encore de local à lui ; il est installé dans un groupe scolaire, au détriment de l'enseignement primaire et de son propre développement. A Philippeville, le collège de garçons est insuffisant et son état de délabrement est lamentable. Il faut le reconstruire, et les bâtiments actuels pourront, après réfection et agrandissement, servir à un collège de jeunes filles avec cours d'enseignement primaire supérieur. Les collèges de Tlemcen et de Mostaganem attendent depuis 8 ans des agrandissements indispensables.

Pour les jeunes filles, mêmes nécessités. La colonie a acquis à Alger un grand immeuble pour un lycée d'internat. Cet immeuble est à aménager, pour dégager le lycée d'externat qui compte tout près de 1.000 élèves; on est obligé de louer des locaux extérieurs pour cinq classes. A Oran, la nécessité de l'agrandissement du lycée de jeunes filles est de même reconnue par tout le monde.

Voici les prévisions de crédits pour ces travaux urgents :

Garçons :

a). Deuxième lycée de garçons d'Alger :

Achat de terrain................	2.500.000
Constructions	2.500.000

b). Collège de Sidi-bel-Abbès (construction) 1.500.000

c). Collège de Philippeville (reconstruction) 1.600.000

d). Agrandissement des collèges de Mostaganem et Tlemcen............ 800.000

Filles :

e). Lycées d'internat de jeunes filles à Alger (1) et à Oran (aménagement et et agrandissement)................ 1.100.000

Total............. 10.000.000

(1) Si l'aménagement du lycée d'internat d'Alger (filles) peut être exécuté sur d'autres ressources budgétaires, il y aurait lieu de rattacher une somme de 800,000 francs au crédit proposé pour l'enseignement primaire élémentaire.

III. — Enseignement Primaire Supérieur

1° *Ecoles Normales*

Avec le développement exigé par l'enseignement primaire élémentaire en Algérie, il faut de toute nécessité prévoir un recrutement plus intense du personnel enseignant, et l'agrandissemnt de deux de nos écoles normales.

A Constantine, l'école normale d'instituteurs fut transportée, à la suite du tremblement de terre de 1908, dans le bâtiment du séminaire. Depuis cette époque, on attend des agrandissements indispensables (construction d'ateliers, de dortoirs, etc.).

A Oran, à l'école normale d'institutrices, un projet d'agrandissement avait été établi avant la guerre et approuvé par le conseil général du départemen. Il est de toute urgence de l'exécuter le plus rapidement possible.

2° *Ecoles primaires supérieures de garçons et de filles*

Nous n'avions en 1900 que trois écoles primaires supérieures, avec un total de 285 élèves ; en 1919, nous avions 10 écoles de garçons, 8 écoles de jeunes filles avec effectif de 2.312 élèves. Et le programme de 1909 est loin d'être achevé. A Alger, il est de nécessité évidente de construire deux écoles nouvelles. Il faut en édifier à Oran, à Mascara, à Tlemcen et celle de Mostaganem (jeunes filles) a besoin d'un agrandissement important.

Voici les crédits prévus pour ces travaux urgents:

a). Ecole normale d'instituteurs de Constantine (agrandissement)......... 600.000

Ecole normale d'institutrices d'Oran (agrandissement)............... 500.000

1.100.000

b). Ecoles primaires supérieures :

Alger (deux écoles, garçons et filles) (construction)...............	2.500.000
Mascara (garçons) (construction)..	800.000
Tlemcen (filles) (construction).....	700.000
Mostaganem (filles) (agrandissement)	400.000
Oran (garçons et filles) (construction)	3.100.000
	7.500.000

IV. — Enseignement Primaire Élémentaire

1° *Ecoles ou classes de garçons et de filles pour les européens*

Le programme proposé aux assemblées financières en 1917 se composait :

a). De 658 classes primaires destinées à recevoir les enfants qui ne fréquentent aucune école, faute de places, ou à dédoubler des classes existantes dont l'effectif est beaucoup trop chargé (plus de 50 élèves) ;

b). De 350 classes destinées à suivre l'accroissement annuel de la population enfantine scolaire. Il faut donc prévoir au minimum pour une période de 10 ans la construction de 1.000 classes pour les européens.

En conséquence, il eût été désirable que le programme des constructions de l'enseignement primaire élémentaire des européens pour la première période à envisager (1921-1925) fût fixé à 500 classes mais deux considérations commandent la prudence. Le prix d'une classe est extrêmement élevé avec la valeur actuelle des matériaux et de la main-d'œuvre; il est permis d'espérer que vers 1925 ou 1926, les matériaux, tout au moins auront baissé sensiblement et il sera alors possible, dans une période nouvelle de cinq ans de construire plus vite et à meilleur compte les centaines de classes qui sont nécessaires. D'autre part, la question du recrutement du personnel (instituteurs et institutrices) et les charges annuelles qui incomberont au budget ordinaire de l'Algérie pour les traitements de ce personnel nous obligent à mesurer notre effort pendant quatre ou cinq ans au moins.

2° *Ecoles ou classes de garçons et de filles pour les indigènes*

Les mêmes observations s'appliquent avec plus de force à l'enseignement primaire élémentaire des indigènes, puisque le nombre des enfants indigènes à recevoir dans nos écoles dépasse plusieurs centaines de mille. Mais aller trop vite dans les constructions ne résoudrait pas le problème du personnel enseignant nécessaire au service.

Il est donc nécessaire de se borner pour une période de cinq ans à un programme limité qui serait le suivant :

Enseignement primaire élémentaire

I. — Ecoles de garçons et de filles pour les européens: 140 classes à environ 50,000 francs par classe.......... 7.000.000

II. — Ecoles de garçons et de filles indigènes : 150 classes à environ 50,000 francs 7.100.000

                 14.100.000

RÉCAPITULATION

Université	10.000.000
Enseignement secondaire	10.000.000
Enseignement primaire supérieur..	8.600.000
Enseignement primaire élémentaire.	14.100.000
Total.........	43.000.000

M. le Recteur ajoutait dès le début des travaux de la commission que ce programme n'était qu'une première étape et qu'il aurait nécessairement une suite, dont les chapitres essentiels de dépenses ont été ensuite fixés par lui et sont indiqués dans l'énumération ci-après :

a). Enseignement supérieur : construction d'un observatoire et de stations météorologiques, etc............ 5.000.000

b). Enseignement secondaire : construction d'un lycée de jeunes filles à Constantine; agrandissement du collège de Bône (garçons) à transformer en lycée; construction d'un lycée de garçons à Oran, etc................. 11.000.000

c). Enseignement primaire supérieur : écoles primaires supérieures de Bône, Guelma, Batna, Orléansville, Bougie, etc........................ 6.400.000

d). Ecoles primaires élémentaires d'européens et d'indigènes environ 1.700 classes 68.000.000

90.000.000

Le programme total des travaux à exécuter sur une période de dix années pour mettre notre enseignement à la hauteur de ses besoins les plus immédiats s'élève donc à 133,000,000.

L'académie propose de répartir cette dépense ainsi qu'il suit :

1921	11.000.000
1922	9.000.000
1923	9.000.000
1924	10.000.000
1925	8.000.000
1926	12.000.000
1927	12.000.000

1928	....	14.000.000
1929	....	16.000.000
1930	....	16.000.000
1931	....	16.000.000
	Total........	133.000.000

Il convient de remarquer que les tranches annuelles indiquées par l'Académie comme devant être mises à la disposition des services de l'instruction publique pour l'exécution de ce programme sont inégales, parce qu'elles répondent à des besoins d'ordre différent pouvant justifier de très grandes variations de dépense.

Pour la 1re année, il est prévu 12 millions sur lesquels 4 millions seront employés à des achats de terrain.

D'autre part, M. le Recteur estime indispensable, pour aboutir rapidement, de renoncer au système des adjudications et préconise la construction en série pour l'édification de bâtiments scolaires qui exigeront d'importantes fournitures de menuiserie, verrerie, etc.

Il convient donc de prévoir des disponibilités plus fortes pour les années où pourront être constitués les approvisionnements nécessaires.

La commission a estimé devoir faire siennes les suggestions de M. le Recteur et à donné sa complète adhésion au programme et aux prévisions de dépenses indiqués.

ASSISTANCE PUBLIQUE ET ADMINISTRATION
GENERALE

La situation des hôpitaux s'est particulièrement ressentie des événements de ces dernières années.

Au cours des cinq années de guerre que nous venons de traverser, en effet, des réductions telles ont été apportées aux crédits, que non seulement il n'a plus été effectué de travaux de construction, mais que, encore, les grosses réparations ont cessé d'être effectuées. Il s'ensuit que l'administration se trouve dans la nécessité à la fois de prévoir la construction de nouveaux locaux et la remise en état des locaux anciens.

Actuellement, la plupart des établissements hospitaliers de la colonie se trouvent donc dans la nécessité de faire largement appel à son aide.

Les préfets de la colonie ont fait parvenir une énumération de projets de travaux dont la dépense totale s'élève à 16,755,000 francs. A cette somme il faudrait ajouter celle de 1.000.000 et demi environ, si on voulait remettre en bon état le matériel, particulièrement la lingerie, de nos hôpitaux.

Sur l'ensemble de ces demandes, l'administration a cru devoir retenir seulement les travaux présentant un caractère d'urgence absolue, et limiter la somme à demander sur les fonds de l'emprunt à la somme de 1,162,260 francs pour les travaux de construction ou d'aménagement à effectuer dans les hôpitaux.

Une autre somme de douze millions est prévue pour la réalisation du projet de création en Algérie d'un asile d'aliénés de 1.200 lits, dont la nécessité s'était fait sentir déjà avant la guerre.

Il convient, d'autre part, de s'attacher à développer les institutions d'assistance aux indigènes (infirmeries indigènes, cliniques pour femmes et enfants indigènes) et de prévoir la dépense nécessaire pour faire face à des besoins accrus par les événements de la guerre.

Des indications fournies par la direction des affaires indigènes et résumées dans la note ci-annexée, il résulte qu'une dépense d'environ 3 millions 600.000 francs serait nécessaire.

La situation des hôpitaux dans lesquels des aménagements sont indispensables, le détail de ces aménagements avec la prévision de dépense correspondante, ainsi que la justification de la création d'un asile d'aliénés en Algérie sont précisés dans les deux notes ci-après :

HOPITAUX CIVILS

Projet de constructions à réaliser sur les fonds du prochain emprunt

1° HÔPITAL CIVIL DE MUSTAPHA

Projet de construction d'un amphithéâtre ou dépôt mortuaire. — Tous les plans et devis relatifs à cet ouvrage ont été étudiés et arrêtés définitivement, avant la guerre, qui a suspendu leur réalisation.

Actuellement les services du dépôt mortuaire sont installés dans des masures qui ne leur étaient pas destinées et dont les dispositions tant au point de vue de l'hygiène que des besoins à satisfaire ont été à maintes reprises l'objet de critiques justifiées.

Evaluation approximative de la dépense : 355.620 fr.

L'importance d'une installation moderne d'un dépôt mortuaire dans un hôpital aussi vaste que celui de Mustapha est telle qu'il semble invraisemblable qu'on ait pu jusqu'à ce jour se contenter des locaux existants.

Projet de construction d'un pavillon oto-rhino-laryngologique (service hospitalier et consultation). — Ce pavillon dont la création a été décidée est destiné à éviter la dispersion des malades de la spécialité oto-rhino dans les autres salles où ils sont ignorés du chef de service et où le chirurgien spécialiste ne peut intervenir qu'en étranger, situation évidemment très fausse et préjudiciable au malade.

Evaluation approximative de la dépense :   361.290 fr.

La consultation actuelle est confinée dans un local trop exigu.

Ce projet était classé avant la guerre. La guerre en a interrompu la marche et les crédits prévus (110,119 fr.) seraient aujourd'hui insuffisants.

La dépense s'élèvera à 361,290 fr. selon les évaluations de l'architecte dont les estimations peuvent être considérées comme exactes au 1er janvier 1920.

Les plans, coupes et élévations ont été étudiés antérieurement.

Construction d'un pavillon d'opérations chirurgicales. — Il existe à Parnet un service de chirurgie purement théorique puisqu'il ne fonctionne pas faute d'un pavillon d'opérations.

La construction de ce pavillon avait été décidée avant la guerre.

La somme prévue à cette époque :

Construction .... 37.000 fr.

Installation .... 24.000 fr.

Total........... 61.000 fr.

serait aujourd'hui manifestement insuffisante et il conviendrait de prévoir une dépense de 270,000 francs pour cet objet.

Evaluation approximative de la dépense :   270.000 fr.

Les plans, coupes et élévations ainsi que les devis estimatifs du projet ci-dessus ayant été étudiés avant la guerre cette estimation peut être considérée

comme exacte quant aux quantités.
Les prix appliqués sont ceux du cours
des matériaux au 1er janvier 1920.

*Projet de construction d'une nouvel-
le buanderie.*— La nouvelle buanderie,
comprenant aussi une étuve essoreuse,
des séchoirs avec la matelasserie et la
lingerie, est destinée à remplacer les
installations actuelles à peu près rui-
nées et dont la démolition est projetée
depuis très longtemps.

Evaluation approximative de la dé-
pense :   105.000 fr.

La construction de la buanderie fait
partie du programme à réaliser sur les
fonds de l'emprunt de 1907. La dépense prévue avant la guerre s'élevait à
215,124 francs, elle doit être portée aujourd'hui à 852,000 francs d'après les
évaluations de l'architecte. Les délégations financières ont décidé dans leur
dernière session (séance du 14 juin
1919) de réserver la totalité du crédit
disponible affecté à l'hôpital de Mustapha sur l'emprunt de 1907, soit
447.447 fr. 08, à la réalisation de ce projet. Le complément seul de la dépense
soit 105,000 francs, doit être demandé
au nouvel emprunt.

Les plans coupes et élévations ainsi
que les devis estimatifs de ce projet
ayant été étudiés avant la guerre, de
ce fait l'estimation peut être considérée
comme exacte quant aux quantités.
Les prix appliqués sont ceux du cours
des matériaux au 1er janvier 1920.

*Projet de construction d'un pavillon
de délirants et nerveux.*— Ce projet ré-

pond à la nécessité d'isoler les malades délirants ou atteints d'affections nerveuses qui ne peuvent trouver place dans les salles ordinaires où ils troublent l'ordre et le repos des malades et qui ne peuvent être admis au pavillon d'observation mentale pour des raisons d'ordre légal.

Evaluation approximative de la dépense :   270.000 fr.

La construction fait partie du plan d'ensemble de reconstruction de l'hôpital de Mustapha.

La dépense prévue était de 90,000 francs; elle s'élèverait aujourd'hui à 270,000 francs d'après les évaluations de l'architecte. Les plans, coupes et devis estimatifs ayant été étudiés avant la guerre, l'estimation ci-dessus peut être considérée comme exacte quant aux quantités. Les prix appliqués sont ceux des cours des matériaux au 1er janvier 1920.

Construction d'un service d'isolement des cas douteux (contagieux). — Il s'agit de donner à l'administration de l'hôpital civil de Mustapha les moyens de mettre en observation les enfants suspects d'affection contagieuse mais dont l'état n'est pas confirmé et qui, comme tels, ne peuvent être dirigés sur l'ambulance d'El-Kettar. Le projet comprend une série de cellules de traitement.

Evaluation approximative de la dépense :   181.230 fr.

Le projet proposé par le conseil de santé en première urgence a été également adopté par la commission consultative de l'hôpital civil de Mustapha. La dépense est évaluée à 181.230 francs sur plans, coupes et devis estimatif dressés en 1919.

Construction et aménagements de salles pour améliorer les conditions de traitement des enfants de la clinique médicale infantile. — L'académie de médecine et les congrès d'hygiène qui, d'après la presse médicale métropolitaine, se sont élevés avec véhémence contre les vices d'organisation et d'aménagement des locaux qui, dans les hôpitaux, favorisent la contagion hospitalière, le conseil de santé de l'hôpital civil de Mustapha et la commission consultative de cet établissement ont conclu à l'urgence d'aménagements spéciaux dans les salles de la clinique médicale infantile de l'hôpital de Mustapha.

Dans le même ordre d'idées, la section des non colons des délégations financières (séance du 22 mai 1919) a émis le vœu suivant :

« 1° Que l'administration veuille bien organiser en Algérie, sur des bases rationnelles, la protection de l'enfance ;

« 2° Que les hôpitaux soient aménagés pour les jeunes enfants selon les règles de l'hygiène moderne et qu'au besoin des asiles de cure soient créés à la campagne pour y traiter les faibles et ceux qui n'ont besoin que de grand air, alors qu'à l'heure actuelle les enfants de cette catégorie sont mêlés aux contagieux, aux tuberculeux dans les hôpitaux. »

Evaluation approximative de la dépense : 110.000 fr.

Désireuse d'aborder la réalisation de ces desiderata, dans la mesure du possible, l'administration supérieure a chargé le directeur de l'hôpital d'étudier de concert avec M. le professeur Crespin et M. Guiauchain, architecte de l'hôpital, un projet d'installations destiné à améliorer les conditions de traitement des enfants en traitement à la clinique médicale infantile, à séparer les tuberculeux des indemnes, à isoler les entrants suspects.

En conséquence, de cet accord, un projet avec plans et devis a été proposé et comporte une dépense de 36,750 francs pour les aménagements de la salle Bouillaud, et une dépense de 57,750 francs pour l'installation du chauffage central, soit en tout 94,500 francs.

Il y aura lieu d'ajouter à cette somme le montant de la construction d'un hangar-abri à appuyer à la salle Claude Bernard. La dépense s'élèvera à environ 110,000 francs.

Construction de deux salles de médecine. — Ce projet classé de toute urgence par le conseil de santé et la commission consultative de l'hôpital civil de Mustapha a pour but d'obvier à l'insuffisance manifeste des salles de médecine (femmes) constamment encombrées.

Evaluation approximative de la dépense : 285.000 fr.

La dépense totale est évaluée à 285,000 francs sur devis sommaire établi suivant le prix des matériaux au 1er janvier 1920.

2° Hôpital Civil d'Oran

Réfection de l'installation actuelle de la communauté (pavillon des religieuses). — Le pavillon occupé actuellement par les sœurs est insuffisant pour leur nombre. Plusieurs d'entre elles couchent dans un local du pavillon de la cuisine et celles qui sont restées à la communauté sont trop à l'étroit.

Evaluation approximative de la dépense :   250.000 fr.

Le réfectoire est devenu trop exigu. On propose de construire à côté du pavillon actuel un bâtiment à étages contenant une vingtaine de cabinets, un réfectoire et une salle de réunion.

Restauration des pavillons 5, 6, 7, 8, 9, 13, 15, 18 et 20 de médecine et de chirurgie. — Tous les pavillons de l'hôpital ont été dallés à l'origine avec de l'asphalte. Depuis 37 ans qu'il sert, ce dallage est usé et rapiécé avec du ciment. Pavillon par pavillon, et d'année en année, suivant l'importance des subventions du gouvernement général, avant la guerre, l'asphalte a été remplacé par une mosaïque granitée. En outre, on a aménagé des cabinets d'isolements, restauré les w. c., redressé les ferrures, refait les peintures à l'huile et les badigeons intérieurement et extérieurement. Ces travaux restent à effectuer dans les bâtiments désignés ci-dessous. Nous évaluons la dépense qu'entraînera leur restauration ainsi qu'il suit :

6 grands bâtiments à 60,000 = 360,000

3 petits bâtiments à 40,000 = 120,000

Construction d'un bâtiment pour le logement du personnel laïque. — M. Meunier, inspecteur général, dans un rapport dont les conclusions ont été adoptées par le gouverneur général, préconise la construction d'un bâtiment devant contenir des logements pour les infirmiers, infirmières et ouvriers de l'établissement.

Le personnel laïque compte actuellement 70 individus environ, hommes et femmes. Quelques-uns d'entre eux sont déjà logés dans certains locaux appropriés. Nous proposons donc d'édifier une construction pour 60 personnes qui contiendra les deux sexes séparés, avec cabinets individuels, réfectoires, lavabos, etc.

Evaluation approximative de la dépense : 100.000 fr.

3° Hôpital Civil de Constantine

Remise en état général de tous les bâtiments. — Ces travaux dont la nécessité s'impose consistent dans le remplacement total du dallage du parquet en très mauvais état par un carrelage en mosaïque dans l'établissement de soubassement en faïence, dans la mise en état de tous les enduits à reprendre, enfin dans des travaux de peintures lavables nécessaires à des salles pour malades.

Evaluation approximative de la dépense : 151.000 fr.

Construction du dôme N. O. et installation de nouveaux logements pour le personnel subalterne. — Conformément à la délibération de la commission administrative de l'hôpital du 16 août 1917, il convient de mentionner la nécessité de l'exécution du 4e dôme dont le comble sera aménagé pour logement du personnel subalterne. Ce 4e dôme sera exécuté avec charpente métallique du type employé au dôme N. E. il contiendra deux logements se composant chacun de 3 chambres, cuisine et W. C.

Evaluation approximative de la dépense : 43.120 fr.

Réfection des bâtiments affectés aux services de l'économat et de la pharmacie, cuisine, caves, magasins, tisanerie. — La réfection do la cuisine s'impose, de même, les locaux attribués à la pharmacie, tisanerie, trop restreints, sont à agrandir; enfin, pour le service de la cuisine, on devrait grouper les locaux de la dépense et de l'économat, etc., qui, disséminés et éloignés les uns des autres, sont d'une exploitation coûteuse et d'une surveillance impossible.

Tenant compte de cette situation, le projet présenté de centralisation de ces services donnerait satisfaction au désir exprimé.

De plus, par l'installation des bureaux prévus au centre, l'économe assurera d'une façon rationnelle toutes surveillance et direction.

Le projet comprend l'exécution, dans la cour de la carrière, de deux pavillons n'ayant qu'un rez de chaussée de 13.50 sur 11.50 attenant au bâtiment principal et dans le prolongement des galeries nord et sud de la cour centrale. Ces pavillons forment les côtés d'une cour de 28.40 dont le 3ᵉ côté sera occupé par un bâtiment à usage de caves, magasins pour combustibles avec garage ou hangar-abri.

Par le réemploi des portails en fer existant aux extrémités de la cour des carrières, ceux-ci aujourd'hui inutiles, l'on assurera la fermeture de la cour de l'économat.

La centralisation de ces services comprendra à droite celui de la cuisine avec laverie et salle d'épluchage, les bureaux de l'économat, la dépense avec ses magasins de : boucherie, panneterie, liquides et denrées, enfin un réfectoire et salle-bibliothèque pour les gens de service.

A gauche, la pharmacie avec bureaux des commis et du pharmacien, la salle de manipulation et laboratoire de chimie. La tisannerie avec son laboratoire, laverie et salle de fabrication des eaux gazeuses et magasin à verrerie.

Le service de radiographie et photographie.

Enfin le laboratoire de bactériologie.

Ainsi que nous l'indiquons plus haut, ces services auront comme dépendances directes, les magasins, caves et hangar adossés et en partie encastrés dans le front de la carrière.

Aux travaux sus-indiqués, il y a lieu de joindre ceux de 2 W. C. et 5 lavabos, plus 3 salles de bains complémentaires pour les salles des malades femmes opérées du service de chirurgie et de la maternité, service qui ne dispose que de locaux insuffisants.

Enfin le chauffage des cabanons et pavillons des dômes doit être assuré. L'ensemble de ce 5e ch. nécessite une dépense, suivant devis, de :

1° Centralisation pavillon pour cuisine, tisanerie, magasins, caves.....	83.322 45
2° W. C. et lavabos complémentaires	3.312 20
3° Salles de bains du service des opérées.....	5.625 »
4° Chauffage, appareils et conduite	8.614 »
5° Fournitures de fourneaux de cuisine, tisanerie, dépenses imprévues.	24.125 75
Total..............	125.000 fr.

4° Hôpital de Bône

Construction d'un pavillon pour les tuberculeux. — La disposition des locaux et celle de l'emplacement permettraient d'hospitaliser, d'un côté, les hommes, de l'autre, les femmes, et de réserver à chaque sexe un promenoir spécial.

Il ne paraît pas nécessaire d'insister sur le grand intérêt que présenterait une telle amélioration, qui doterait l'hôpital d'un service de tuberculeux aménagé suivant les données de la science moderne, et qui, par sa situation au milieu d'un bois de pins dominant la mer, offrirait à cette intéressante catégorie de malades un véritable sanatorium.

Construction à l'hospice Coll de préaux et passages couverts pour les vieillards. — Nous demandons l'établissement de promenoirs ou préaux couverts, lesquels offriraient aux pensionnaires des deux sexes la possibilité de déambuler à l'air libre et séparément à l'abri du soleil, l'été, et des intempéries, l'hiver. Cette amélioration a été réclamée, à diverses reprises, par de nombreux vieillards et incurables qui, en l'état actuel des lieux, sont obligés de rester du matin au soir enfermés dans les salles, c'est-à-dire dans de mauvaises conditions d'hygiène et d'aération.

Evaluation approximative de la dépense :   45.000 fr.

5° HÔPITAL DE BOUGIE

Construction d'un pavillon pour les aliénés. — Le service actuel des aliénés est défectueux et incomplet. On l'a souvent constaté malheureusement pendant la guerre, où certains aliénés sont restés plus d'un an enfermés dans des cellules mal aménagées.

En outre, l'hôpital a quelquefois des détenus qui sont généralement soignés en salle commune, au lieu d'être enfermés.

Il serait de toute nécessité de construire un autre pavillon pour les aliénés, malades en observation, agités ou détenus. L'emplacement de ce pavillon paraît tout indiqué sur la plateforme de l'autre côté du séchoir et de la buanderie en face de la salle Perrusset.

Six cellules, une chambre pour les gardiens, une petite cour, des W. C., une douche pourraient être facilement construites. Ces cellules pourraient être aérées et chauffées en hiver, ce qui n'est pas possible aujourd'hui à cause de la dispersion des locaux.

Évaluation approximative de la dépense : 140.000 fr.

Construction d'un pavillon de gâteux. — Un petit pavillon contenant 6 lits (une partie du local vient d'être prise pour l'installation provisoire de l'appareil à radiologie) sert actuellement à isoler les malades-hommes dits « gâteux », dont les plaies ou les affections répugnantes incommodent les autres malades ou infectent les salles. Ce petit pavillon, en mauvais état et destiné à être démoli, serait remplacé avantageusement par une petite construction qui s'élèverait à la suite, à gauche du pavillon projeté pour les aliénés, sur la plateforme.

Évaluation approximative de la dépense : 28.000 fr.

Construction des murs de clôture (côté Est) et déplacement de l'étuve à vapeur. — La commune de Bougie devant terminer incessamment l'ouverture de la rue Saint-Louis, l'hôpital est obligé d'achever les murs de clôture bordant cette rue.

Evaluation des travaux... 70.000

L'emplacement actuel de l'étuve à vapeur, installée auprès de l'amphithéâtre, est trop resserré et insuffisant. Il serait nécessaire que les matelas sortant de l'étuve fussent séchés sous un hangar bien aéré ; en un mot, il faudrait déplacer l'étuve et exécuter différents travaux qu'on peut évaluer comme ci-après :

Déplacement de l'étuve, construction d'un hangar, dépôt d'objets contaminés, etc (2.000 × 3,5)............... 7.000

Evaluation approximative de la dépense : 77.000 fr.

6° Hôpital de Philippeville

Construction d'un bâtiment pour les vieillards dans la partie Ouest de l'hospice. — Ce bâtiment contiendra 4 salles, W. C. et lavabos avec galeries couvertes sur la cour principale. Elle sera de niveau au premier étage sur planchers en fer à T et occupera une superficie de 400 mètres carrés.

Il est urgent de déplacer les vieillards qui logent dans de petites salles aménagées dans les combles. La hauteur des plafonds de ces réduits est de 2 m. 50 avec fenêtres en tabatières. Le nouveau bâtiment sera affecté aux vieillards. Les salles actuelles aménagées dans les combles pourront être désaffectées et utilisées comme magasins ou vestiaires des vieillards.

Evaluation approximative de la dépense :   85.000 fr.

Construction d'un pavillon pour les enfants assistés. — Ce pavillon est incontestablement nécessaire pour y loger dans des conditions essentielles d'hygiène une vingtaine d'enfants assistés constamment en dépôt à l'hospice, ainsi que les enfants non malades qui accompagnent leurs parents à l'hôpital et qu'on pourra évacuer sur l'hospice.

Evaluation approximative de la dépense :   20.000 fr.

7° Hôpital de Saint-Denis-du-Sig

Construction d'un pavillon pour les malades (hommes). — Les hommes malades sont soignés dans deux salles d'un bâtiment normalement affecté à l'hospice, Ces locaux ne présentent aucune des garanties recherchées dans les organisations modernes, etc.. Le pavillon des femmes malades a été construit en 1915 ; il serait urgent que celui des hommes fût bâti et aménagé.

Evaluation approximative de la dépense :   220.000 fr.

Total............   1.162.260

Projet de Construction en Algérie d'un Asile d'Aliénés

La question de la création en Algérie d'un asile d'aliénés se pose depuis longtemps; avant la déclaration de guerre, une commission d'études avait été constituée par le gouvernement général, sous la présidence de M. le secrétaire général du gouvernement. Elle était saisie d'un projet d'installation d'un asile à Blida. Cette ville mettait gratuitement tous les terrains nécessaires à la disposition de la colonie. Ses intentions n'ont pas changé.

MM. les docteurs Babilée et Saliège, membres de la commission, avaient, dans un rapport documenté, conclu à l'adoption du projet.

Nous croyons devoir citer ci-dessous les paroles de M. le docteur Babilée au sein de la commission. Elles mettent en évidence les conditions spéciales d'installation en Algérie d'un asile d'aliénés.

« La question de l'assistance des aliénés en Algérie, il ne faut pas l'oublier, est plus complexe qu'en France, dit M. Babilée.

« Vous aurez non seulement à assister des aliénés européens et algériens, mais encore des aliénés indigènes.

« Pour ceux-ci, il conviendra de prévoir, au moins pour la majorité d'entre eux, les infirmeries et les quartiers d'alitement spéciaux pouvant à la rigueur rester communs, des conditions d'installation répondant d'une façon toute particulière à leurs habitudes générales, à leurs mœurs et à leur civilisation.

« C'est là l'opinion qui se dégage du travail si complet du professeur Régis au congrès de Tunis. Et moi-même à la séance d'ouverture de ce congrès n'ai-je pas personnellement indiqué: « qu'il appartiendra aux administrateurs éminents qui président aux destinées de notre vaste empire colonial de fixer dans chaque région les règles de l'assistance des aliénés, qui leur paraîtront répondre aux besoins de chacune des contrées qu'ils administrent.

« Cela revient à dire que les rapporteurs devront étudier d'une façon complète l'assistance particulière des aliénés indigènes et visiter au besoin les asiles nouveaux qui reçoivent cette catégorie de malades.

« Je compte aussi beaucoup, pour ma part, sur l'aide et sur la compétence particulière de notre collègue de la commission, M. le docteur Saliège.

« Le pavillon que je vous ai présenté n'a coûté que 70,000 francs. Comme vous le voyez, l'assistance peut être donnée à un bon marché relatif. Je ne sais pas si la construction est beaucoup plus chère en Algérie que dans la Charente-Inférieure, mais en admettant que vous ayez des pavillons de 50 malades, je crois que l'on pourrait prévoir 100,000 francs en moyenne par pavillon.

« Vous aurez besoin d'une vingtaine de ces pavillons, soit 2 millions. Le logement du personnel et les services généraux coûteront approximativement un million, cela fera trois millions. En tenant compte des autres aménagements, de l'acquisition des objets mobiliers, etc..., je crois que pour quatre millions vous pourrez créer un asile de mille malades. »

On croit devoir faire ressortir ici que si avant la guerre on prévoyait une dépense de quatre millions pour l'organisation d'un asile de mille malades il serait sage tout d'abord de porter ce chiffre de mille à au moins mille deux cents et de prévoir, étant donnée la hausse sur les matériaux de toute sorte et sur le prix de la main-d'œuvre, une dépense totale d'environ *douze millions*.

La commission d'assistance constituée par M. Jonnart et que préside M. Sabatier, reprend l'étude de la question. La construction de l'établissement pourrait être terminée dans un délai de cinq ans.

A l'heure actuelle, nous envoyons en France nos aliénés. Le directeur de l'intérieur s'est rendu compte, récemment, à Aix, de l'état matériel et moral dans lequel ils se trouvent.

Sur les listes générales de l'établissement, il a relevé cent soixante deux noms d'algériens actuellement pensionnaires; plus des deux tiers sont des indigènes.

L'établissement ne laisse rien à désirer au point de vue hygiénique; nos pensionnaires arabes ne s'y trouvent pas toutefois dans des conditions favorables à leur guérison. M. Boivin s'est convaincu que la direction s'emploie, comme elle le lui a déclaré, à leur donner les soins les plus empressés; mais il est incontestable que leur ignorance presque générale de la langue française rend très difficile la tâche des surveillants. « D'ailleurs, on nous les envoie, a les guérir. Très rares sont ceux que nous renvoyons en Algérie. »

M. Boivin a fait une visite de l'établissement et il a pu constater, en effet, l'état lamentable dans lequel se trouvent les indigènes au point de vue moral ; on arrive, en revanche, à guérir bon nombre d'européens originaires d'Algérie.

M. le Directeur de l'intérieur a conclu à la nécessité d'instituer au plus tôt en Algérie un asile d'aliénés.

Assistance aux Indigènes

Programme de l'emprunt

Le programme contenu dans le rapport Petit prévoit une dépense de 20 millions au titre de l'assistance publique pour la construction, l'aménagement ou les améliorations à apporter aux établissements hospitaliers. Il n'est prévu aucune somme en faveur de l'assistance aux indigènes. Or, il est conforme aux mœurs et aux habitudes des populations musulmanes et à l'intérêt des finances publiques de donner aux indigènes les soins médicaux dans des établissements spéciaux. Mais les crédits inscrits au budget ordinaire sont à peine suffisants pour assurer le fonctionnement des établissements d'assistance actuellement existants. Les besoins de la population musulmane, dans cet ordre d'idées, se sont accrus. Venir en aide aux indigènes qui ont été victimes de la guerre ou à leurs familles est un devoir impérieux pour les pouvoirs publics qui doivent s'attacher plus que jamais à développer les institutions d'assistance déjà créées (infirmeries indigènes, cliniques pour femmes et enfants indigènes).

Les établissements dont la création répond à des nécessités urgentes sont nombreux.

La clinique pour femmes et enfants indigènes qui fonctionne rue Porte-Neuve, à Alger, est installée dans des conditions tout à fait défectueuses dans un immeuble privé délabré. Il y a lieu de se préoccuper du transfert de cet établissement sur un terrain situé à proximité du quartier indigène et de prévoir la construction d'une clinique qui répondra aux nécessités de l'hygiène et aux besoins locaux.

D'autre part, diverses créations d'infirmeries indigènes ont été envisagées à Coléa, Malakoff, Cherchell, Affreville, Duperré, Hammam-Ksenna. Le projet d'installation d'une salle de consultations gratuites à Tizi-Ouzou a été également mis à l'étude.

Or, ces divers travaux ne peuvent être exécutés, la dotation du chapitre du budget affecté aux œuvres d'assistance étant insuffisante.

Dans le département d'Oran, des projets du même ordre n'ont pas été réalisés, pour les mêmes raisons, à Hamma bou Hadjar, à Bou Hanifia, au douar Tiffilès. Des médecins de colonisation demandent, en outre, la création d'établissements du même genre à l'Hillil, Clinchant, etc., etc.

A Constantine, le conseil municipal réclame la création d'une infirmerie indigène pour hommes. La municipalité de Bône se préoccupe du transfert et de l'agrandissement de la clinique dont l'installation laisse à désirer. Des infirmeries indigènes sont à créer à Tébessa, Oued-Athménia, etc.

Il convient de remarquer, en outre, que si un

service de consultations gratuites pour femmes et enfants indigènes a été institué dans des centres importants de la colonie, un certain nombre de ces villes sont dépourvues de cliniques, pourtant indispensables. Tel est le cas des villes de Boufarik, Blida, Coléa, Miliana, dans le département d'Alger, de Mostaganem dans le département d'Oran et de Bougie dans le département de Constantine.

Quoi qu'il en soit, il paraît indispensable de prévoir l'inscription au programme de l'emprunt d'une somme de 3,600,000 francs. Les prévisions annuelles de dépenses seraient de 600,000 francs à partir de l'année 1922.

A cette somme de 3,600,000 francs s'ajouteront les crédits que les communes inscriront à leurs budgets pour la construction d'établissements d'assistance, car il ne s'agit nullement de substituer l'initiative de la colonie à celle des communes dans les dépenses d'assistance qui sont des dépenses d'un caractère essentiellement communal. Mais celle-ci doit être mise en mesure de seconder les efforts des assemblées communales qui consentiront des sacrifices pour l'assistance des indigènes.

La dépense totale s'élèverait donc à 16,462,260 francs, plus 3,600,000 pour l'assistance aux indigènes, soit au total 21 milions à répartir sur une période de 10 ans, par dixième annuel, les prévisions actuellement faites ne permettant pas à l'administration d'apporter des chiffres plus précis. L'asile d'aliénés, dont la nécessité est démontrée par les considérations ci-dessus développées, serait édifié à Blida, la ville de Blida offrant le terrain nécessaire pour cette édification.

L'administration a, en outre, demandé l'inscription au programme de l'emprunt d'une somme de 10 milions pour la construction d'un immeuble dans lequel seraient groupés tous les services du gouvernement général.

Bien qu'aucun projet d'évaluation de la dépense ne lui ait été soumis, la commission a esti-

…né devoir retenir la proposition de l'administration.

Les inconvénients des installations actuelles qui placent les différents services dans des immeubles souvent très éloignés les uns des autres, sont una-nimement reconnus et il est de l'intérêt d'une bonne administration d'éviter les pertes de temps considérables qui résultent de cet éloignement de services entre lesquels il importe d'établir une liaison et un contact aussi intimes que possible.

Il convient d'ailleurs de rappeler que les délé-gations financières ont été, il y a quelques années, saisies d'une proposition tendant à la construc-tion des bureaux du gouvernement général sur l'emplacement du Lazaret. Cette idée a été aban-donnée et on envisage actuellement leur édifi a-tion sur un terrain militaire situé à proximité de la Douane et dont l'administration demandera le déclassement.

POSTES ET TÉLÉGRAPHES

Le programme adopté par les assemblées algé-riennes dans leur session de 1914, prévoyait un en-semble de travaux s'élevant à 15 millions; une somme de 3 millions était également prévue pour le remboursement anticipé des avances faites par les chambres de commerce pour la constitution de lignes ou de réseaux téléphoniques.

Les 15 millions devaient être répartis en plusieurs années sur le budget ordinaire; les 3 millions de-vaient faire l'objet de prélèvements en deux ou trois annuités sur l'excédent du fonds de réserve.

L'état de guerre survenu quelques mois après cette session ne permit pas de donner suite à ces pro-jets.

Le programme élaboré en 1914 a été repris par les délégations financières au cours de la session ordi-naire de 1919 et a fait l'objet d'un chapitre du rap-port déposé par M. Petit au nom de la commission d'études d'un nouveau programme de travaux publics.

La commission a estimé que le budget ordinaire ne pourrait pas toujours assurer l'exécution de travaux aussi importants que ceux qui avaient été prévus et elle a pensé qu'il convenait de les reporter au programme de l'emprunt; elle a été amenée, dans ces conditions, à écarter les dépenses ayant un caractère permanent (dépenses de personnel ou d'entretien) qui, normalement, doivent être imputées au budget ordinaire.

Ainsi revisé, le programme primitif était fixé à 16,500,000 francs; en appliquant la majoration prévue de 100 % les dépenses étaient évaluées à 33 millions.

A ce programme, la commission d'études de 1919 a ajouté une somme de 7 millions pour la construction d'hôtels des postes dans les chefs-lieux d'arrondissement et la dépense totale a été portée à 40 millions, répartie en deux étapes à chacune desquelles était affectée une somme de 20 millions.

Dans ce programme, il s'agit de travaux qui ne s'imposent pas avec le même caractère d'urgence.

L'installation, par exemple, du téléphone dans les maisons administratives (écoles, maisons cantonnières, forestières, douanes, caravansérails, etc.) si elle est désirable, est évidemment moins urgente que la construction de lignes téléphoniques destinées à compléter ou à dégager le réseau actuel.

La situation qui existait au moment où le programme a été établi a subi naturellement des modifications importantes quant à l'exploitation téléphonique. Déjà, à cette époque, on constatait de graves difficultés provenant de l'insuffisance des lignes de dégagement et, comme aujourd'hui, on se trouvait en présence de circuits encombrés outre mesure.

Cette situation n'a fait que s'aggraver; il ne pouvait en être autrement par suite de l'arrêt presque complet des travaux depuis six ans et de l'augmentation très considérable du trafic qui s'est manifesté subitement et dans des proportions inattendues, dès la fin des hostilités.

Il faut donc tout d'abord et de toute nécessité, donner à l'exploitation téléphonique les moyens qui lui manquent pour assurer un service normal; il faut construire les lignes dont l'urgence est extrême et ces travaux doivent primer ceux qui se rapportent à des améliorations nouvelles dont l'urgence est moins immédiate; il faut, en un mot, s'attacher à aider et à faciliter l'exploitation du réseau téléphonique actuel en le complétant par des lignes de dégagement.

Sur ce point, l'administration est en accord complet avec les assemblées algériennes.

En effet, dans son rapport sur le programme des travaux fait au nom de la commission du 3ᵉ emprunt (session de 1914) M. Huc, rapporteur pour les postes et télégraphes, s'exprimait ainsi :

« Ce programme, tiré du programme Joly, approuvé
« par les délégations, nous suggère la réflexion
« suivante, c'est que l'administration prévoit une
« quantité considérable de nouvelles lignes soit pour
« l'installation d'un service télégraphique et télépho-
« nique dans les localités qui n'en sont pas pour-
« vues (n° I du programme général) soit pour ins-
« tallations du service téléphonique dans les bureaux
« de poste et de télégraphe (n° II du programme
« général), destinées pour la plupart à relier des
« centres sans aucune importance, ce qui entraînera
« des recettes tout à fait modestes et parfois même
« insignifiantes. Au contraire, le programme d'éta-
« blissement de nouvelles lignes téléphoniques des-
« tinées à faire face à l'accroissement du trafic
« résultant de l'installation du service téléphonique
« dans les centres et dans les maisons administra-
« tives (n° IV du programme général) paraît à pre-
« mière vue, insuffisant. Ces derniers circuits sont,
« en effet, d'un rendement certain puisqu'ils servent
« à désencombrer. Ils relient deux centres impor-
« tants où viennent aboutir, de part et d'autre, des

« séries de petites lignes sans grand trafic par elles
« mêmes.

« Ce sont ces circuits qui sont constamment sur-
« chargés et ce sont surtout ceux-là qu'il convient
« de construire ou de doubler suivant le cas.

« C'est pourquoi nous vous prions d'inviter fer-
« mement l'administration à porter ses efforts sur le
« n° IV de son programme en éliminant, des n°ˢ I
« et II, les lignes sans urgence immédiate ».

Tenant compte des nécessités actuelles, l'administration a révisé et complété le programme de 1914,
elle a établi de nouvelles propositions conçues dans
le même esprit en les adaptant aux besoins actuels.

On y retrouve d'ailleurs la plus grande partie des
travaux prévus primitivement, ce qui s'explique par
ce fait que, depuis cette époque, les circonstances
n'ont pas permis d'en envisager l'application.

Le programme de 1914, complété par les nouvelles
propositions, doit donc être maintenu et sa réalisation poursuivie progressivement ; mais l'administration a pensé que le programme des travaux correspondant à la première étape devait être limité à une
période assez courte et ne contenir que des travaux
particulièrement urgents dont la dépense totale ne
dépasserait pas sensiblement les 20 millions indiqués
pour la première étape.

Il ne faut pas, d'ailleurs, perdre de vue qu'en matière de travaux téléphoniques il y a des inconvénients à établir des prévisions à échéances trop loin-
taines ; on s'exposerait à des difficultés d'application
tant en ce qui concerne les dépenses, sujettes à des
variations importantes en raison des fluctuations du
marché des matières premières, qu'en ce qui touche
à la main-d'œuvre dont les conditions sont impré-
cises ; enfin, la situation du trafic doit aussi être
examinée en vue de faire exécuter les travaux qui
s'imposent plus particulièrement.

L'administration a donc établi la liste des travaux
de construction de lignes téléphoniques qu'il importait de faire exécuter en vue de donner au service

les moyens de faciliter l'exploitation du réseau actuel, en appliquant en même temps le programme adopté par les assemblées algériennes.

Les propositions de l'administration répondent à ce double but ; comme l'on peut s'en rendre compte, elles constituent un programme très important. Les travaux qui y sont prévus auraient dû être répartis sur cinq années et ce délai eût été normal ; mais il a paru que la situation actuelle du service téléphonique exigeait impérieusement un effort exceptionnel et on a réduit à trois années le délai d'exécution de ces travaux qui, tous, présentent un caractère d'urgence.

Au point de vue des dépenses dont les évaluations ont fait l'objet d'études nouvelles, la répartition des travaux se présente ainsi qu'il suit :

Année 1921	7.469.200
Année 1922	6.457.500
Année 1923	5.259.200
Soit au total........	19.185.900
Câble sous-marin.........	5.700.000
Soit au total..........	22.885.900

montant du programme général.

On remarquera qu'il n'est prévu aucune ligne télégraphique nouvelle ; il n'a pas paru utile de suivre sur ce point le programme de 1914, la nécessité de construire de nouvelles lignes télégraphiques n'étant plus justifiée.

L'administration utilise, en effet, depuis ces derniers temps les lignes téléphoniques aux transmissions télégraphiques en appropriant les circuits au moyen d'appareils spéciaux et sans aucune gêne pour les communications téléphoniques ; c'est ainsi que récemment Oran a été mis en communication directe avec Constantine sans construction d'un fil spécial.

Il s'ensuit que l'établissement de lignes téléphoniques permet de compléter le réseau télégraphique sans dépenses nouvelles ; on réalise ainsi une économie très importante tout en obtenant une amélioration générale.

Si le réseau télégraphique terrestre peut être considéré comme suffisant, il n'en est pas de même en ce qui concerne les communications sous-marines.

Non-seulement le nombre de câbles est actuellement insuffisant, mais encore il faut tenir compte des interruptions qui se produisent sur ces conducteurs et des difficultés pour les réparer.

Les délais nécessaires pour effectuer ces réparations sont toujours longs et en réalité on ne dispose jamais de la totalité des conducteurs.

L'administration métropolitaine des postes et des télégraphes a estimé qu'il était nécessaire d'augmenter les moyens d'action dont on dispose pour assurer le trafic télégraphique franco-algérien ; dans un projet qui sera soumis incessamment au Parlement, elle envisage la pose de deux nouveaux câbles entre la France et l'Algérie.

La quote-part de la colonie dans les frais d'établissement de ces deux conducteurs est fixée à 4,800,000 francs. A cette somme il faut ajouter comme dépense incombant à l'Algérie 205,000 francs destinés à faire face aux dépenses d'installation d'appareils ou de lignes de raccordement nécessaires à l'exploitation des nouveaux câbles. Comme on avait déjà envisagé la pose d'un deuxième câble entre Marseille et Oran, un crédit de 1,300,000 francs avait été réservé en 1914 sur les fonds du 2ᵉ emprunt ; ce crédit étant disponible, la dépense nouvelle à prévoir sur les fonds du 3ᵉ emprunt peut être réduite à 3,700,000 francs.

Le parlement devant être saisi du projet lors du vote du budget de l'exercice 1920, il a paru nécessaire de comprendre cette somme de 3,700,000 francs dans les crédits à utiliser en 1921 pour l'exécution des premiers travaux ; l'annuité serait ainsi portée à 7,469,200 + 3,700,000 = 11,169,200 francs.

L'insuffisance du nombre des câbles sous-marins entre la France et l'Algérie a été tout particulièrement démontrée au cours de l'année 1920, à la suite de la rupture de deux des câbles existants, rupture qui a gravement compromis nos relations télégraphiques avec la métropole.

Cinq câbles seulement, dont deux nécessitent d'importantes réparations, relient l'Algérie à la France. La pose des deux nouveaux conducteurs projetés améliorera une situation qui ne pourrait se prolonger sans un véritable danger pour la sécurité et la régularité de nos communications.

Ainsi complété, le programme constituant la première étape d'exécution des travaux concernant le service des postes et des télégraphes nécessiterait une dépense de 22,885,900 francs à répartir sur les trois années 1921, 1922, 1923.

L'administration a complété ce programme par l'addition de tous les travaux de première urgence à comprendre dans un programme réparti sur une période de 10 années et comportant notamment les créations d'hôtels des postes dans les centres importants, l'installation du service téléphonique dans les maisons administratives isolées (écoles, maisons cantonnières, forestières. etc.) et l'établissement de nouvelles lignes téléphoniques destinées à faire face à l'accroissement du trafic résultant de l'installation du service téléphonique dans de nouveaux centres et dans les maisons administratives isolées.

Le programme total à exécuter en 10 années et détaillé dans le tableau ci-dessous s'élève donc à 71,688,110 francs.

PROGRAMME DES TRAVAUX A EXÉCUTER SUR LES FONDS
DU 3ᵉ EMPRUNT

Récapitulation des Travaux

Etablissement de lignes téléphoniques (circuits interdépartementaux, circuits départementaux principaux, circuits de dégagement, remaniements de lignes).......................... 12.881.200

Armement en matériel Lorain (lignes principales)........................ 11.461.700

Lignes souterraines............... 5.348.000

Pose de deux câbles sous-marins.... 3.700.000

Transferts de lignes.............. 256.000

Extension des multiples........... 1.410.000

Extension des réseaux téléphoniques souterrains...................... 1.370.000

Hôtels des postes 7.070.000

Installation d'un service téléphonique dans les localités qui en sont dépourvues 8.781.700

Installation d'un service téléphonique dans les maisons administratives .. 10.290.700

Etablissement de nouvelles lignes téléphoniques destinées à faire face à l'accroissement du trafic résultant de l'installation du service téléphonique dans les localités qui en sont dépourvues et dans les maisons administratives isolées......................... 9.118.800

Total........ 71.688.110

L'Administration propose de le répartir suivant les prévisions annuelles de dépenses ci-après sur une période de *dix années :*

1921..........................	11.169.000
1922..........................	6.458.000
1923..........................	5.259.000
1924..........................	11.481.000
1925..........................	6.505.000
1926..........................	6.090.000
1927..........................	6.014.000
1928..........................	6.649.000
1929..........................	5.643.000
1930..........................	6.420.000

Total........ 71.688.000

POSTES, TÉLÉGRAPHIES ET TÉLÉPHONES

Programme des travaux à exécuter sur les fonds du troisième emprunt

DÉSIGNATION DES TRAVAUX	Sommes prévues par année										TOTAUX
	1921	1922	1923	1924	1925	1926	1927	1928	1929	1930	
Construction de lignes téléphoniques	3.542.500	4.335.500	5.003.200								12.881.200
…ment en matériel (lignes principales)	1.545.700	700.000		1.317.000	1.316.500	1.316.500	1.316.500	1.316.500	1.316.500	1.316.500	11.461.700
Lignes souterraines et sous-tunnel (Départ. d'Alger, d'Oran et de Constantine)	1.910.000	1.323.000			705.000			705.000		705.000	5.348.000
Pose de deux câbles sous-marins	3.700.000										3.700.000
Transfert de lignes			256.000								256.000
Extension des multiples d'Alger, de Constantine et d'Oran	300.000			370.000			370.000			370.000	1.410.000
Extension des réseaux téléphoniques souterrains Alger Saint-Eugène, Orléansville, Constantine, Philippeville, Bône, Oran				456.700	456.700	456.600					1.370.000
Hôtels des Postes											
…er (agrandissement)				2.000.000							2.000.000
…an id.				1.000.000							1.000.000
…nstantine id.	270.500										270.000
…i-Ouzou (construction)				300.000							300.000
…izane id.				300.000							300.000
…i-bel-Abbès id.				500.000							500.000
…na id.				300.000							300.000
…agie id.				300.000							300.000
…mcen id.				300.000							300.000
…inna id.				300.000							300.000
…ret id.						300.000					300.000
…ne (rachat)							300.000				300.000
…éansville (construction)								300.000			300.000
…scara id.								300.000			300.000
…uk-Ahras id.								300.000	300.000		600.000
Installation d'un service téléphonique dans les localités qui n'en sont pas pourvues				1.254.530	1.254.530	1.254.530	1.254.530	1.254.530	1.254.530	1.254.530	8.781.710
Installation du service téléphonique dans les maisons administratives isolées (Écoles, maisons cantonnières, forestières, douanes, barrages, infirmeries, hospices, bordjs, caravansérails)				1.470.100	1.470.100	1.470.100	1.470.100	1.470.100	1.470.100	1.470.100	10.290.700
Établissements de nouvelles lignes téléphoniques destinées à faire face à l'accroissement du trafic résultant de l'installation du service téléphonique dans les localités qui en sont dépourvues et dans les maisons administratives isolées (Voir ci-dessus)				1.302.600	1.302.600	1.302.600	1.302.600	1.302.600	1.302.600	1.303.200	9.118.800
Totaux	11.169.200	6.457.500	5.259.200	11.480.930	6.505.430	6.090.330	6.013.730	5.648.730	5.643.730	6.449.430	71.638.110

RÉCAPITULATION

Le montant total de la dépense prévue par l'exécution du programme de 1re urgence réalisable dans la période de 1921 à 1933, s'élève donc à 1,943,761,000 francs et il est réparti de la manière suivante :

Chemins de fer................	1.132.000.000
P.-L.-M. et O.-A..............	180.000.000
Travaux publics	287.339.000
Instruction publique...........	133.000.000
Colonisation et enseignement ...	100.000.000
P. T. T.	71.688.000
Forêts.....	9.734.000
Assistance publique........ ..	30.000.000
Total...........	1.943.761.000

A ce programme il y a lieu d'ajouter, toutefois, comme prévision de dépense possible, la participation de la colonie à l'organisation des services maritimes.

Cette question a fait l'objet d'un rapport très documenté de M. Galle, au nom de la commission des transports.

L'organisation définitive du régime destiné à assurer la rapidité, la permanence et la fréquence de nos relations maritimes avec la métropole se lie intimement à la solution du problème de notre développement économique et en est un des facteurs essentiels les plus urgents.

Les assemblées algériennes ne cessent depuis 1914 d'appeler l'attention du gouvernement sur l'urgence d'une décision qui, si défectueuse qu'elle soit, vaudra toujours mieux que le régime incohérent sous lequel nous vivons depuis cinq ans.

Il n'a pas dépendu d'elles qu'une organisation répondant aux besoins démontrés et s'inspirant des nécessités évidentes, comme aussi de l'expérience faite pendant la guerre sur certains modes d'exploitation qu'il convient de rejeter définitivement, aboutisse plus rapidement.

Il semble d'ailleurs à la commission qu'il se produit aujourd'hui dans certains milieux algériens une évolution qui tend à faire rejeter des opinions sur lesquelles une majorité importante paraissait acquise.

Quelle que soit la formule adoptée, il convient qu'on aboutisse vite et l'Algérie est prête à donner sa contribution la plus large à cette organisation vitale pour elle.

A l'heure actuelle le gouvernement ne s'est pas encore prononcé sur le mode d'exploitation auquel il entend recourir, ni sur les directives suivant lesquelles il compte organiser ces services.

Dans ces conditions, la commission ne peut que regretter que la question ne soit pas encore au point et estime qu'il n'est pas possible de préjuger de la solution à intervenir en inscrivant à l'emprunt une somme quelconque représentant une participation financière dont le chiffre et les modalités restent subordonnés aux décisions qui devront être prises par la métropole d'accord avec les administrations algérienne et tunisienne.

L'ensemble des prévisions fournies par les différents services est présenté, au point de vue de la dépense annuelle, dans le tableau ci-après :

TROISIÈME

Programme de travaux. — Tableau indiquant

EMPRUNT

l'ordre de grandeur annuel de la dépense

Années	Chemins de fer	Travaux publics	Instruction publique	Colonisation	Enseignement technique et professionnel	Postes, télégraphes, téléphones	Forêts	Assistance publique	Construction des bureaux du Gouvernement général	Totaux
1921	87.250.000	10.000.000	11.000.000	6.500.000	5.200.000	11.169.200	1.200.000	1.500.000	2.500.000	136.31.
1922	72.750.000	27.500.000	9.000.000	7.500.000	6.200.000	6.457.500	1.100.000	3.400.000	4.500.000	138.781
1923	60.000.000	27.500.000	9.000.000	8.000.000	6.200.000	5.259.200	1.100.000	4.400.000	3.000.000	121.20.
1924	77.000.000	27.500.000	10.000.000	8.000.000	2.600.000	11.480.930	1.100.000	4.630.000	»	146.808
1925	119.000.000	27.500.000	8.000.000	8.000.000	6.200.000	6.505.430	1.037.000	355.000	»	177.85.
1926	152.000.000	27.500.000	12.000.000	7.000.000	»	6.090.830	450.000	325.000	»	207.62.
1927	162.000.000	27.500.000	12.000.000	6.500.000	»	6.013.730	450.000	368.000	»	216.51.
1928	171.000.000	27.500.000	14.000.000	6.500.000	»	6.648.730	450.000	481.000	»	228.23.
1929	141.000.000	27.657.300	16.000.000	6.500.000	»	5.643.730	450.000	285.000	»	196.530
1930	90.000.000	20.694.300	16.000.000	8.000.000	»	6.419.330	397.000	317.000	»	139.827
1931	»	5.600.000	16.000.000	»	»	»	»	»	»	24.30.
1932	»	3.000.000	»	»	»	»	»	»	»	8.30.
1933	»	5.029.000	»	»	»	»	»	»	»	5.029
Totaux.	1.132.000.000	277.339.000	133.000.000	70.000.000	30.000.000	71.688.110	7.734.000	16.102.200	10.000.000	1.768.22.

Travaux complémentaires { P.-L.-M. .... 100 millions
O.-A. .... 80 —

Assistance indigène : 400.000 francs par an
à partir de 1922,

TROISIÈME EMPRUNT

Programme de travaux. Tableau indiquant l'ordre de grandeur annuel de dépense

Années	Chemins de fer	Travaux publics Fonds d'emprunt et budget ordinaire	Instruction publique	Colonisation	Enseignement technique et professionnel	Postes télégraphes et téléphones	Forêts	Assistance publique	Assistance aux Indigènes	Construction des bureaux de Gouvernement général	TOTAUX
1921	87.250.000	10.000.000	11.000.000	6.500.000	3.200.000	11.109.000	1.200.000	1.500.000	»	2.590.000	136.319.000
1922	106.750.000	27.500.000	9.000.000	7.500.000	6.200.000	6.458.000	1.600.000	3.500.000	900.000	4.500.000	173.908.000
1923	87.000.000	27.500.000	9.000.000	8.000.000	6.200.000	5.230.000	1.600.000	4.456.000	900.000	3.000.000	152.905.000
1924	89.000.000	27.500.000	10.000.000	8.000.000	6.200.000	11.481.000	1.600.000	4.600.000	600.000	»	138.981.000
1925	106.000.000	27.500.000	8.000.000	8.000.000	6.200.000	6.505.000	1.537.000	550.000	600.000	»	161.892.000
1926	113.000.000	27.500.000	12.000.000	7.000.000	»	6.090.000	431.000	325.000	600.000	»	196.965.000
1927	149.000.000	27.500.000	12.000.000	6.500.000	»	6.011.000	450.000	398.000	»	»	201.862.000
1928	158.000.000	27.500.000	11.000.000	6.500.000	»	6.649.000	450.000	481.000	»	»	213.580.000
1929	158.000.000	27.000.000	16.000.000	6.000.000	»	3.643.000	450.000	285.000	»	»	213.378.000
1930	138.000.000	27.000.000	16.000.000	6.000.000	»	6.420.000	397.000	315.000	»	»	191.132.000
1931	60.000.000	22.810.000	16.000.000	6.000.000	»	»	»	»	»	»	98.810.000
1932	30.000.000	3.000.000	»	»	»	»	»	»	»	»	33.000.000
1933	»	5.029.000	»	»	»	»	»	»	»	»	5.029.000
	1.312.000.000	287.339.000	133.000.000	70.000.000	30.000.000	71.688.000	9.734.000	16.400.000	3.600.000	10.000.000	1.943.761.000

LA RÉPARTITION DE L'EMPRUNT ET LES POSSIBILITÉS D'EXÉCUTION DU PROGRAMME

Pour arrêter définitivement le programme qui lui paraît constituer un ensemble non susceptible de réduction, la commission s'est inspirée des travaux de la commission présidée par M. Morinaud, travaux exposés dans le rapport Petit et qui avaient déjà mis en lumière les besoins les plus urgents. Comme sa devancière, elle s'est attachée à répartir les ressources à réaliser d'une façon aussi équitable que possible et à assurer le développement parallèle des diverses régions de la Colonie dans lesquelles d'égales nécessités s'étaient manifestées, en s'efforçant de respecter la constitution économique du pays.

Se dégageant du principe d'une répartition égale entre les trois départements, bannissant de ses préoccupations tout esprit particulariste et toute idée de satisfactions politiquement équivalentes, la commission a estimé que les besoins les plus urgents de toute l'Algérie devaient être indiqués dans ce programme d'ordre général et leur exécution poursuivie suivant un ordre méthodique établi par l'urgence même des besoins.

Placée en présence de projets d'égal intérêt, elle n'hésite pas à indiquer à l'administration, à laquelle revient le soin d'en diriger l'exécution, que la priorité doit être donnée aux travaux d'une productivité certaine, à ceux qui sont susceptibles de procurer le plus rapidement possible au budget une certaine compensation de la charge occasionnée par leur réalisation.

Parmi les lignes dont la construction est envisagée, les unes pourront donner, dès la première année de leur exploitation, des recettes supérieures aux dépenses, c'est-à-dire des produits nets, tandis que les autres, pendant plus ou moins longtemps, laisseront des déficits. Dès l'instant qu'il faut opérer un choix, il est naturel de construire tout d'abord les premières, tant pour éviter de grever le budget de nouvelles charges que pour ménager à la colonie les moyens d'établir plus tard de nouvelles lignes sans recourir à l'emprunt.

Les travaux, figurant au programme Petit, qui ne sont pas actuellement retenus par la commission, ne doivent être considérés que comme momentanément ajournés et restent maintenus dans le programme de seconde urgence, programme qui ne saurait dès maintenant être limitativement tracé et qui sera susceptible de s'élargir pour faire place à des éléments non actuellement prévus et dont l'importance pourra être révélée par les circonstances.

S'il est, en effet, possible d'arrêter d'une façon à peu près définitive un programme de chemins de fer, de routes et de ports, il est impossible d'en faire de même pour des travaux hydrauliques et des travaux de colonisation dont l'urgence peut se manifester en dehors de tout plan préalable établi par l'administration et dépendre de circonstances absolument indépendantes de son action.

Un programme de 1,800 millions en 12 ans est-il aujourd'hui, en tenant compte de la majoration considérable de tous les prix, une conception trop risquée et anormale? Un retour sur le passé permet d'affirmer que non. Bien avant 1898, M. le gouverneur général Tirman qui avait une profonde connaissance des besoins de l'Algérie, estimait, et M. de Solliers le rappelait à la première session de la délégation des non colons, qu'une dépense d'au moins un demi milliard était nécessaire.

Quelques années plus tard, en 1899, M. Laferrière, se basant sur les résultats d'études sommaires faites par ses services, déclarait qu'il ne serait pas difficile d'atteindre un minimum de 300 millions.

Ces chiffres n'avaient, alors, rien d'excessif et n'étaient de nature à inspirer aucune inquiétude. L'expérience des autres possessions françaises et mieux encore des colonies anglaises, dont la rapide prospérité est constamment citée en exemple, démontrent déjà que les pays neufs ont des ressources latentes qui surgissent à mesure que se précipite leur déve-loppement économique et qui apportent au budget une large compensation des charges de la dette.

La dette du Canada atteignait en 1903 un milliard 800 millions, celle de la Nouvelle-Zélande un milliard 400 millions, celle de la Nouvelle Galles du Sud, un milliard 600 millions.

Ces pays n'avaient pas hésité, dès cette époque, à contracter des emprunts dont le montant allait jus-qu'à dépasser dix fois le montant de leurs revenus annuels. Ces pays avaient confiance dans leur dé-veloppement et ils ne s'étaient pas trompés, car l'avenir leur a donné raison.

En empruntant 1,800 millions, l'Algérie verrait sa dette s'élever à 2 milliards, ce qui ne dépasserait que 6 fois ses revenus annuels; elle ferait donc un effort encore très inférieur à celui réalisé par des pays comme le Canada et l'Australie.

La situation actuelle de l'Algérie permet-elle d'en-visager la possibilité d'un pareil effort? La réponse n'est pas douteuse.

Il est notoire que les affaires progressent en Algé-rie avec une intensité insoupçonnée.

Le mouvement de nos échanges commerciaux, considérablement ralenti pendant la guerre, a rebon-di et dépasse tous les précédents.

Il a atteint, en 1919, 2 milliards 300 millions.

Cette activité ne peut que s'accentuer, parce que le besoin de toutes choses est immense et que la production algérienne n'est pas arrêtée par la crainte de manquer d'acheteurs ou de voir s'avilir les cours par une surabondance de marchandises.

On peut donc affirmer que de très séduisantes perspectives s'offrent au monde du travail de l'Al-gérie ; que le marché français lui est largement ouvert et que les débouchés vers les autres nations ne lui manqueront pas s'il sait s'organiser pour en tirer profit.

D'autre part, nous vivons des temps sans précédent et il faut savoir prendre son recul pour s'en rendre compte. Aujourd'hui on parle de centaines de milliards comme on en parlait autrefois, presque avec stupeur, de centaines de millions. Toutes les proportions sont déformées; les mêmes mots ne répondent plus aux mêmes choses et les anciennes formules ont fait leur temps. Il faut aujourd'hui voir large et grand devant soi, regarder toujours plus haut et plus avant, et réaliser non pas en songeant seulement aux besoins actuels, mais en songeant à ceux de demain qui seront plus grands encore.

La guerre a mis des besoins accrus aux prises avec des moyens diminués et nous ne pouvons continuer à essayer de remédier à une situation critique par des moyens de fortune. Nous devons essayer de nous rapprocher d'une vie normale, mais cette vie normale ne reprendra pas d'un seul coup comme une floraison de printemps sous le soleil. Nous aurons une série d'étapes à franchir, avant de reprendre l'équilibre complet et il dépendra de nous que ces étapes soient plus rapidement franchies, et elles le seront si nous faisons résolument et à bon escient l'effort nécessaire.

Il faut savoir dépenser, même quand on a cessé d'être riche, si on veut le redevenir et l'économie ne doit pas avoir pour effet de restreindre des frais de premier établissement, destinés à devenir productifs de gros bénéfices.

Avant tout, nous avons à compléter un outillage existant afin d'en tirer un meilleur parti.

Sans tomber dans l'exagération, il faut voir plus grand que nous ne l'avons fait jusqu'ici, voir pour l'avenir. Notre politique de petits paquets, parcimonieusement maladroite, aboutit en fin de compte à des frais considérables ; il ne faut pas hésiter à faire, d'un seul jet, un gros effort d'ensemble dont bénéficieront ceux qui viendront après nous et qui compléteront notre œuvre.

L'Algérie aura-t-elle la Capacité d'exécution du Programme?

Il convient toutefois de rechercher si l'Algérie aura la capacité de travail nécessaire pour absorber annuellement les sommes qui doivent représenter la moyenne de l'effort résultant des propositions des services et qui se traduira par une dépense annuelle de 150 millions.

Les services techniques interrogés sur ce point n'ont pas hésité à répondre que cette prévision de dépense pouvait être envisagée, si les moyens d'exécution et le personnel technique nécessaires étaient mis à leur disposition,

Les membres de la commission, appartenant plus particulièrement au monde des affaires, n'ont pas hésité à déclarer, de leur côté, qu'un pareil effort annuel était possible, à la condition que l'on renonçât à la politique jusqu'ici suivie pour l'exécution de nos travaux publics et qui avait si fâcheusement retardé la mise en état d'exploitation de nos lignes du programme de 1907.

La méthode suivie jusqu'à ce jour par l'administration a consisté à réduire l'importance des lots mis en adjudication, à en augmenter le nombre et à organiser le tâcheronnage.

L'administration a ainsi obtenu des rabais, mais au préjudice de la bonne exécution des travaux qui, confiés à des petits entrepreneurs ne disposant ni des crédits, ni du matériel suffisants, n'ont jamais été achevés dans les délais prévus.

Les contribuables supportent aujourd'hui les conséquences de ces fautes qui ont eu pour résultat d'immobiliser des sommes importantes sans profit pour la collectivité. Il apparaît qu'en modifiant les méthodes administratives suivies jusqu'ici, en décentralisant et en laissant une plus grande initiative au personnel d'exécution, en faisant appel à de grosses entreprises disposant d'un matériel et de moyens d'action puissants, d'un personnel technique compétent et éprouvé, on obtiendra des résultats bien meilleurs et une exécution bien plus rapide.

La comparaison entre la durée d'exécution des travaux des lignes construites de 1880 à 1887 par la Compagnie de l'Est-Algérien et celle des lignes construites par l'État sur le programme de 1907, de 1909 à 1914, démontre la supériorité incontestable de la méthode de mise en adjudication par lots importants.

Il n'est pas douteux que des sociétés disposant de capitaux abondants arriveront à solutionner plus facilement que des petits tâcherons, les difficultés auxquelles vont se heurter toutes les entreprises de travaux publics, difficultés tenant particulièrement au recrutement de la main-d'œuvre et à la fourniture régulière des matériaux.

La Main d'Œuvre

La reprise de la vie normale place en effet tous les pays en face de difficultés de main-d'œuvre accrues par la saignée formidable qui a fait disparaître les hommes les plus valides.

Cette difficulté n'arrêtera pas les grosses industries qui peuvent, à coup de millions, appeler les travailleurs du monde entier et atténuer la crise par un meilleur emploi de la main-d'œuvre et le développement du machinisme.

Il n'est cependant pas douteux que le recrutement de la main-d'œuvre sera un des plus gros obstacles auxquels se heurtera l'exécution rapide et continue du programme projeté et il appartiendra au gouvernement de le faciliter par tous les moyens. Peut-être serait-il possible de concevoir, dans ce but, une utilisation pratique et rationnelle de l'armée d'occupation de l'Afrique du Nord, qui, désormais, doit être appelée à jouer ici plutôt un rôle de police qu'un rôle de conquête. L'intérêt national serait qu'elle fût composée en très grande partie de volontaires, de professionnels de l'agriculture, du bâtiment, de la mécanique qui, au lieu de rester inutilisés dans des casernes, pourraient être, après une éducation militaire sommaire mais suffisante, répartis dans les fermes, les industries et y apporter le secours d'une main-d'œuvre intelligente et productive?

Ce projet avait déjà été élaboré par Bugeaud en 1840. Il devient aujourd'hui d'une particulière actualité.

Le Personnel Technique

Le recrutement du personnel technique, tant par les administrations chargées de la préparation des projets et du contrôle de leur exécution, que par les entreprises chargées de l'exécution des travaux, doit être également l'objet des préoccupations de ceux qui étudient les possibilités de réalisation d'un programme qui comportera l'utilisation de nombreux ingénieurs, conducteurs de travaux, chefs d'ateliers et de chantiers.

Il appartiendra à l'administration de prendre les mesures nécessaires pour recruter, sans se laisser arrêter par de parcimonieux marchandages, un personnel d'élite et le conserver.

Dans un chapitre précédent, l'attention de l'administration a été appelée sur la nécessité de peser la valeur des suggestions émanant des chefs de service qui ont la responsabilité de la conduite des travaux des lignes nouvelles.

Ces suggestions peuvent être généralisées pour tous les services et il ne suffit pas de savoir recruter un personnel d'élite, il faut savoir le conserver et l'intéresser à la bonne et prompte exécution des travaux dont l'utilisation anticipée compense largement, par la richesse qu'elle crée, les sacrifices faits pour l'accélérer.

Répercussion sur les Budgets Ordinaires

La commission a eu, d'autre part, à se préoccuper de la répercussion que pourrait exercer la réalisation du programme projeté sur les budgets ordinaires des années pendant lesquelles les travaux de ce programme seront exécutés et des années qui suivront leur achèvement.

Outre la charge provenant de la dette, les budgets à venir auront nécessairement à supporter la dépense d'entretien des ouvrages exécutés au moyen des fonds d'emprunt. A cet égard les services intéressés sont dans des situations différentes.

Pour les chemins de fer, les dépenses d'entretien rentrent dans les frais d'exploitation et il en est tenu compte dans l'évaluation du produit net des lignes à construire. Par contre le classement des nouvelles routes nationales et l'extension des ouvrages maritimes exigeront l'inscription de crédits supplémentaires.

Le développement de l'instruction publique, la création de nouveaux lycées, collèges et d'écoles primaires nécessiteront de nouvelles et importantes dépenses d'entretien et de personnel. Il en sera de même pour le développement des réseaux téléphoniques.

Les différents services ont été invités à fournir leurs prévisions de ce chef et les charges annuelles qu'entraînera l'exécution du programme de l'emprunt se chiffrent ainsi qu'il suit pour les exercices 1921 à 1931, accusant un total de 26,943,888 francs en 1931.

Tableau N° 1

Etat des précisions des augmentations de dépenses qui résulteront pour le budget ordinaire de l'exécution du programme du troisième emprunt (10 ans)

Année	Chemins de fer	Travaux publics	Instruction publique	Colonisation	Enseignement technique et professionnel	Postes Télégraphes et Téléphones	Forêts	Assistance publique	Totaux
1921	»	»	»	»	»	263.875	»	»	263.875
1922	»	»	755.000	»	»	1.000.250	20.000	»	1.789.250
1923	»	»	785.000	»	»	648.350	20.000	»	1.453.350
1924	»	»	880.000	»	3.000.000	606.345	20.000	»	4.506.345
1925	»	»	925.000	»	»	784.814	20.000	»	1.729.814
1926	»	»	2.160.000	»	»	580.564	20.000	128.750	2.898.314
1927	»	»	2.160.000	»	»	628.804	20.000	»	2.808.804
1928	»	»	2.160.000	»	»	609.144	20.000	»	2.789.144
1929	»	»	2.119.000	»	»	560.094	20.000	»	2.770.094
1930	»	»	2.200.000	»	»	578.344	20.000	»	2.798.344
1931	»	»	2.470.000	»	»	655.554	20.000	»	3.145.554
			16.685.000		3.000.000	6.930.138	200.000	128.750	26.943.888

Il convient de rappeler qu'à l'occasion du projet d'emprunt de 175 millions de 1907, la charge nouvelle résultant pour le budget ordinaire de l'exécution du programme avait été prévue pour la dernière année d'exécution à 1,879,985 francs contre une charge de 6,000,000 pour la dette.

Elle représentait donc près du tiers de la charge afférente à l'annuité de l'emprunt.

Si l'emprunt contracté est de 1,800 millions, nécessitant une annuité finale de plus de 100 millions, la répercussion sur le budget ordinaire de l'exécution du programme projeté serait donc proportionnellement moindre que celle constatée pour l'emprunt de 1907.

Nécessité de n'exécuter que des Travaux Utiles

Le chiffre considérable de la charge budgétaire que va entraîner pour l'Algérie l'exécution de ce premier programme qui, il faut bien le répéter, n'est qu'une première étape comprenant les travaux de toute première urgence d'un programme plus complet dont aucune partie n'est rejetée, démontre la nécessité impérieuse pour elle de n'exécuter que des travaux d'une utilité démontrée et d'écarter, dans le choix de ces travaux, toute considération étrangère à celle de l'intérêt général,

Un pays ne s'enrichit pas par des dépenses ou des travaux inutiles car il n'a qu'une quantité limitée de ressources à dépenser. Si on les emploie à des travaux inutiles, elles feront défaut ailleurs et on ne pourra les obtenir qu'à plus haut prix pour d'autres travaux nécessaires dont le coût sera par conséquent accru.

La limitation de nos ressources et la nécessité de les ménager nous font une obligation de nous considérer un peu comme « mis au régime », de nous restreindre. Nous ne devons donc pas nous laisser inciter à des dépenses qui ne soient pas d'une absolue nécessité, si profitables qu'elles puissent sembler à certains, mais, la sélection une fois faite en nous

dégageant de tout particularisme et de la préoccupation d'équivalence dans les satisfaction à accorder aux diverses régions, nous devons marcher résolument de l'avant, nous gardant d'apporter par
un esprit d'économie mal compris un retard au développement de nos richesses latentes.

Nous serions aussi coupables de manquer de confiance, que de gaspiller nos forces. Il est certain que
malgré l'énormité des profits accumulés pendant la
guerre, malgré les milliards de papier qui circulent
et qui créent une richesse factice, dont la contre-
partie n'existe que dans la richesse improductive
qu'il faut faire surgir par le travail, quand nous
faisons la balance de ce que nous avons et de ce
que nous devons, nous sommes obligés de constater que nous faisons, à côté de nos voisins, figure
de pauvres et que par conséquent nous devons développer des vertus de pauvres, c'est-à-dire faire
des prodiges d'ordre et d'économie. Mais l'exercice
de ces vertus n'est pas exclusif de toute audace.

Nous pouvons donc nous proclamer capables de
tout oser, de tout réussir et notre force sera de nous
convaincre que nous avons devant nous un avenir
que nous sommes décidés à faire aussi brillant fi-
nancièrement que notre passé a été glorieux. Dans
la société moderne on voit tous les jours des hommes passer, en une seule génération, de l'état le plus
infime à la fortune la plus éblouissante : pourquoi
un pays ne pourrait-il pas faire ce que peut faire
un individu ? Si nous avons la hardiesse nécessaire,
si nous savons développer notre esprit d'initiative,
la victoire économique sera à nous comme la victoire des armes.

L'Aide de la Métropole

Il apparaît aujourd'hui certain que le parlement
français et le gouvernement sont décidés à nous
donner leur concours le plus large pour la mise en
action de ces initiatives ; des manifestations parlementaires récentes ne nous permettent plus de

douter de la confiance que la métropole met à l'heure actuelle dans notre avenir et notre développement.

Le 28 février 1920, la représentation algérienne, qui avait demandé à M. le gouverneur général son programme d'achat de matériel de chemins de fer, lui faisait connaître qu'elle ferait à Paris tous les efforts nécessaires pour l'aider à sa réalisation d'urgence, espérant que rien ne retarderait son adoption et celle des moyens financiers nécessaires par les assemblées algériennes dont elle demandait la convocation urgente.

Elle insistait en demandant si, exécuté aux dates indiquées par le gouverneur général, ce programme suffirait pour satisfaire les besoins pressants de la colonie au point de vue *agricole et minier*.

Le 2 mars, elle appelait son attention sur l'urgence de voter le grand programme de travaux publics formulé dans le rapport Petit et de dresser le bilan des charges que le contribuable algérien devrait assumer pour faire face aux dépenses nécessitées par l'exécution de ce programme dont l'importance dépassait 2 milliards, et ajoutait :

« Dans la bataille économique de demain, il faut que l'Algérie vienne vite et largement en aide à la métropole, en même temps que toute l'Afrique du Nord et toutes les colonies. A cet égard nous n'avons pas une minute à perdre; nous devons vous demander de convoquer au plus tôt les assemblées algériennes, en mettant à leur ordre du jour le programme des travaux et d'emprunt.

« Le patriotisme bien connu, la sage clairvoyance, l'esprit d'initiative et de décision des délégations et du conseil supérieur seront, cette fois encore, à la hauteur d'un passé de travail et de confiance dans l'avenir qui leur a valu une si juste et si enviable renommée dans la mère-patrie. »

Le 6 mars, après avoir pris connaissance de la réponse de M. le gouverneur général, nos représentants lui demandaient de la façon la plus pressante que l'Algérie, au lieu d'échelonner sur plusieurs exercices des commandes de matériel roulant reconnues indispensables pour lui permettre de transporter tous les produits de son sol et de son soussol, prît les mesures utiles pour que ces commandes fussent faites immédiatement et en bloc, de telle manière que dès 1920-1921 ces commandes réalisées la missent à même d'assurer tous les transports de sa production agricole et minière.

Enfin, le 19 mars, à leur réunion hebdomadaire, les représentants de l'Algérie, s'occupant du projet de grands travaux (rapport Petit) se prononçaient à l'unanimité en faveur du maintien intégral du programme qu'ils recommandaient à la vigilance et à l'attention particulière du gouverneur général et des délégations.

Quelques jours auparavant et à la date du 3 mars, le groupe de l'Afrique du Nord réuni sous la présidence de M. Marcel Habert, après avoir entendu les représentants des groupes phosphatiers de Tunisie et d'Algérie au sujet des difficultés de la main-d'œuvre et des transports auxquelles se heurte leur production si nécessaire à l'agriculture nationale et à nos exportations, production dont le déficit peut être évalué, au point de vue européen, à 3 millions de tonnes valant 300 millions de francs, constatait que cette crise avait une cause double :

1° Manque de main-d'œuvre ;

2° Insuffisance des moyens de transports,
et votait les deux résolutions suivantes présentées par M. Morinaud :

1° Considérant que l'intérêt supérieur de la France est, au double point de vue de l'augmentation nécessaire à ses exportations et de la diminution de son change, d'intensifier la production des mines, minerais et carrières d'Algérie et de la Tunisie, le groupe demande que la main-d'œuvre pénitentiaire soit, par priorité, réservée à ces exploitations;

2° Considérant qu'il importe que l'Algérie et la

Tunisie puissent dans le plus bref délai transporter tous les produits de leur sol et de leur sous-sol, le groupe demande qu'au lieu d'échelonner sur plusieurs exercices les commandes de matériel roulant nécessaires pour leurs chemins de fer, l'Algérie et la Tunisie prennent, d'urgence extrême, toutes les mesures utiles pour que toutes ces commandes soient faites sans retard et qu'ainsi leurs réseaux puissent, dès 1920 et 1921, transporter intégralement tous leurs produits agricoles et miniers.

Ces manifestations parlementaires prouvent que la France attend actuellement avec impatience que l'Algérie fasse, pour son développement économique et la mise en valeur de richesses dont elle sera la première à tirer un large profit, l'effort considérable qu'elle attend de son énergie, de sa volonté de devenir plus prospère, de son patriotisme.

Elles nous indiquent aussi que les parlementaires actuels voient l'Algérie d'un tout autre œil que leurs devanciers, et que la France comprend aujourd'hui que, pour ne pas entraver notre développement, pour ne pas provoquer dans notre croissance une crise qui risquerait d'être fatale, elle doit nous aider de toute sa puissance protectrice et ne rien faire qui puisse diminuer des forces que nous devons conserver dans leur intégralité pour les consacrer avec plus de fruit à l'œuvre qu'elle nous demande d'accomplir sans retard.

La métropole doit ménager nos forces naissantes si elle ne veut pas épuiser pour l'avenir nos facultés de production.

Elle ne doit donc prendre aucune mesure qui soit de nature à retarder ou à paralyser notre effort et à compromettre notre développement économique.

Ce sera pour elle le plus sûr moyen de nous permettre de lui fournir une aide matérielle dont l'importance ira grandissant chaque jour et de faire éclore des trésors dans lesquelles elle pourra puiser à pleines mains.

Elle pourra se libérer ainsi des exigences des pays dont elle est tributaire et étendre de plus en plus au loin le rayonnement de sa puissance civilisatrice et de son génie créateur.

Le concours que lui aura apporté l'Algérie pour la réalisation de cette œuvre de régénération nationale sera autrement précieux et important que celui qui pourrait constituer une participation infime de quelques millions perdus dans les milliards de son budget et l'Algérie sera fière de l'apporter avec tout son cœur et toute son énergie, témoignant ainsi de son amour profond pour la mère-patrie.

Le Rapporteur,

H. GALLE.

TABLE DES MATIÈRES

RÉPUBLIQUE FRANÇAISE

GOUVERNEMENT GÉNÉRAL DE L'ALGÉRIE

PROJET D'UN NOUVEL EMPRUNT

1920

COMMISSION DES VOIES ET MOYENS

MOYENS FINANCIERS

RAPPORT

présenté par M. AYMES

DÉLÉGUÉ FINANCIER

ALGER

IMPRIMERIE COMMERCIALE VICTOR HEINTZ

41, Rue Mogador, 41

1920

16 R. G.

RAPPORT

de M. Paul AYMES

Le rapport de M. Galle indique la somme d'un milliard 900 millions, comme nécessaire pour assurer, en l'état actuel des choses, la mise en valeur rationnelle du domaine algérien. Ce rapport prévoit l'imputation sur les ressources ordinaires de 100 millions de francs environ, laissant apparaître ainsi un chiffre de 1,800,000,000, qui seraient à demander à l'emprunt. A notre avis, la commission doit abandonner cette hypothèse et envisager comme devant être fournie par l'emprunt, non pas seulement 1,900,000, c'est-à-dire l'intégralité de la somme inscrite au rapport, mais deux milliards.

L'expérience démontre en effet que les assemblées ne réduisent jamais, en cette matière, les propositions qui leur sont faites; elles ont au contraire une tendance invincible à les augmenter. D'autre part, il peut se produire, au cours des années qui vont suivre, tels événements qui pourraient gêner l'évolution des budgets futurs, et nécessiter alors, pour assurer l'inscription au budget de la partie de la dépense au titre ordinaire, la création de ressources nouvelles qui se traduiraient, comme le fait s'est souvent produit, par l'instauration d'un impôt que les circonstances démontrent ensuite inutile ou tout ou moins superflu.

Il semble donc plus opérant d'imputer la totalité de la dépense sur l'emprunt et d'envisager résolument le chiffre de deux milliards.

La durée prévue pour l'emploi de cet apport considérable de numéraire est de dix à douze années. En fait cette durée atteindra douze années au moins à partir de l'exercice 1921. Les divers services consultés ont d'ailleurs déclaré qu'ils étaient en mesure d'absorber de 150 à 200 millions par an.

Il est donc nécessaire de prévoir la réalisation théorique de l'emprunt par douzième, soit $2,000,000,000 : 12 = 166$ millions par an.

Le cours à l'heure actuelle, amortissement compris, du loyer de l'argent pour l'Algérie, peut s'évaluer aux environs de 6 fr. 50 %, c'est donc une annuité de près de onze millions dont il conviendra de prévoir, à partir de 1921, l'inscription au budget ordinaire, au titre des dépenses permanentes.

Cette inscription ne sera pas isolée, et sa couverture, par le produit de l'impôt, ne résoudra pas l'intégralité du problème.

En effet, parmi les besoins à satisfaire par la voie de l'emprunt, il est certaines catégories qui nécessitent à la fois et en même temps, des créations de personnel, au fur et à mesure que s'achève l'instrument de travail. C'est ainsi que l'instruction publique au premier rang, et l'enseignement technique et professionnel, tout comme le service des P. T. T. ne peuvent rendre les services en vue desquels ont été consentis les sacrifices de l'ordre matériel, que si on leur fournit les moyens de créer ou d'augmenter leur personnel.

La dépense totale dans cet ordre d'idées, et qui est évaluée dans le tableau ci-joint (1), s'élève à près de 27,000,000, soit, si l'on admet la réalisation intégrale de l'emprunt en 12 ans, à 2,200,000 francs environ par an et en moyenne.

En fait, et comme l'indique le tableau, les créations de personnel ne suivront pas une progression arithmétique régulière. Elles seront évidemment

---

(1) Voir tableau nº 1.

influencées par les nécessités de l'heure. Il importe cependant de retenir ce chiffre de 2,200,000 francs qui viendra s'inscrire obligatoirement chaque année au budget ordinaire et à titre permanent. Il serait même prévoyant d'élever la prévision de dépense à 2,500,000 francs, l'avenir réservant peut-être de nouvelles surprises en matière de révision des traitements.

A cette nature de dépenses, nées de la réalisation de l'emprunt, vient s'ajouter l'accroissement automatique normal des dépenses de gestion que l'on peut évaluer à 1,000,000 par an, si l'on prend pour base le terme de l'augmentation réalisée de 1901 à 1910, multipliée par le chiffre 1.

Il serait également prudent, si l'on voulait obtenir des charges qui vont peser sur le budget une impression exacte, de prévoir certaines dépenses annuelles à caractère permanent analogues à celles que les assemblées ont prises peut-être imprudemment, en faveur des diverses catégories de fonctionnaires algériens. Mais ces dépenses n'étant encore qu'à l'état virtuel, la commission estime préférable, pour l'instant, de ne pas en tenir compte.

La charge théorique supplémentaire d'un exercice pris isolément sera donc de :

Annuité d'une tranche d'emprunt...	11.000.000
Dépenses corrélatives de personnel.	2.500.000
Accroissement normal de frais de gestion	1.000.000
Ensemble....	**17.500.000**

Au bout de la douzième année la charge totalisée deviendra :

Annuités, 11 millions $\times$ 12.....	132.000.000
Dépenses corrélatives de personnel	30.000.000
Accroissement normal des frais de gestion	48.000.000
Ensemble........	**210.000.000**

Le budget des dépenses ordinaires s'élevait à: (1)

En 1901 à.....................   51.000.000
En 1905 à.....................   85.000.000
En 1910 à.....................   96.000.000
En 1915 à.....................   116.000.000
En 1920 les prévisions sont de....   290.000.000

Pour 1932 elles s'élèveraient à....   490.000.000 ou 500,000,000.

Ces chiffres mettent en pleine lumière l'effort fiscal prodigieux qu'aura accompli l'Algérie dans une période de trente ans, au cours d'une seule génération, faisant passer des dépenses ordinaires de 54 millions à 500 millions.

Cet effort, l'Algérie doit l'achever sans défaillance. Elle ne doit pas hésiter, si elle veut remplir son devoir vis-à-vis de la France, et vis-à-vis d'elle-même.

D'aucuns avaient pensé que l'Algérie devait prendre à sa charge une partie de la dette de guerre de la France, soit que la réalisation de cette pensée se fût traduite par un versement annuel, soit au contraire, qu'elle eût pris la forme d'un prélèvement sur le capital.

On ne saurait trop dire et répéter que cette conception est erronée.

Quelque limite que l'on voulût atteindre en cette matière, l'apport algérien eût été forcément infime. Il suffit, pour s'en convaincre, de comparer la richesse publique de chacun des pays. L'exiguïté obligatoire de cet effort détermine en elle-même son inutilité. Ce n'est pas le versement de quelques centaines de millions qui eût soulagé les finances de la France, pas plus que ne l'aideront les quelques millions annuels qu'on réclame à l'Algérie.

---

(1) Voir tableau nº 2.

Le problème doit être envisagé sous un angle tout différent. C'est le problème colonial qui se pose en entier.

La France possède un domaine colonial immense, il n'est pas encore en exploitation. Ses capitaux n'ont pas su émigrer pas plus que ses habitants. Ses industriels ne se sont pas préoccupés des marchés qui s'offrent à eux et ont laissé les étrangers prendre leur place. Ses commerçants n'ont pas voulu abandonner leur vieille routine et adopter ces méthodes fécondes, qui, on doit le reconnaître courageusement, avaient fait le succès de l'allemand.

La conséquence s'est fait durement sentir. Au cours de la bataille mondiale, les colonies françaises n'ont pas pu alimenter la France. Elles ont fourni des hommes dont le nombre et la qualité ont constitué un appoint intéressant. Elles n'ont pas pu fournir les matières premières, tout au moins en quantité suffisante, ou les produits alimentaires indispensables. Pourquoi?

Outre que le sol de ces colonies n'est pas encore suffisamment fécondé par le travail intelligent, toutes, elles manquent de routes, de chemins de fer, de ports, de navires, à tel point que si elles savaient ou pouvaient produire, leurs produits demeureraient entassés sur les lieux de production, ou amoncelés dans les ports.

C'est ce qui s'est produit.

Et, dans sa détresse, née de la guerre, la France a dû s'adresser en dehors de son patrimoine, en vue d'obtenir ce qui lui était indispensable pour vaincre d'abord, pour vivre ensuite. D'où la hausse constante des changes, la diminution du pouvoir libératoire du franc à l'étranger, l'affaissement de la puissance financière française.

Or, partout où règne la paix française, le franc a gardé sa valeur. Si les produits ont haussé, suivant ainsi la loi générale qui emporté le monde entier, tout au moins n'est-il pas nécessaire, pour acheter ces produits nationaux, d'acquérir des livres sterling au cours de francs 63 et des dollars au cours de 16 francs. (1)

Là git le problème: celui d'aujourd'hui, celui de demain. Là se cache le mystère de l'avenir. On peut l'affirmer: Si la France veut reprendre dans le monde la place à laquelle elle a droit, si elle entend ressaisir la maîtrise financière, son programme est tracé: elle doit développer la force productive de son domaine colonial ; elle a le devoir de laisser se développer librement et sans entraves autres qu'une étroite union douanière, celles de ses colonies qui ont la bonne fortune de posséder un crédit personnel.

L'effort fiscal de la France et de ses colonies doit avoir des buts différents. Il doit viser en France l'assainissement de la situation financière et la restauration des régions dévastées. Dans les colonies il doit tendre à l'accroissement de la production en vue du marché national.

Mais si la France a le devoir, comme conforme à son intérêt d'avenir, d'exonérer ses colonies du paiement d'une part quelconque de la dette de guerre, en revanche elle a le droit d'exiger d'elles un effort fiscal, proportionné à leur puissance contributive et relativement proportionnel à celui qu'elle fournit elle-même.

On peut affirmer qu'en se préparant à contracter un emprunt de deux milliards uniquement destiné à mettre en valeur les forces intellectuelles ou morales, matérielles ou physiques, de son domaine, l'Algérie accomplit largement son devoir.

Analogue dans sa valeur, l'effort du contribuable doit-il être identique dans la forme?

Votre commission, sans hésiter, répond négativement. On ne peut transporter sans danger, et sans les adapter aux conditions particulières du pays, les méthodes fiscales qui auront cours en France.

C'est ainsi que l'application à l'Algérie de la me-

____

(1) Voir tableau des changes de l'année 1920.

sure tendant à opérer un prélèvement sur le capital irait à l'encontre du but poursuivi. Si l'on admet que l'intérêt bien compris de la métropole lui commande de laisser à ses colonies la libre disposition de leurs ressources à la condition que ces ressources aient pour emploi et pour but le développement de leur production, on accordera cette conséquence qu'il convient de laisser aux particuliers l'intégralité de leur capital qui est le meilleur instrument de cette production, son générateur.

On peut concevoir qu'en France on opère ce prélèvement en vue de la réalisation immédiate d'une somme imposante destinée surtout à réduire la circulation fiduciaire, et à rétablir, partiellement au moins, la balance budgétaire. En Algérie, les circonstances sont différentes. Par l'émission de son emprunt de liquidation dont le capital est d'ailleurs peu important, l'Algérie va liquider sa situation budgétaire, et, dès l'exercice prochain, l'équilibre sera rétabli. De même cet emprunt va lui permettre de rembourser à la Banque de l'Algérie la totalité de sa dette et de faire disparaître ainsi la part qu'elle a prise personnellement dans l'augmentation de la circulation du billet de banque algérien. Il ne faut pas oublier, en effet, que si la France a autorisé à plusieurs reprises l'augmentation de la circulation de la Banque de l'Algérie, c'était uniquement en vue de solder en Algérie les achats faits par le trésor, c'est-à-dire en vue de régler des dépenses incombant à la métropole.

D'un autre côté, la fortune en France constitue, pour une grande partie, ce que l'on peut appeler un capital de revenu. Tout au contraire en Algérie, comme dans tout pays neuf, la fortune doit être considérée comme un instrument de travail. L'examen des faits le démontre. Et, si l'Algérie progresse, si sa puissance productive augmente, en même temps que sa puissance fiscale, ce résultat est dû au travail imposé au capital qui, loin de se retirer en des lieux de repos assuré, tient à honneur au contraire de mettre en valeur chaque jour des domaines nouveaux.

Si votre commission repousse, comme inopérant et contraire au but poursuivi, tout prélèvement sur le capital, elle estime, au contraire, que c'est le revenu qu'il convient de frapper, sous quelque forme qu'il se présente. Revenus du travail, revenus du commerce ou de l'industrie, revenus de l'agriculture, tous devront concourir à l'effort fiscal nécessaire, en premier lieu les revenus du capital, ceux dont on peut dire qu'ils naissent et se multiplient sans la collaboration de l'effort personnel, les coefficients de chacune des cédules pourront être relevés dès que les circonstances l'exigeront.

De même l'impôt sur les successions, s'il est bien surveillé, surtout dans la partie indigène de la population, pourra fournir, même sans augmenter le tarif actuel, une contribution puissante. Votre commission, en vertu du principe dont elle est imprégnée que le capital est en Algérie un instrument de travail, ne craint pas d'insister pour qu'en matière de succession, la ligne directe doit toujours être particulièrement ménagée.

Une note ci-jointe des services financiers énumère un certain nombre de dispositions fiscales destinées à être appelées au fur et à mesure des besoins constatés.

Votre commission ne croit pas devoir entrer dans l'examen particulier de chacune de ces dispositions, cet examen devant être, chaque année, fait au cours de la session des assemblées algériennes. Elle ne peut avoir davantage la pensée de prévoir à l'avance la nature des recettes qui seront nécessaires chaque année.

Mais elle a le droit d'affirmer qu'elle croit possible de demander à l'Algérie l'effort fiscal nécessaire pour assurer le service des annuités de l'emprunt de deux milliards. Elle est cependant obligée de faire une réserve.

Quelle que soit la valeur de sa production minière, l'Algérie est, jusqu'à présent, une région à peu près exclusivement agricole. La culture est la source principale de la richesse du pays.

L'industrie et le commerce ne vivent et ne prospèrent qu'en fonction de la matière agricole. La colonie est donc, comme tous les pays agricoles, exposée à des variations brusques de production. Une sécheresse persistante, une récolte mondiale surabondante, la constitution des stocks pesant sur le marché, peuvent déterminer un état de malaise passager dont l'incidence doit atteindre, sans aucun doute et, parfois dans une proportion grave, la richesse et par suite le rendement de l'impôt. Il est donc indispensable de prévoir, à côté des impôts directs qui frappent soit la transmission de la richesse, soit le revenu de cette même richesse, un certain nombre d'impôts indirects ou de consommation dont le produit puisse balancer, en partie tout au moins, le déficit qui ne manquera pas de se produire chez les premiers.

Quelque désirable que puisse paraître en théorie, la suppression des impôts de consommation, il faut cependant reconnaître que les contribuables les acquittent sans qu'ils s'en rendent un compte exact, et que leur paiement, obligatoirement fractionné par les nécessités quotidiennes de l'existence, s'effectue sans qu'il en résulte ni gêne, ni trouble dans la vie sociale.

Une seconde observation se place à propos du recouvrement de l'impôt sur les bénéfices de guerre. On ne peut nier que cet impôt ne présente au premier chef les caractères évidents d'un impôt occasionnel, exceptionnel. Les circonstances dans lesquelles il a pris naissance, son objet, les préoccupations auxquelles il a répondu lui confèrent nettement ce caractère d'exception. On ne saurait dès lors concevoir, encore moins admettre que le produit de cet impôt serve à combler le déficit momentané d'un exercice. Son emploi doit répondre à des besoins exceptionnels. Votre commission à l'unanimité demande que ce produit que l'on peut évaluer à plus de 200 millions vienne en diminution de l'emprunt projeté.

Il doit en être de même des excédents budgétaires

de chaque exercice qui constituent les fonds de réserve. Si les finances algériennes sont administrées et conduites avec la vigilance nécessaire, l'on doit s'attendre, dès la liquidation de l'exercice 1920, à des excédents appréciables. De par le jeu de la loi ces excédents sont réservés à la caisse de réserve. Celle-ci, dès que sera atteint le niveau imparti à la garantie de l'exploitation des chemins de fer, devra être spécialisée en vue de l'exécution du programme de travaux publics, cause de l'emprunt.

Il faut éviter à tout prix, votre commission ne saurait trop insister sur ce point, la naissance et le développement d'un programme annexe ayant pour base l'utilisation des fonds de la caisse de réserve. Celle-ci, on doit l'affirmer, doit devenir et rester l'adjuvant de l'emprunt, et non servir à des satisfactions momentanées d'ordre électoral et local.

C'est en suivant ces directives d'ordre général que l'administration d'une part, et de l'autre les assemblées algériennes pourront assurer à la fois et la prospérité matérielle de la colonie, et sa prospérité fiscale.

Ce faisant elles auront mis l'Algérie en situation d'accomplir vis-à-vis de la France le devoir que celle-ci est en droit d'attendre, l'obligation de concourir dans la mesure la plus large au ravitaillement de la métropole, c'est-à-dire à l'abaissement des changes.

Cette prospérité de l'avenir ne pourra toutefois se consolider que si la métropole consent, par des mesures judicieuses et définitives, à accorder à l'Algérie les libertés financières qu'elle mérite. On ne peut concevoir, en effet, l'intervention constante et pas toujours heureuse du parlement dans la gestion financière de la colonie. Si le dernier exemple qui nous a été donné de cette intervention — le règlement des tarifs postaux—a pour but un supplément de recettes (ce qui reste à prouver), il ne constitue pas moins en droit une violation flagrante de la loi de 1900. En effet, que l'on assimile la taxe postale à un impôt, ou qu'on la considère comme la représentation d'un service rendu, il n'en est pas moins évident que le parlement n'avait aucunement le droit de prendre des dispositions visant des modifications du tarif intérieur algérien. Il lui était parfaitement loisible de décider qu'à partir de l'instant où une lettre quitterait le sol algérien à destination de la France, cette lettre acquitterait obligatoirement le tarif français, mais il ne pouvait sans l'intervention des assemblées algériennes, augmenter la taxe intérieure des postes, des télégraphes et des téléphones. C'est dans cette application même qu'apparaît l'erreur commise fréquemment d'appliquer à l'Algérie purement et simplement les mesures prises en France. Alors qu'en France le téléphone est uniquement un moyen de commerce ou un instrument de relations personnelles, il revêt en Algérie dès que l'on abandonne la grande ville, le caractère d'un auxiliaire indispensable de la sécurité publique. Dans un pays aussi peu habité que l'Algérie, où les distances de ferme à ferme, de village à village, sont considérables, la multiplication des postes téléphoniques est absolument désirable. Il serait même à souhaiter que les maisons forestières situées à des distances très grandes de toute habitation européenne puissent en être dotées. Comment obtenir ce résultat avec les tarifs imprudemment transportés de France en Algérie ?

La commission ne saurait trop le répéter, les conditions générales de l'Algérie ne sont pas les mêmes que celles de France ; il est impossible et illogique d'appliquer de plano aux territoires algériens, les mesures prises pour les territoires français.

Sous les conditions et réserves ci-dessus, votre commission est fermement convaincue que l'opération envisagée d'un emprunt de deux milliards est parfaitement réalisable; que les facultés contributives de l'Algérie sont suffisantes pour y faire face; que l'exécution du programme établi aura pour conséquence la naissance, l'apport et l'utilisation d'une quantité supplémentaire importante de produits; que cet apport destiné surtout à la métropole sera pour celle-ci une aide puissante.

Elle estime que la réalisation de ce projet est lié à la mise en exploitation générale du domaine colonial français ; que, seul, ce développement peut déterminer dans un avenir prochain la rupture de l'équilibre financier en faveur de la France.

Elle est par suite convaincue que la spécialisation de l'effort fiscal d'une colonie, et en particulier de l'Algérie, vers l'exécution des travaux indispensables à sa mise en exploitation normale, constitue l'utilisation la plus rationnelle et la plus profitable de cet effort fiscal, non pas seulement au point de vue de sa vie propre, mais surtout et d'abord au point de vue national.

Le Rapporteur,
Paul AYMES.

ANNEXES

Tableau N° 1.

Etat des prévisions des augmentations de dépenses qui résulteront pour le budget ordinaire de l'exécution du programme du 3e emprunt (10 ans).

Année	Chemins de fer	Travaux publics	Instruction publique	Colonisation	Enseignement technique et professionnel	Postes, télégraphes et téléphones	Forêts	Assistance publique	Totaux
1921	»	»	»	»	»	203.875	»	»	203.875
1922	»	»	755.000	»	»	1.005.250	20.000	»	1.780.250
1923	»	»	785.000	»	»	648.350	20.000	»	1.453.350
1924	»	»	880.000	»	3.000.000	666.345	20.000	»	4.566.345
1925	«	»	925.000	»	»	784.814	20.000	»	1.729.814
1926	»	»	2.160.000	»	»	589.564	20.000	128.750	2.898.314
1927	»	»	2.160.000	»	»	628.804	20.000	»	2.808.804
1928	»	»	2.160.000	»	»	609.144	20.000	»	2.789.144
1929	«	»	2.190.000	»	»	560.094	20.000	»	2.770.094
1930	»	»	2.200.000	»	»	578.344	20.000	»	2.798.344
1931	»	»	2.470.000	»	»	635.554	20.000	»	3.145.554
			16.685.000		3.000.000	6.930.138	200.000	128.750	26.943.888

TABLEAU N° 2

BUDGET DE L'ALGÉRIE

Recettes ordinaires de 1901 à 1920

	Recettes de chaque exercice	Pour cent de l'augmentation par année	Pour cent de l'augmentation totale Comparaison des recettes de l'année avec celles de l'exercice 1901
Exercice 1901........	57.885.440 72	»	»
--- 1902........	60 018.332 82	3 68	3 68
-- 1903........	65.223.838 87	8 67	12 67
-- 1904........	62 203.798 91	— *4 63*	7 46
-- 1905........	85.113.567 96	36 82	47 02
-- 1906........	86.049.557 13	1 09	48 65
— 1907........	94.833.625 09	10 26	63 83
-- 1908........	101.022 050 73	6 52	74 52
— 1909........	99.658.904 96	— *1 34*	72 16
— 1910........	104.527.245 58	4 88	80 57
— 1911........	116.968.239 52	11 90	102 07
— 1912........	123 971.074 79	5 98	114 16
-- 1913........	130.908.462 82	5 66	126 30
— 1914........	103.767.785 94	— *20 78*	79 43 (1)
-- 1915........	96.173 690 88	— *7 31*	66 14 (1)
-- 1916........	107 698.594 72	11 98	86 04 (1)
— 1917........	109.574.650 32	1 74	89 31 (1)
— 1918........	110 047.378 14	27 81	141 93
-- 1919........	222.361.041	58 77	284 12
— 1920........	289.808.106	30 33	400 66

De 1901 à 1918, chiffres définitifs.
1919, chiffres provisoires.
1920, prévisions.

(1) Exercices déficitaires.

Tableau N° 3

BUDGET DE L'ALGÉRIE

Dépenses ordinaires de 1901 à 1920 et progression de ces dépenses

		Pour cent de l'augmentation par année	Pour cent de l'augmentation totale Comparaison des dépenses de l'année avec celles de l'exercice 1901
Exercice 1901........	54.184.064 41	»	»
— 1902........	53.829.399 08	— 0 654	— 0 654
— 1903.	55 813.147 76	3 685	3 006
— 1904........	54.799.327 15	— 1 816	1 135
— 1905......	81.188.709 20	48 156	49.838
— 1906......	81 314.865 61	0 155	50.071
— 1907......	88.304.520 62	8 595	62 97
— 1908......	93.913.407 62	6 352	73 14
— 1909......	96.513.002 06	2.887	78 12
— 1910......	96.117.720 19	— 0 513	77 37
— 1911........	101.024.906 12	5 105	86 44
— 1912........	103.235.688 54	2 188	90 52
— 1913......	114.704.469 68	11 111	111 69
— 1914......	117.705.157 60	2 616	117 23
— 1915......	116.597.055 08	— 0 942	115 18
— 1916......	119.966.300 88	2 889	121 15
— 1917......	118.404.161 44	1 310	118 52
— 1918......	133.508.318 62	12 807	146 51
— 1919......	189.659.655	41 995	250
— 1920......	289.795.041	52 797	434 83

Les chiffres ci-dessus indiquent : 1° Les dépenses réelles pour les exercices 1901 à 19
inclus ; 2° Le montant approximatif des dépenses pour l'exercice 1919 en cours de règlement
3° Les prévisions pour l'exercice 1920 en cours d'exécution.

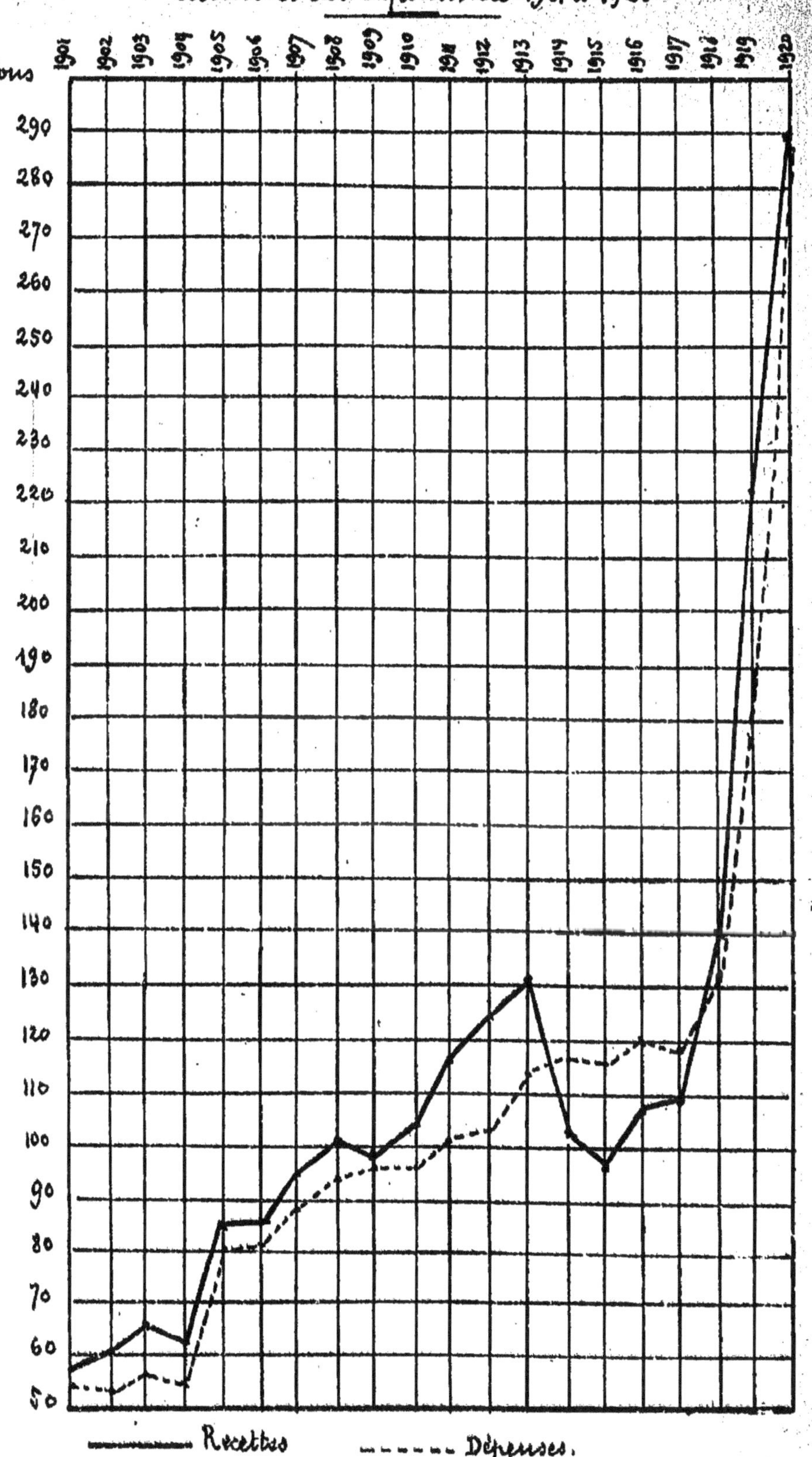

et ordinaire. Comparaison des recettes et des dépenses de 1901 à 1920
1901 1902 1903 1904 1905 1906 1907 1908 1909 1910 1911 1912 1913 1914 1915 1916 1917 1918 1919 1920
290 280 270 260 250 240 230 220 210 200 190 180 170 160 150 140 130 120 110 100 90 80 70 60 50
Recettes
Dépenses.

Budget de l'Algérie

Emprunts

1° Emprunt de 50 millions (loi du 7 avril 1902).

Annuité nécessaire au paiement des intérêts et à l'amortissement de l'emprunt 2.000.000

2° Emprunt de 175 millions (loi du 28 février 1908).

Annuité nécessaire au paiement des intérêts et à l'amortissement de l'emprunt 7.192.000

3° Emprunt de liquidation et des emprunts y rattachés, savoir :

1° Emprunt de 55 millions autorisé par la loi du 15 juin 1918 et affecté aux travaux d'achèvement des lignes à construire d'après le programme établi pour l'emploi des fonds provenant de l'emprunt de 175 millions autorisé en 1908.

2° Emprunt de 55 millions concernant les travaux complémentaires du réseau des chemins de fer rachetés par l'Algérie voté par les délégations financières et par le conseil supérieur les 19 et 27 juin 1911, autorisé à concurrence de 20 millions par la loi du 30 novembre 1916 et pour le surplus par la loi autorisant l'emprunt de liquidation.

Annuité inscrite au budget de 1920. 11.452.302
Annuité inscrite au budget de 1921. 22.000.000

4° Emprunt destiné à l'exécution de travaux en vue de la reconstitution de l'outillage économique de l'Algérie.

½ annuité inscrite au projet de budget de 1921.............................. 2.000.000

Valeurs comparées de la livre sterling et du dollar. — Année 1920

Pair Fr. 25,22 1/2 $ 4,86 pour 1 £.

Janvier 1920......	43-14	3.67
Février —	48,20	3,36
Mars · —	52,00	3,69
Avril —	63,93	3,94
Mai —	63,30 dollars fr. 16,45.	

NOTE

sur les voies et moyens susceptibles d'être envisagés pour permettre l'exécution d'un nouveau programme de travaux publics.

D'après les propositions des services, le programme des travaux les plus urgents à effectuer dans une période de 5 années environ représenteront une dépense de 651,282,160 francs se décomposant comme suit :

Chemins de fer..................	339.000.000
Travaux publics	184.000.000
Instruction publique	43.000.000
Colonisation	23.200.000
Enseignement technique et professionnel	15.000.000
Postes, télégraphes et téléphones.	22.885.900
Forêts	7.734.000
Assistance publique	16.462.260
Total pour cinq années......	651.282.160

La part de la dépense afférente à l'année 1921 a été spécialement évaluée à 132 millions. Le surplus paraît devoir se répartir à peu près également entre les 4 autres exercices.

Si donc les ressources nécessaires à l'exécution du programme projeté devaient être demandées *exclusivement* à l'emprunt, il faudrait envisager la réalisation des fonds par tranches annuelles de 130 millions environ. Au taux de 6,50 % qui, d'après les conditions actuelles du marché financier paraît représenter un maximum (intérêts, amortissement et impôt sur le revenu compris), chacune de ces tranches exigerait une annuité de 8,450,000 francs. Mais la réalisation de la première tranche annuelle pourra sans doute être envisagée au plus tôt dans le courant du 1er semestre 1921. Les crédits à inscrire au budget ordinaire pour le service des annuités s'élèveraient ainsi, année par année, aux chiffres suivants :

Exercices	Mode de calcul des annuités	Montant de l'annuité
1921	1/2 annuité, soit $\dfrac{8.450.000}{2}$	4.225.000
1922	8.450.000 + 4.225.000	12.675.000
1923	8.450.000 × 2 + 4.225.000	21·125.000
1924	8.450.000 × 3 + 4.225.000	29.575.000
1925	8.450.000 × 4 + 4.225.000	38.025.000
1926 et années suivantes	8.450.000 × 5	42.250.000

Le service de l'emprunt exigerait donc, de 1921 à 1926, la création de 42,250,000 francs de ressources nouvelles en plus de celles dont la création s'impose dès maintenant pour combler l'insuffisance de recettes du projet de budget de 1921.

Cette insuffisance s'élève à 48,679,368 francs.

Il en résulte que, sans tenir compte des besoins nouveaux qui se révèleront pendant les 5 prochaines années, les ressources permanentes à créer, tant pour équilibrer nos budgets actuels que pour assurer par l'emprunt dans une période de 5 ans, l'exécution du programme de travaux publics projeté, s'élèveront à 42, 250,000 + 55,515,968 = 97,766,968 francs, soit, en chiffres ronds : 100,000,000.

Mais ces évaluations, ainsi qu'il est indiqué au début de cette note, ont été faites en se plaçant dans l'hypothèse où la totalité des ressources nécessaires à l'exécution du programme projeté serait exclusivement demandée à l'emprunt. Or, il paraît possible d'envisager la possibilité d'y affecter deux autres catégories de ressources :

1° Les excédents du fonds de réserve que des budgets normalement équilibrés et prudemment établis sont susceptibles de ménager dans l'avenir comme dans le passé d'avant-guerre et dont une partie tout au moins pourrait, semble-t-il, être consacrée à l'exécution du nouveau programme;

2° Le produit de la contribution extraordinaire des bénéfices de guerre.

On propose, dans une note ci-jointe, de décider que les recettes à provenir de cet impôt seront, à partir du 1er janvier 1921, encaissées au crédit d'un compte hors budget sur lequel des prélèvements pourront être opérés au profit du budget ordinaire et du *budget extraordinaire*. Si l'on admet, conformément aux indications de la note dont il vient d'être question et d'après une évaluation tout à fait approximative et, bien entendu, sujette à révision: d'une part, que le produit total de l'impôt pourra s'élever à 220,000,000, d'autre part, que les recouvrements déjà effectués ou à effectuer jusqu'au 31 décembre 1920 atteindront 80,000,000, on peut, d'après les données actuelles, évaluer à 140,000,000 environ les sommes à encaisser postérieurement au 1er janvier 1921 et dont la plus grande partie pourrait être appliquée aux voies et moyens du budget extraordinaire en diminution de fonds à réaliser par l'emprunt.

En ce qui concerne spécialement le budget de l'exercice 1921, on peut, tenant compte du fait que les deux derniers quarts de la contribution afférente à chacune des périodes d'imposition arriveront à échéance au début de 1921, évaluer à 70 ou 80 millions le montant des encaissements de l'année susceptibles d'être affectés au budget extraordinaire. La première tranche de l'emprunt pourrait donc être réduite d'autant, ce qui permettrait de fixer à 2,000,000 en chiffres ronds l'annuité à inscrire au budget ordinaire de cet exercice. L'insuffisance des recettes ressortirait ainsi à 48,679,368 — 2,000,000 = 50,679,368 francs.

Tant pour faire face à cette insuffisance que pour

gager les annuités à inscrire dans les budgets futurs, les premières mesures à envisager sont celles que l'Algérie, à l'exemple de la métropole, devra nécessairement prendre pour mettre les prix des services rendus par l'État en rapport avec leur coût réel. La réforme des tarifs postaux, télégraphiques et téléphoniques dont le rendement est évalué à 414,000,000 pour la France, apporterait au budget spécial un supplément de ressources dont le produit paraît devoir être estimé à 13,000,000 environ. Dans le même ordre d'idées, le relèvement des tarifs de chemins de fer, en même temps qu'il se traduira par des plus-values de l'impôt des transports, devra permettre d'alléger dans une mesure encore impossible à apprécier, la charge assumée par la colonie au titre des garanties d'intérêt et des déficits d'exploitation des réseaux rachetés. Enfin, l'augmentation des rétributions collégiales devra entraîner une diminution du montant des subventions allouées aux établissements scolaires pour couvrir leurs déficits. Ainsi pourra s'atténuer, d'une manière assez sensible, l'écart existant actuellement entre les recettes et les dépenses permanentes du budget. Pour le surplus, il faudra nécessairement recourir à l'impôt.

Ce problème fiscal pourra d'ailleurs être assez facilement résolu, sinon immédiatement, au moins dans l'avenir si l'on admet la posibilité d'imposer au contribuable algérien un effort analogue à celui que le gouvernement propose d'exiger, dès 1920, du contribuable métropolitain. Quelques chiffres suffiront à donner une idée de l'importance des ressources que procurerait à l'Algérie l'adaptation des mesures fiscales proposées dans le projet du ministre des finances .

En ce qui concerne les contributions directes:

Le remaniement des impôts sur le revenu, majoration des tarifs des impôts cédulaires et de l'impôt complémentaire pourrait donner un supplément de ressources de............. 10.000.000

En matière de douanes et contributions indirectes :

Le relèvement de 3 francs, taux actuel en Algérie, à 25 francs, taux projeté en France, du droit de circulation
sur les vins produirait.............. 18.000.000

Le droit de consommation sur l'al-
cool, porté de 450 francs à 1,000 francs
et le taux de la taxe sur les spiritueux,
de 20 à 25 francs.................. 15.000.000

Le relèvement des droits de douane
sur les denrées coloniales (café, poivre,
chocolat) 6.000.000

Le droit sur les sucres porté de 40 à
60 francs....................... 5.000.000

Le droit de garantie sur les ouvrages
en métaux précieux............... 600.000

En matière d'enregistrement et
de timbre :

Le droit de vente des meubles porté
de 2 fr. 50 à 5 francs.............. 2.200.000

Le droit de vente d'immeubles de
7 à 10 francs.................... 21.000.000

Le relèvement des droits de timbre
(timbre de dimension, assurances, affi-
ches, permis de chasse)........... 4.800.000

Le droit de transmission et la taxe
sur le revenu des valeurs mobilières.. 500.000
etc., etc...

Dans cette énumération ne sont pas comprises
une série de mesures fiscales également prévues
dans les projets métropolitains, mais pour lesquelles il est encore impossible de fournir, en ce qui
concerne l'Algérie, une évaluation même approximative, telles: la création d'un impôt sur le chiffre
d'affaires dont le produit est évalué en France à 6
milliards ½, le remaniement des droits de succession dont on attend 256,000,000, l'établissement

d'une taxe nouvelle sur les plus-values immobiliè-
res dont le rendement est escompté pour 300 millions, la création d'un impôt sur le gaz et l'électricité (25 millions), le remaniement de l'impôt sur les
automobiles et la création d'un nouveau droit dit
de circulation destiné à tenir compte au moins partiellement à l'Etat de dépenses de réfection des routes (3,700,000 francs), de l'établissement de taxes in-
térieures sur les essences de pétrole, les benzines,
etc. (66,000,000), etc.

RAPPORT

PRÉSENTÉ PAR M. GALLE

au nom de la Commission interdélégataire des Travaux publics et de l'Emprunt (1)

Au cours de leurs sessions ordinaires et extraordinaires de 1919, les délégations financières ont, à diverses reprises, marqué leur désir d'être saisies, dès la session ordinaire de 1920, de l'examen du programme de travaux publics destiné à compléter l'outillage économique de l'Algérie, programme dont elles avaient admis le principe dès l'année 1914 et dont l'étude avait été reprise en 1919 par les soins de plusieurs commissions spécialement constituées à cet effet par M. le gouverneur général Jonnart. Toutes ces commissions, dans lesquelles les assemblées algériennes étaient largement représentées, étaient présidées par un de leurs membres.

C'est pour déférer à ce désir si pressant que M. le gouverneur général a saisi les assemblées actuelles des travaux de ces commissions et leur a demandé de donner, sans plus tarder, leur approbation à un

---

(1) Cette commission était ainsi composée :

MM. Galle (président et rapporteur) ; Thesmar (vice-président) ; Guastavino (secrétaire) ; Abbo, Barris du Penher, Bonnefoy, Catroux, Dussaix, Luciani, Richard, Saurin, Abeilhé, Azam, Boniface, Cuttoli, Laquière, Lisbonne, Pantaloni, Ben Guediri, Ben Rahal, Ben Yamina, Cherfa 'et Si Salah.

programme définitif, établi par la commission des voies et moyens sur les bases déjà discutées et admises par les assemblées précédentes et comprenant, dans une première étape, la nomenclature des travaux de tous ordres à exécuter dans une période de 12 années, allant de 1921 à 1933.

Tablant sur l'admission certaine de ces propositions, qui n'étaient que la représentation des éléments les plus essentiels et les plus urgents des programmes faits en 1914 et 1919, sur les rapports très documentés de MM. Lisbonne, Petit et Galle, et s'inspirant des suggestions pressantes des assemblées antérieures, l'administration a prévu, dans son budget extraordinaire de 1921, les crédits nécessaires pour faire dès 1921, si les autorisations administratives ont pu être obtenues d'ici là, les premières commandes de matériel et entreprendre les travaux qui ne sont pas subordonnés à des déclarations d'utilité publique.

Ces crédits figurent au budget pour 159,069,000 francs.

Ils sont couverts par l'affectation de partie des ressources exceptionnelles provenant de la contribution sur les bénéfices de guerre, à concurrence de 80 millions, et, pour le surplus, par les fonds à provenir d'un emprunt pour la réalisation duquel une première annuité de 2 millions est inscrite au budget.

Dès le début de la session ordinaire, les délégations financières ont décidé la formation d'une commission interdélégataire composée de 23 membres, à l'effet d'examiner les propositions de l'Administration.

Cette commission n'a pu commencer ses travaux avant le 1er juin, en raison des retards apportés à l'impression des documents indispensables (rapports présentés par MM. Galle et Aymes au nom de la commission des voies et moyens) et ce n'est qu'avec une documentaion incomplète qu'elle a dû, pour ne pas retarder trop longtemps ses délibérations, aborder l'étude qui lui était confiée, puisque la brochure établie par l'administration et comportant la présentation même du programme n'a pu être distribuée que le 10 juin.

Le programme proposé par l'administration, et qui n'est autre que celui adopté par la commission des voies et moyens et analysé dans le rapport établi au nom de cette commission, comporte une dépense globale de 1,943,761,000 francs qui se répartit ainsi :

Chemins de fer...................	1.232.000.000
Avances au P. L. M. et à l'O. A..	180.000.000
Travaux publics (routes, hydraulique)	287.339.000
Instruction publique............	133.000.000
Colonisation et enseignement technique	100.000.000
P. T. T......................	71.688.000
Forêts ....‹........	9.734.000
Assistance et gouvernement général	30.000.000
Total.............	1.943.761.000

A ce programme, dont l'exécution est prévue sur une période de 12 ans, il y aura lieu d'ajouter la participation éventuelle de la colonie à la dépense nécessitée par l'organisation de services maritimes entre la métropole et l'Algérie.

L'effort total prévu peut donc se chiffrer par 2 milliards.

Les documents communiqués par l'administration aux membres de la commission, même limités aux rapports établis par MM. Petit et Galle en mai 1919 et au rapport complémentaire établi en mai 1920 par MM. Galle et Aymes au nom de la commission des voies et moyens, constituaient une œuvre considérable exigeant des membres de la commission un examen préalable auquel ils n'étaient pas en mesure de se livrer au cours d'une session ordinaire particulièrement lourde pour une assemblée nouvelle, désireuse de ne se prononcer sur chaque matière soumise à son approbation qu'en connaissance de cause et après une étude conciencieuse.

Bien que l'esprit particulariste dût être banni de la préparation d'un programme d'intérêt général destiné à la mise au point de l'outillage économique de l'Algérie tout entière et que les propositions de l'administration fussent l'émanation, réduite aux premières et plus urgentes nécessités, de travaux longuement et mûrement préparés et discutés par les assemblées précédentes de 1914 à 1919, il était légitime que chaque élu eût la préoccupation de voir clair dans un programme tout nouveau pour lui et aussi de s'assurer que les besoins les plus urgents de sa région recevraient les satisfactions légitimes et indiscutables. Il s'est donc dessiné, dès la première réunion de la commission, un courant très net d'opinion tendant au renvoi pur et simple de l'examen du programme intégral, ainsi que des moyens financiers destinés à en permettre l'exécution, à une session extraordinaire réunie spécialement pour cet objet.

Néanmoins, pour ne pas risquer d'apporter du retard à l'exécution de certains travaux déjà commencés, afin de donner suite à des engagements déjà pris et concernant notamment des commandes de matériel qui ne pourraient être ajournées, pour montrer aussi sa volonté absolue de réaliser au plus tôt le programme intégral présenté par l'administration et peut-être d'aller plus loin que ces propositions, la commission a adopté une résolution formulée par M. Bonnefoy et ainsi conçue :

« La commission interdélégataire des travaux publics estime qu'il y a lieu d'étudier sans délai toutes les questions ayant trait :

« 1° Aux travaux en cours d'exécution ;

« 2° A la réfection et à la mise au point de l'outillage économique existant.

« En ce qui concerne les travaux neufs, elle est d'avis que l'examen de l'ensemble du programme doit être renvoyé à une session extraordinaire, qu'elle demande à M. le gouverneur général de fixer au mois d'octobre, à la suite de la session des conseils généraux. »

L'adoption de cette motion a conduit la commission à rechercher, dans chaque compartiment du programme présenté, quels étaient les travaux rentrant dans la catégorie dont elle avait retenu l'examen.

L'étude de toutes les questions ayant trait à la réfection et à la mise au point de l'outillage économique existant aurait pu la conduire à retenir l'examen de nombreux travaux neufs qui sont en réalité des travaux de réfection ou de mise au point d'un outillage déjà existant ; le cas se présentait, notamment, pour les routes, les pavages, les installations téléphoniques.

La commission a tenu néanmoins à ne pas donner à cette formule une portée trop large et à ne pas faire, dans les compartiments de travaux nouveaux prévus dans toutes les catégories, chemins de fer, routes, ports, etc..., une incursion qui aurait pu conduire à la négation du principe qu'elle avait posé.

Elle n'a donc retenu au programme présenté que ce qui avait trait réellement à des travaux en cours d'exécution, dont l'achèvement ne pouvait être interrompu et à la mise au point de l'outillage de notre réseau ferré, sur lequel se manifestaient des besoins dont l'urgence était indiscutée.

1° Achèvement des Lignes du Programme de 1907

L'administration demandait, pour l'achèvement des lignes du programme de 1907, dont le coût primitivement fixé à.................... 72.558.200
s'élevait, dans les dernières évaluations à.......................... 281.550.000
une somme globale de............. 130.000.000

à dépenser de 1921 à 1930, suivant des prévisions annuelles fixées à la page 51 du rapport de la commission des voies et moyens.

Toutes les lignes de ce programme, à l'exception de la ligne Djidjelli-Bizot et Constantine-Oued-Athménia sont très avancés. Le matériel roulant a déjà fait l'objet de commandes et doit êre livré en 1920 et 1921. Le service des lignes nouvelles compte pouvoir livrer à l'exploitation, pour 1922, les lignes Ténès-Orléansville, Beni-Saf-Tlemcen ; pour 1923, les lignes Relizane-Prévost-Paradol, Tizi-Uzès-le-Duc, Aïn-Beïda-Tébessa; en 1924, la ligne Sidi-bel-Abbès-Tizi, et en 1925 les lignes Constantine-Oued-Athménia et les deux tronçons Djidjelli-El-Milia, Bizot-Mila de la ligne Bizot-Djidjelli.

En ce qui concerne les travaux de la partie médiane de cette dernière ligne, c'est-à-dire le tronçon El-Milia-Mila, les services techniques ont reconnu qu'il n'y avait, à l'heure actuelle, aucune étude faite. La commission interdélégataire a donc été conduite à considérer cette section comme ne nécessitant pas une immobilisation immédiate des crédits qui leur étaient destinés et à adopté la motion ci-après présentée par M. Laquière :

« Considérant qu'il résulte de l'exposé fait par l'administration par écrit et verbalement que les études du projet Bizot-Djidjelli, secteur médian, ne sont pas commencées et qu'il serait nécessaire qu'au moins un des tronçons de tête fût achevé pour pouvoir amener les matériaux à pied-d'œuvre;

« Considérant que la commission a pris la décision de n'examiner dans sa session actuelle que les travaux en cours d'exécution,

« Décide :

« Que sans toucher au principe de la ligne Djidjelli-Bizot, il y a lieu de surseoir au vote des crédits dont l'emploi réel est prévu pour 1926-1930 et à leur immobilisation, étant entendu que ces crédits se rapportent au tronçon médian et que l'administration devra en continuer les études. »

Des indications fournies par le service des lignes nouvelles il résulte que l'évaluation dernière des travaux de la ligne Djidjelli-Bizot fixée à 86.800.000
se répartit ainsi :

Djidjelli-el-Milia (en cours d'exécution) 62 kilomètres........................ 24.300.000

El-Milia-Mila (tronçon médian) 30 kilomètres 20.400.000

Mila-Bizot (en cours d'exécution), 59 kilomètres 42.100.000

Total............... 86.800.000

Dans cette somme, figure l'achat du matériel roulant pour la ligne entière, évalué à 10 millions.

La répartition kilométrique de cette dépense donne, pour la partie médiane :

$$(20,400,000 \times 10,000,000) : 86,800,000 = 2,400,000$$

Comme le matériel doit être acheté et fourni pour la ligne entière, il y a lieu de déduire cette somme de 2,400,000 francs de celle de 20,400,000 francs qui représente le coût du tronçon médian ce qui réduit à 18,000,000 francs le montant de la dépense réservée.

La commission a donc adopté le programme présenté à concurrence de 112,000,000.

La commission, donnant son adhésion entière aux indications fournies par le rapporteur de la commission des voies et moyens sur la nécessité de modifier les méthodes suivies jusqu'à ce jour pour l'exécution des travaux, a appelé de nouveau l'attention des services techniques sur l'intérêt que présentait un concours plus large des sociétés privées capables de conduire les travaux avec célérité et de livrer plus rapidement à l'exploitation des lignes dont l'achèvement paraît avoir été retardé par l'application d'une méthode défectueuse.

Elle a, d'autre part, signalé à l'administration la

nécessité d'accompagner la présentation de chaque ligne d'une étude précise et documentée du trafic probable.

2° Mise en État des Réseaux et Exploitation

Le programme présenté par l'administration comportait une dépense de :

372 millions pour les chemins de fer de l'État ;
100 millions pour le P. L. M. ;
 80 millions pour l'O. A.

Cette dépense répartie, en ce qui concerne le réseau d'État, suivant le tableau ci-après :

En 1921......................	86.250.000
En 1922......................	48.750.000
En 1923......................	30.000.000
En 1924......................	31.000.000
En 1925......................	31.000.000
En 1926......................	31.000.000
En 1927......................	30.000.000
En 1928......................	30.000.000
En 1929......................	30.000.000
En 1930......................	29.000.000
Total.........	372.000.000

à concurrence de 10 millions par an pour le P. L. M. et de 8 millions par an pour l'O. A., représente l'effort absolument indispensable pour mettre, dans une période de 10 ans, nos réseaux ferrés actuellement en exploitation en état de faire face aux nécessités d'un trafic chaque jour croissant, puisque le trafic constaté en 1919 sur les réseaux d'État a été de 10 % supérieur à celui de 1913.

Ces prévisions comportent d'importantes fournitures de matériel roulant, notamment pour l'année 1921, le renforcement des voies, l'extension et la modernisation des gares et des ateliers ; elles ont pour objet d'assurer la mise en état d'un outillage notoirement défectueux et insuffisant.

La commission interdélégataire a estimé que ces dépenses devaient occuper le premier rang dans l'ordre des réalisations immédiates et a donné son adhésion entière aux propositions qui tendent à faire l'effort nécessaire non seulement sur le réseau d'Etat, mais aussi sur les réseaux concédés du P. L. M. et de l'O. A.

Le P. L. M. a dépassé de 12 millions son forfait de travaux de premier établissement et ne consent à exécuter des travaux complémentaires et à augmenter son matériel roulant qu'à la condition que son capital, garanti par la convention du 1er mai 1863, soit augmenté en conséquence, sur des bases à déterminer par une modification des conventions primitives. Pour la colonie, le résultat est le même, soit qu'elle augmente la garantie d'intérêt à assurer annuellement pour ce réseau, soit qu'elle fasse les avances nécessaires, par prélèvement sur un emprunt nécessitant une annuité à déterminer.

Quant à l'Ouest-Algérien, les assemblées algériennes sont actuellement saisies d'un projet de rachat de ce réseau et il ne saurait, dès lors, être question de modification à ses conventions pour lui permettre d'effectuer les travaux complémentaires reconnus indispensables.

Il a donc paru à la commission interdélégataire que la formule proposée par l'administration sur le rapport de la commission des voies et moyens et consistant à faire au P. L. M. et à l'O. A. les avances nécessaires pour la mise en état de leurs réseaux, devait être acceptée.

La commission interdélégataire a été amenée, au cours de l'examen auquel elle s'est livrée, en ce qui concerne la part de la dépense de 372,000,000 sur les chemins de fer de l'Etat afférente à l'aménagement et à la transformation de la ligne Souk-Ahras-Tébessa, destinée à assurer l'évacuation normale des minerais de l'Ouenza et de l'ensemble des gisements miniers de l'est constantinois, à provoquer les explications de M. le directeur des chemins de fer au sujet du contrat passé avec la Compagnie de l'Ouenza.

Ce contrat, passé en 1913, prévoit le transport des minerais de l'Ouenza à Bône-gare à un prix forfaitaire de 6 francs par tonne qui ne répond plus à la situation actuelle et ne peut être maintenu. La direction des chemins de fer reconnaît que, conformément à la jurisprudence du Conseil d'État, ce prix est sujet à révision et la commission a insisté pour que cette révision fût poursuivie à l'amiable, et au besoin judiciairement, afin d'assurer la sauvegarde des intérêts de la colonie, compromis par l'application d'une formule devenue manifestement inacceptable.

3° *Travaux Publics*

L'attention de la commission a été appelée sur l'urgence de la mise à la disposition des services des sommes nécessaires pour procéder aux réfections les plus urgentes sur les routes, en raison de l'insuffisance des ressources fournies par les crédits ordinaires.

Il ne lui a pas paru cependant possible de faire dans le programme des travaux neufs une division capable de fournir au service les ressources permettant de faire face aux besoins appelés à recevoir satisfaction au cours de l'année 1921 et elle a prévu que le vote, au cours de la session extraordinaire d'octobre 1920, de la somme intégrale de 51 millions demandée pour les routes, assurerait les disponibilités nécessaires dès 1921.

Néanmoins, pour ne pas risquer de retarder les travaux les plus urgents et pour permettre de sauvegarder dans la mesure du possible le capital-routes de la colonie, chaque jour plus gravement atteint, elle a proposé une augmentation de crédits de 3 millions sur le budget ordinaire sous la rubrique :

« Travaux de réfection des chaussées ».

Les délégations séparées ont été saisies de cette proposition par voie d'amendement budgétaire.

En ce qui concerne les travaux des ports en cours d'exécution, qui nécessitent une dépense totale de 2,200,000 francs pour les ports de Collo et de Ténès, la commission a également proposé de demander au budget ordinaire l'augmentation de crédit nécessaire à inscrire au chapitre des « Travaux neufs des ports », réservant pour la session d'octobre l'examen de tout le programme des ports, qui comporte d'importantes affectations et nécessite la détermination de directives nouvelles et plus hardies, relativement à leur établissement et à leur outillage.

Toutefois, pour ne pas retarder les négociations actuellement en cours et intéressant plusieurs chambres de commerce de l'Algérie, déjà autorisées par des lois ou des décrets déclarant les travaux d'utilité publique, à contracter leurs emprunts, la commission interdélégataire a donné son adhésion au principe posé par M. Petit, dans son rapport de mai 1919, et précisé à nouveau dans le rapport de la commission des voies et moyens.

Les déclarations d'utilité publique et les autorisations d'emprunt votées par le parlement en 1914 ont été basées sur des évaluations aujourd'hui bouleversées et les chambres de commerce, obligées de contracter leurs emprunts à des taux sensiblement plus élevés que ceux antérieurement prévus, doivent, d'une part, relever leurs taxes de péage pour faire face aux différences de taux et d'autre part, justifier, pour obtenir les autorisations de modification du taux de l'emprunt, de l'existence des possibilités d'exécution de leur programme, c'est-à-dire de l'existence des engagements complémentaires de la colonie, à laquelle elles apportent un fonds de concours.

Le rapport Petit avait proposé de mettre à la charge de la colonie l'intégralité du supplément de dépenses révélé dans les nouvelles évaluations et résultant de l'augmentation de la main-d'œuvre et de la hausse des matériaux, afin de laisser aux chambres de commerce de larges disponibilités pour le développement de l'outillage de leurs ports.

La commission des voies et moyens, soucieuse d'obtenir des chambres de commerce l'effort maximum, s'est ralliée à une formule moins absolue, tendant à mettre à la charge de la colonie l'effort complémentaire nécessaire, après constatation que chaque chambre de commerce aura fait, de son côté, l'effort maximum compatible avec sa situation particulière.

Pour éviter tout retard dans les autorisations de conversion de taux d'emprunt faisant suite à des déclarations d'utilité publique déjà prononcées, elle a proposé de porter au programme soumis aux assemblées algériennes l'intégralité de la dépense nécessitée par les majorations actuellement admises, qui sont de 300 % par rapport aux évaluations de 1911, et de maintenir le fonds de concours des chambres de commerce aux chiffres prévus en 1911, sauf à réduire, en cours d'exécution, la participation de la colonie si le concours de chaque chambre de commerce paraît pouvoir être majoré.

Elle a donc proposé de spécifier expressément, pour tous les travaux de ports déjà déclarés d'utilité publique, que la réalisation en serait assurée par la colonie sur ses ressources tant ordinaires qu'extraordinaires, augmentées du fonds de concours de chaque chambre de commerce intéressée.

La commission interdélégataire a déclaré donner son adhésion à cette formule, qu'elle demande aux délégations d'approuver pour permettre aux chambres de commerce intéressées de n'éprouver aucun retard dans leurs demandes de conversion d'emprunt.

En ce qui concerne les travaux d'hydraulique agricole, la commission interdélégataire a décidé de retenir l'examen des travaux en cours d'exécution et dont l'achèvement doit être poursuivi sans interruption.

La nomenclature de ces travaux, fournie par la direction des travaux publics, accuse une dépense totale de 18,761,295 francs répartie ainsi qu'il suit:

TRAVAUX D'HYDRAULIQUE DU DEUXIÈME EMPRUNT RESTANT A EXÉCUTER

DÉSIGNATION DES TRAVAUX	Dépenses restant à faire d'après les évaluations du programme
Département d'Oran	
Irrigation de la plaine de Marnia...	35.416
Dévasement et reconstruction du barrage de la Djidiouia..............	472.396
Mise en valeur de la plaine du Chéliff	416.523
Département d'Alger	
Dérivation de l'oued Khémis pour l'irrigation du territoire de Kherba...	11.451
Extension et amélioration des canaux d'irrigation de Rouina........	28.312
Assainissement de la plaine de Maison-Blanche	300.000
Barrage et dérivation du Chéliff à Lavigerie	863.417
Dérivation du Sébaou à Rébeval....	279.434
Dessèchement de Boufarik et de la rive droite de la Chiffa.............	250.000
Dessèchement du lac Halloula......	900.000
Barrage des Attafs...............	300.000
Département de Constantine	
Dessèchement du lac Fetzara......	764.970
Assainissement de la petite plaine de Bône	31.134
Dessèchement des marais de Duzer-	

ville, Zerizer, Morris et de Bou-Ab-dallah	180.039
Dessèchement des marais d'Hippone et des environs immédiats de Bône...	57.666
Prolongement de la digue de l'oued Kebir à Yusuf......................	15.000
Alimentation de la région de Hack (Aïn-Sultan)	174.000
Assainissement de la plaine de Phi-lippeville	47.500
Total.................	5.157.258

Les prix d'avant-guerre ayant à peu près triplé la valeur actuelle des travaux ci-dessus restant à faire doit être portée à 5,157,258 $\times$ 3 = 15.471.774
A ajouter : dépassement prévu pour le barrage de Charon (modification du premier avant-projet............... 6.000.000

21.471.774

A déduire : ressources disponibles provenant des fonds d'emprunt, des fonds de réserve et du budget ordinai-re 2.710.479

Ressources à créer......... 18.761.295

soit en chiffres ronds : 19 millions.

Tous ces travaux sont en réalité des travaux déjà prévus au programme de 1907 et non achevés. La commission les a retenus pour le chiffre global de 19,000,000.

Elle a, d'autre part, insisté pour que, dès la session d'octobre, les services techniques soumissent aux assemblées algériennes un programme complet des travaux d'hydraulique à exécuter dans toute l'Algérie et notamment tous les avant-projets déjà établis dans les différentes circonscriptions, ainsi qu'un inventaire précis et complet de tous les besoins étudiés ou même simplement révélés.

Elle insiste sur l'intérêt que présenterait une convocation préalable de la commission d'hydraulique agricole, particulièrement désignée pour effectuer une première mise au point et une première préparation d'un programme répondant réellement à des besoins dont l'urgence est particulièrement accusée dans une année de sécheresse comme celle que l'Algérie traverse en ce moment.

Colonisation, Instruction publique, Assistance publique, Postes, Télégraphes, Téléphones, Forêts

Les propositions de l'administration concernant ces divers services sont toutes relatives à des travaux neufs dont l'examen doit, suivant la formule adoptée par la commission, être renvoyé à la session d'octobre.

L'attention de la commission a été retenue sur la question des travaux de construction des lignes téléphoniques destinées à étendre le réseau actuel et pour lesquels le service des P. T. T. avait prévu une importante dépense à répartir sur trois années, 1921, 1922, 1923, dépense comportant notamment de forts achats de matériel atteignant un chiffre d'environ 10 millions.

Le directeur de ce service a fait observer que le matériel actuellement approvisionné était tout juste suffisant pour l'entretien courant et qu'il ne lui serait possible de procéder à des créations nouvelles de lignes téléphoniques qu'autant qu'il aurait la certitude de pouvoir reconstituer ses approvisionnements et pour cela, qu'il aurait les crédits lui permettant de faire les commandes nécessaires et de passer des marchés.

Plusieurs membres de la commission ayant indiqué qu'il pourrait y avoir avantage à retarder ces commandes pour profiter de la baisse du change qui paraissait s'accentuer et pouvait donner lieu à de notables économies, l'administration a fait observer avec raison qu'un État ne pouvait se livrer à des spéculations sur le change sans risquer de s'exposer à de fâcheuses méprises et qu'au surplus, le bénéfice résultant d'une plus prompte utilisation du matériel acquis aux conditions du marché compensait largement le supplément de dépenses résultant de l'élévation du change.

Impressionnée par le caractère d'urgence que présente la reconstitution des approvisionnements, en présence des besoins chaque jour plus pressants qui se révèlent, la commission aurait été sans doute entraînée à apporter une dérogation au principe qu'elle avait posé et à considérer ses achats de matériel comme rentrant dans la mise au **point de** l'outillage économique existant, si cette dérogation avait pu avoir un effet immédiat.

La déclaration, faite par l'administration, que même l'inscription des 10 millions nécessaires dans le programme provisionnel retenu ne pourrait lui permettre de passer des commandes définitives qu'après l'approbation par le parlement de ce programme et des moyens financiers destinés à en assurer l'exécution, a conduit la commission à reconnaître qu'il n'y avait aucun inconvénient à renvoyer à la session d'octobre l'examen de tout le programme des P. T. T., sous réserve d'insister, après le vote définitif de ce programme par les assemblées algérienne, pour que le parlement lui donnât son approbation en même temps qu'au budget de 1921.

La commission a eu, enfin, à se prononcer sur un certain nombre de vœux qui avaient été renvoyés devant elle par la délégation des non colons.

La plupart de ces vœux étaient relatifs à l'inscription au programme, de travaux qui n'y étaient pas prévus et qui rentraient dans la catégorie des travaux neufs réservés pour la session d'octobre.

La commission les a renvoyés en bloc à l'administration qui devra les examiner et faire, s'il échet, des propositions pour les adjoindre au programme.

La commission a retenu, mais simplement pour donner une indication de principe et marquer son adhésion par un avis favorable:

Un vœu de MM. Boniface, Laquière et Aboulker tendant à ce qu'une œuvre gouvernementale envisage la création de sanatoria et d'asiles chargés de recueillir les enfants malades ou miséreux;

Un vœu de M. Lisbonne tendant à la prise en charge par la colonie de la totalité des dépenses de constructions scolaires et à la modification dans ce sens de la loi en vigueur.

SERVICES MARITIMES

La commission a dû constater, comme l'avait fait avant elle la commission des voies et moyens, qu'il ne lui était pas possible, en l'état de la question, de prévoir une affectation quelconque en vue d'une organisation dont le gouvernement persiste à ne pas vouloir asseoir les bases, autrement que par des déclarations de principe inopérantes.

Elle constate avec regrets l'insouciance coupable dont font preuve les pouvoirs publics en face d'une situation dont le caractère de gravité ne peut leur échapper et sur laquelle les assemblées algériennes ne cessent d'appeler leur attention depuis cinq ans.

Elle souhaite que le nouveau cri d'alarme qu'elle pousse soit enfin entendu et que la session d'octobre puisse enfin mettre les assemblées algériennes en face de propositions concrètes justifiant un sacrifice financier qu'elles sont prêtes à accepter pour assurer la régularité, la permanence et la sécurité de nos relations maritimes avec la métropole.

CONCLUSIONS

La commission interdélégataire, sans préjuger ni l'importance ni l'étendue du programme définitif des travaux publics destiné à mettre au point et à compléter l'outillage économique de l'Algérie,

ni le chiffre de la dépense nécessaire, ni l'ensemble des moyens financiers auxquels il sera fait appel ;

Donne acte à l'administration des propositions qui lui ont été soumises, tendant à l'approbation d'un premier programme ne représentant que les besoins les plus urgents et se chiffrant par une dépense de 1,943,061,000 francs, à répartir sur une période de 12 années, de 1921 à 1933 ;

Regrette que la communication tardive qui lui a été faite de ce programme et des documents justificatifs ne lui ait pas permis de procéder, dès cette session, à un examen suffisant et consciencieux et l'ait mise dans l'obligation d'en décider l'ajournement partiel à une session extraordinaire qui lui sera exclusivement consacrée ;

Insiste pour que M. le gouverneur général, en vue de cet examen et des décisions définitives à prendre, convoque les assemblées algériennes en session extraordinaire dès le mois d'octobre 1920, afin que les décisions qui y seront prises puissent être soumises à l'approbation du parlement en même temps que le budget de 1921 ;

Et, dès à présent, pour marquer sa volonté de ne pas retarder l'exécution d'une œuvre dont elle affirme le caractère d'urgence absolue et aussi d'obtenir, en même temp que le vote du budget de 1921, l'approbation du parlement,

Approuve les propositions faites par l'administration :

1° En ce qui concerne l'achèvement des lignes du programme de 1907, sous réserve de la réalisation des crédits nécessaires à l'exécution de la partie médiane du Bizot-Djidjelli, après achèvement d'une des sections Djidjelli-El-Milia ou Bizot-Mila et établissement du projet définitif de cette partie médiane ;

2° En ce qui concerne la mise en état des réseaux en exploitation, Etat, P. L. M. et O. A. ;

3° En ce qui concerne l'achèvement des travaux d'hydraulique agricole en cours d'exécution ;

En conséquence, approuve l'inscription en dépense des sommes suivantes :

a). Pour l'achèvement des lignes de 1907......................... 112.000..000

b). Pour la mise en état des réseaux 552.000.000

c). Pour l'achèvement des travaux d'hydraulique 19.000.000

Total........... 683.000.000

Approuve l'inscription à la section XI du budget de 1921 des sommes de...................... 136.319.000
et 22.750.000

Total........... 159.069.000

représentant la dépense prévue pour l'année 1921, à réaliser tant sur les ressources à provenir de la contribution sur les bénéfices de guerre, que sur les ressources à provenir d'un troisième emprunt ou de tout autre moyen financier auquel il sera décidé d'avoir recours.

Approuve, en conséquence, l'inscription au budget de 1. somme de 2,000,000 représentant une demi-annuité de l'emprunt à réaliser éventuellement dès 1921 ;

Approuve également les propositions faites par l'administration relativement à la prise en charge par la colonie, en ce qui concerne les travaux de ports déjà déclarés d'utilité publique, du supplément de dépenses résultant des nouvelles évaluations, étant entendu que chaque chambre de commerce devra justifier qu'elle a fait l'effort maximum ;

Invite l'administration à soumettre aux assemblées algériennes, au cours de la session extraordinaire d'octobre 1920, qu'elle demande à M. le gouverneur général de décider, et en faisant cette communication dans un délai suffisant, des propositions définitives et justifiées, comportant notamment, en ce qui concerne les nouvelles lignes de chemins de fer, des indications précises sur le trafic prévu et, en ce qui concerne l'hydraulique agricole, l'inventaire des besoins étudiés et révélés dans chaque région.

Le Président-Rapporteur,

H. GALLE.